Anna Breitsameter
Marc Michael Aufderstraße

Lagune

Lehrerhandbuch 2

Deutsch als Fremdsprache

Hueber Verlag

Fotos:
Seite 183: *von oben: 1. Reihe links:* Roland Koch; *rechts:* MHV-Archiv;
2. Reihe links: Heribert Mühldorfer; *rechts:* © Österreich-Werbung/Mallaun;
3. Reihe links: Thomas Hettland, Dresden; *rechts:* © Bayerische Zugspitzbahn, Bergbahn AG, Garmisch-Partenkirchen;
4. Reihe links: © Tourismus + Congress, Frankfurt/Keute; *rechts:* Roland Koch
Seite 184-186: © www.cartomedia-karlsruhe.de
Seite 187: © Medienzentrum Wuppertal

3. 2. 1. | Die letzten Ziffern
2012 11 10 09 08 | bezeichnen Zahl und Jahr des Druckes.
Alle Drucke dieser Auflage können, da unverändert, nebeneinander benutzt werden.
1. Auflage

Zeichnungen: Frauke Fährmann, Pöcking
Umschlagfoto: © gettyimages/Jean-Pierre Pieuchot
Umschlagsgestaltung: Martin Lange Design, Karlsfeld
Satz, Layout, Grafik: Martin Lange Design, Karlsfeld
Produktmanagement und Herstellung: Astrid Hansen, Hueber Verlag
Verlagsredaktion: Veronika Kirschstein, Gondelsheim
Druck und Bindung: Firmengruppe Appl, aprinta druck, Wemding

Printed in Germany
ISBN 978-3-19-031625-0

Überblick über das Lehrerhandbuch

Abkürzungen

TN: Teilnehmer und Teilnehmerinnen
KB: Kursbuch
AB: Arbeitsbuch
LE: Lerneinheit
AB S. 6 | **2**: Arbeitsbuch Seite 6 Übung 2
LE 16 Übung 1: Kursbuch Lerneinheit 16 Übung 1
❖ S. 12: Lehrerhandbuch Seite 12
OHP: Overheadprojektor

Konzeption des Lehrwerks

Zielgruppe

Lagune ist ein Grundstufenlehrwerk mit einer sanften, kleinschrittigen Progression. Es ist für Erwachsene und Jugendliche ab 16 Jahren ohne Vorkenntnisse konzipiert und kann weltweit eingesetzt werden.

Komponenten

Lagune führt in drei Bänden zum *Zertifikat Deutsch*. Zu jedem Band gehören ein Arbeitsbuch mit Übungen für den Unterricht und die Arbeit zu Hause sowie Audio-CDs mit Hörverständnis- und Sprechübungen. Außerdem steht den TN in jedem Band des Kursbuches eine Audio-CD zum *Fokus Sprechen* und zum jeweiligen Übungstest zur Verfügung.
Im Internet-Service unter http://www.hueber.de/lagune finden Sie Tests, weiteres Material und methodische Tipps für Ihre Unterrichtsvorbereitung sowie Online-Übungen für die TN.

Der Gemeinsame Europäische Referenzrahmen

Lagune berücksichtigt die Vorgaben des Gemeinsamen Europäischen Referenzrahmens. Der Referenzrahmen definiert mehrere Kompetenzniveaus, die den Sprachstand der Lernenden zeigen:
A (A1, A2): elementare Sprachverwendung
B (B1, B2): selbstständige Sprachverwendung
C (C1, C2): kompetente Sprachverwendung

- *Lagune 1* → Niveau A1
- *Lagune 2* → Niveau A2
- *Lagune 3* → Niveau B1

Der Referenzrahmen vertritt einen handlungsorientierten Ansatz: Sprachlernende müssen kommunikative Aufgaben bewältigen. *Lagune* trägt dem Rechnung durch alltagsrelevante Themen und durch die Auswahl der Texte (z. B. Postkarten, Briefe, Telefongespräche, Lautsprecherdurchsagen, Reportagen aus der Zeitung).
Im Referenzrahmen wird die Selbstbeurteilung großgeschrieben. Mithilfe des *Ankers* im Arbeitsbuch können sich die TN ihre Lernfortschritte am Ende jedes Themenkreises bewusst machen. Auch die Fotodoppelseiten im Kursbuch dienen in spielerischer Weise diesem Ziel.

Am Ende eines Bandes können die Lernenden ihren Sprachstand mittels Übungstests der jeweiligen Prüfungen überprüfen:
Goethe-Zertifikat A1/*Start Deutsch 1* (nach *Lagune 1*), Goethe-Zertifikat A2/*Start Deutsch 2* (nach *Lagune 2*) und Goethe-Zertifikat B1/*Zertifikat Deutsch* (nach *Lagune 3*).

Aufbau

Aufbau des Kursbuches

Lagune 1 enthält 6 Themenkreise, *Lagune 2* und *Lagune 3* enthalten jeweils 7 Themenkreise.
Ein Themenkreis bildet die thematische Klammer um jeweils 5 Lerneinheiten, die *Fokus* genannt werden und immer genau 4 Seiten umfassen. Jeder Themenkreis besteht also aus *Fokus Strukturen*, *Fokus Lesen*, *Fokus Hören*, *Fokus Sprechen* und *Fokus Schreiben*. Zwar hat jeder *Fokus* eine Fertigkeit – z. B. Lesen – als Schwerpunkt, trotzdem werden auch die übrigen Fertigkeiten, z. B. Sprechen oder Schreiben berücksichtigt. Alle Lerneinheiten sind miteinander verzahnt. Jeder Themenkreis wird mit einer Fotocollage eröffnet und mit einer Doppelseite mit landeskundlichen Fotos abgeschlossen. Die Seite *Augenzwinkern* beendet einen Themenkreis auf humorvolle Weise.

Am Ende des Kursbuches finden Sie eine Grammatik-Übersicht und eine alphabetische Wortliste.

Aufbau eines Themenkreises und didaktische Tipps

Einstiegsseite
Mit einer landeskundlichen Fotocollage wird der Lerner auf das Thema des jeweiligen Themenkreises eingestimmt und sein Vorwissen wird aktiviert.

Als Hinführung zum Thema eignet sich folgende Übung:
Kopieren Sie die Einstiegsseite und schneiden Sie die einzelnen Fotos aus. Die Bücher sind geschlossen. Verteilen Sie die Fotos an Kleingruppen. Jede Gruppe beschreibt kurz ihr Foto. Die TN raten im Kurs, um welches Thema es geht.

Die Fotocollage eignet sich sehr gut dafür, den Kernwortschatz eines Themenkreises vorzuentlasten:
- Geben Sie den TN eine Liste mit Wörtern. Die TN ordnen die Wörter den Fotos der Collage zu.
- Die TN suchen in Gruppenarbeit mithilfe eines Wörterbuchs wichtige Wörter, die zu den Fotos und somit auch zum Thema passen.

- Zeichnen Sie einen Wortigel an die Tafel und schreiben Sie das Thema der Lerneinheit in die Mitte. Die TN rufen Ihnen zum Thema passende Wörter zu. Notieren Sie diese an der Tafel.

Weitere Didaktisierungen finden Sie im Lehrerhandbuch bei den Hinweisen zu den einzelnen Lerneinheiten.

Am Ende eines Themenkreises können Sie auch kurz auf die Einstiegsseite zurückkommen, um den Lernern gezielt ihren Lernfortschritt vor Augen zu führen. Tipps im Einzelnen dazu finden Sie im Lehrerhandbuch jeweils bei der Didaktisierung der Einstiegsseiten unter *Der Themenkreis schließt sich*.

Fokus Strukturen

Hier werden die inhaltlichen, lexikalischen und grammatischen Strukturen eingeführt, die im Laufe eines Themenkreises immer wieder auftauchen, ergänzt und erweitert werden.

Fokus Lesen

Im *Fokus Lesen* werden verschiedene Textsorten wie Brief, Gedicht und Reportage angeboten. Die TN lösen/bearbeiten vor, nach und während des Lesens Aufgaben zu den Texten. Das Lesetraining wird mit verschiedenen Fertigkeiten kombiniert.

Fokus Hören

Den Lernenden werden alltagsrelevante Texte wie Durchsagen, Radiosendungen, Telefongespräche, Ansagen und Interviews als Hörverstehen angeboten. Das Hörtraining wird mit verschiedenen Fertigkeiten kombiniert.

Fokus Sprechen

Sowohl phonetische Übungen als auch Dialoge als Gesprächsmuster für den Alltag bilden hier den Schwerpunkt. Das Sprechtraining wird mit verschiedenen Fertigkeiten kombiniert.

Fokus Schreiben

Die TN schreiben ein Lückendiktat, das Strukturen und Wortschatz aus dem entsprechenden Themenkreis enthält. Sie üben das Schreiben verschiedener alltagsrelevanter Textsorten wie Postkarten, persönliche Briefe, Notizen oder Faxe. Das Schreibtraining wird mit verschiedenen Fertigkeiten kombiniert.

Fotodoppelseite

Diese Seiten mit landeskundlichen Fotos bilden zusammen mit der Einstiegscollage die visuell-thematische Klammer um einen Themenkreis. Hier können die TN Wortschatz und Strukturen des Themenkreises auf kommunikative Weise vertiefen.

Die Alltagsszenen auf den Fotos laden durch ihre landeskundlichen Inhalte zum Vergleich mit den Herkunftsländern der TN ein. Dazu kann auch auf die Collage auf der Einstiegsseite zurückgegriffen werden. Durch einen Rückgriff auf die Einstiegsseite wird den TN umso mehr bewusst, was sie im Laufe des Themenkreises gelernt haben. (❖ Einstiegsseite 5)
Diese Seiten sind auch eine hervorragende Möglichkeit für die Binnendifferenzierung. Teilen Sie die TN in Kleingruppen ein und bieten Sie zu den Fotos verschiedene Aufgaben an. Nicht jeder muss alles machen. Wichtig ist, dass die TN am Ende ihre Ergebnisse präsentieren können, z.B. werden Texte aufgehängt oder Szenen dem Kurs vorgespielt. Zahlreiche Tipps zur Arbeit mit den Fotodoppelseiten finden Sie im Lehrerhandbuch bei den Hinweisen zu den Lerneinheiten und im Internet unter http://www.hueber.de/lagune.

Anker

Die Kann-Beschreibungen im Kursbuch geben vor allem dem Kursleiter einen Überblick über die zu lernenden Schwerpunkte. Sie befinden sich immer im rechten Foto der Fotodoppelseite (*Anker*).
Somit werden die abstrakten Begriffe der Kann-Beschreibungen direkt „zum Leben erweckt". Für die TN eignen sich die *Anker*-Seiten im Arbeitsbuch zur Selbstkontrolle. (❖ Anker S. 7)

Augenzwinkern

Das *Augenzwinkern* schließt einen Themenkreis ab. Mit einer Zeichnung und einem dazugehörenden amüsanten Dialog werden verschiedene Aspekte des Gelernten in humorvoller Weise wieder aufgegriffen. Im Unterricht können Sie mit den *Augenzwinkern*-Seiten folgendermaßen arbeiten:
Sprechen Sie mit den TN über die Zeichnung. Die TN hören den Dialog, ohne den Text zu lesen. Danach hören Sie den Text noch einmal und lesen still mit. Klären Sie wenn nötig Wörter. Die TN lesen den Dialog in Partnerarbeit laut mit wechselnden Rollen. Wenn die TN Spaß daran haben, können die Rollen auch in verschiedenen Stimmungen gelesen werden, z.B. traurig, müde, nervös ....

In spielfreudigen Gruppen erfinden die TN selbst kleine Szenen und spielen sie im Kurs vor.
Weitere Tipps finden Sie bei den Didaktisierungsvorschlägen zu *Augenzwinkern*.

Aufbau des Arbeitsbuchs und didaktische Tipps

Übungen

Im Arbeitsbuch finden Sie vielfältige Übungen zu den einzelnen Lerneinheiten für die Still- oder Partnerarbeit im Kurs oder als Hausaufgabe. Die Nummern in den farbigen Feldern hinter den Übungstiteln verweisen auf die Übung im Kursbuch, zu der die jeweilige Arbeitsbuchübung passt.

Grammatik und Lernwortschatz

Auf den letzten Seiten einer Lerneinheit werden die Grammatik und der Lernwortschatz der Lerneinheit zusammengefasst. Der Lernwortschatz enthält bestimmte Wörter dort, wo sie aktiv beherrscht werden müssen; daher wird ein Wort manchmal erst an späterer Stelle, auch wenn es schon häufiger vorgekommen ist, in den Lernwortschatz aufgenommen. Zum Schluss sind ggf. schweizerische und österreichische Entsprechungen zu einzelnen Lernwörtern aufgeführt. Im Internet finden Sie unter http://www.hueber.de/lagune den Lernwortschatz mit Phonetikzeichen.

Anker

Am Ende eines Themenkreises finden Sie die zwei *Anker*-Seiten. Hier können die TN ihre Lernfortschritte selbst einschätzen.
Zumindest den ersten *Anker* sollten Sie mit den TN gemeinsam im Kurs behandeln.
Kopieren Sie die Bilder mit den dazugehörenden Sätzen und schneiden Sie jeweils die Sätze und die Bilder auseinander. In Kleingruppen ordnen die TN die passenden Sätze den Bildern zu. Die TN vergleichen ihre Zuordnung mit dem Arbeitsbuch. So wiederholen Sie auf spielerische Art die Strukturen der Lerneinheit.
Wenn Sie zu wenig Zeit haben, lassen Sie die Bildzuordnung weg und beginnen mit dem folgenden Schritt: Gehen Sie mit den TN die *Anker*-Seiten im Arbeitsbuch durch. Geben Sie für jede Kann-Bestimmung zusätzliche Beispiele und fragen Sie die TN nach weiteren Beispielen. Nach den Beispielen für eine Kann-Bestimmung beurteilt jeder TN für sich, wie gut er oder sie sich einschätzt. Achten Sie darauf, dass sich die TN nicht auf das Verstehen der Kann-Beschreibungen konzentrieren. Es genügt, wenn Sie weitere Beispiele für die Beschreibung realisieren können.
Wenn die TN ihre Selbstevaluation abgeschlossen haben, sollten Sie mit jedem TN darüber sprechen. Geben Sie den TN Tipps, welche Teile sie im Buch und im Arbeitsbuch wiederholen sollen. Vergessen Sie nicht, die TN zu ermuntern und für ihre Fortschritte zu loben.
Zur Besprechung eignen sich die Stillarbeitsphasen. Wenn Sie über einen Computerraum verfügen, könnten die TN auch als Wiederholung die Online-Übungen zum abgeschlossenen Themenkreis durchführen, während Sie mit den einzelnen Lernern die Selbstevaluation besprechen.

Lösungsschlüssel

Mithilfe des Lösungsschlüssels können die TN ihre Übungen selbst korrigieren. Klären Sie mit den TN, ob es Schwierigkeiten gab.
Sie können aber auch, wenn Sie es für wichtig halten, Übungen im Plenum korrigieren, um die Fortschritte Ihrer Lernergruppe besser einschätzen zu können.

Methodisch-didaktische Überlegungen

Grammatik

Die Grammatikprogression in *Lagune* folgt den Vorgaben des Referenzrahmens.
Die Grammatik in *Lagune* wird in der Regel induktiv präsentiert, d.h. eine Aufgabe, in der die neue Struktur vorkommt, wird gelöst, ohne dass diese schon besprochen wird. Oft wenden die TN die Struktur schon aktiv an. Nach und nach entdecken sie die Regeln. Der Grammatikzettel stellt das neue Phänomen in Kurzform dar und hilft bei der Bearbeitung/Lösung der entsprechenden Aufgabe. Dabei wird auf grammatische Terminologie weitgehend verzichtet. Im Arbeitsbuch wird die Grammatik, die in einer Lerneinheit eingeführt wird, systematisch und detailliert dargestellt. Während der Bearbeitung von Übungen im Arbeitsbuch dienen die Darstellungen als Hilfestellung und als Rekapitulation der neu erworbenen Kenntnisse. Jede Grammatik-Tabelle im Arbeitsbuch verweist auf den entsprechenden Paragrafen der Grammatik-Gesamtübersicht im Kursbuch, wo das jeweilige Thema im Gesamtzusammenhang dargestellt wird.

Wortschatz

Beim Wortschatzlernen muss das Gehirn nicht nur die Buchstabenfolge, Aussprache und die grammatische Form eines Wortes speichern, sondern auch dessen Bedeutung im Kontext. Wenn die Bedeutung eines Wortes isoliert gelernt wird, vergisst man es schnell wieder. Der Lernende weiß dann z. B. vielleicht noch, wo ein Wort in einer Vokabelliste stand, aber nicht mehr, was es bedeutet.
Folgende Strategien bewirken, dass sich die Wörter besser im Langzeitgedächtnis verankern können:

- Wörter im Kontext lernen.
- Wörter sollen mit einer bildlichen Vorstellung assoziiert werden. Deshalb werden in *Lagune* Wörter häufig mit bildlichen Darstellungen eingeführt. Auch Geschichten (z. B. Traumgeschichten, Kursbuch Seite 136), in denen die neuen Wörter vorkommen, helfen beim Memorisieren.
- Neuer Wortschatz sollte, soweit es geht, in thematischen Zusammenhängen (Wortfelder, -familien, Wortbildung) eingeführt und wiederholt werden. Die Wortbildung ist insbesondere beim Erschließen des passiven Wortschatzes wichtig.
- Der Lernwortschatz im Arbeitsbuch am Ende jeder Lerneinheit zeigt, welcher Wortschatz aktiv beherrscht werden soll. Der rezeptive Wortschatz v.a. aus Lesetexten soll nur wiedererkannt werden. In den Übungen in *Lagune* wird vor allem der aktive Wortschatz verwendet.
- Der Wortschatz wird in Kurs- und Arbeitsbuch immer wieder in unterschiedlichen Zusammenhängen angeboten. Durch diese Wiederholung mit Variationen festigen die TN ihren Wortschatz.

Wie Sie Wortschatz im Sinne der Überlegungen oben semantisieren können, lesen Sie bei den praktischen Hinweisen. (❖ S. 11)

Wenn Sie in der Schweiz oder in Österreich unterrichten, ist es für die TN wichtig, die dort gebräuchlichen Varianten zu kennen. Helvetismen und Austriazismen finden Sie jeweils am Ende des Lernwortschatzes.

Lesetexte

Die Lesetexte in *Lagune* sind in Übungen eingebettet. Die Übungen vor dem Lesen dienen der Vorentlastung des Wortschatzes, der Grammatik und der Thematik, ohne dass die Pointe des Textes vorweggenommen wird. Oft stellen die TN Hypothesen zum Lesetext an. Die Neugier auf den Lesetext wird geweckt.
Die Übungen nach dem Lesen lenken die Aufmerksamkeit der Lerner zunächst auf die Kernaussagen des Textes. Die TN konzentrieren sich auf Schlüsselstellen. Es geht also um das globale Verstehen. Danach kann es Aufgaben zum selektiven / detaillierten Verstehen wichtiger Passagen geben. Weitere Übungen, um sich intensiver mit dem Lesetext zu beschäftigen, befinden sich im Arbeitsbuch.
Die Abfolge der Übungen im Kursbuch ist bewusst gewählt und sollte nicht verändert werden. Der Lesetext wird üblicherweise erst am Ende der Lerneinheit gelesen.
Es ist sehr wichtig, die TN von Anfang an daran zu gewöhnen, einen Text nicht Wort für Wort verstehen zu wollen. Ein Lesetext muss nur so weit verstanden werden, dass die Übungen zum Text durchgeführt werden können.

Hörtexte

Um die TN beim Hörverstehen vor allem im Anfangsunterricht nicht zu frustrieren, muss man sie behutsam an die Hörtexte heranführen. Zu fast jeder Übung gehören Fotos, die vor dem Hören betrachtet und besprochen werden sollten, um die TN auf die Situation und die beteiligten Personen einzustimmen. Grundsätzlich sollte vor dem Hören des Hörtextes die dazugehörende Übung gelesen und verstanden werden. In den Übungen und auch auf den Fotos werden die für das Verständnis notwendigen Wörter eingeführt.
Die Hörtexte und Übungen sind so angelegt, dass die Neugier auf den Fortgang oder Schluss einer Situation geweckt wird.
Ermuntern Sie die TN dazu, sich auf die gefragten Inhalte zu konzentrieren. Dabei trainieren die TN je nach Aufgabenstellung automatisch unterschiedliche Hörstrategien (kursorisch, selektiv und detailliert).
Strategisch uneffektiv und für den Lerner frustrierend ist der Versuch, jedes einzelne Wort aus der Aufnahme heraushören zu wollen.
Die Hörtexte bieten auch einen Anlass für eine weiterführende Diskussion. Die TN können auch selbst kreativ werden und eigene Dialoge in Anlehnung an das gehörte Muster entwickeln und später einüben.
Die Transkriptionen zu den Hörtexten befinden sich am Ende des Lehrerhandbuches und im CD-Booklet.

Sprechtexte

Phonetik

Eine korrekte Aussprache ist die Voraussetzung dafür, dass Zuhörer überhaupt verstehen, was Sprecher sagen. Deshalb wird in *Lagune* die Aussprache jeweils im thematischen Zusammenhang jeder Lerneinheit geübt.
Grundsätzlich gilt: Man kann nur das korrekt aussprechen, was man vorher auch gehört hat. Deshalb wird zunächst die Vorlage gehört, eine Aufgabe dazu gelöst und dann erst nachgesprochen.
Die Phonetik-Teile in *Lagune* enthalten Einzelwörter, Einzelsätze und Kurztexte zum Nachsprechen. Dabei werden schwierige Lautkombinationen, verwechselbare Laute, lange und kurze Vokale, bestimmte morphologische Formen und Betonungen im Satz geübt.
Die Vorlagen sind meistens assoziativ und oftmals witzig. Manchmal sind Texte und Wörter gereimt, was für viele TN das Nachsprechen erleichtert. Durch ihren eingängigen Charakter dienen die Sprechtexte auch als Merkhilfen für die Aussprache oder die Intonation.
Weiterführende Übungen:
Die Wörter oder Texte werden in Partnerarbeit diktiert. Dabei sitzen die TN nebeneinander und sehen sich nicht an. Dies bietet sich vor allem bei kontrastierenden Übungen an.
„Stille Post“: Die Wörter oder Texte werden auszugsweise dem Nachbarn ins Ohr geflüstert. Dieser gibt das Gehörte weiter usw. Der Fünfte sagt laut, was er gehört hat.

Gesprächsmuster

Fokus Sprechen enthält Gesprächsmodelle aus verschiedenen Alltagbereichen. Sie greifen die wesentlichen Elemente der jeweiligen Lerneinheit wieder auf. Die TN wiederholen das vorgegebene Gesprächsmodell, bis sie sich dabei sicher fühlen. In den Hinweisen zu den Lerneinheiten finden Sie als Hilfe zum Einüben häufig Dialoggerüste. Dann verwenden die TN die im Modell gelernten Elemente in immer freieren Zusammenhängen. Nach und nach entwickeln sie die Kompetenz, Redemittel situationsgerecht zu verwenden und auf den Gesprächspartner einzugehen. Das Ziel ist, dass die Lerner nach eigenen Intentionen weitgehend frei sprechen können.

Alle Texte des *Fokus Sprechen* befinden sich auf der dem Kursbuch beiliegenden „grünen“ CD. So können die TN unabhängig vom Unterricht individuell üben.

Schreibtexte

Diktate

In jedem *Fokus Schreiben* wird ein Lückendiktat angeboten, in dem der Wortschatz und die Strukturen des jeweiligen Themenkreises wiederholt werden. Zudem sind die Diktate auf die vorher eingeübten phonetischen Besonderheiten aus dem *Fokus Sprechen* abgestimmt. Dabei geht es nicht so sehr um die orthografische Richtigkeit als vielmehr um die Fähigkeit, einen gehörten Ausdruck in seinem Kontext richtig zu verstehen und schriftlich so umzusetzen, dass eine andere Person das Geschriebene problemlos verstehen kann. Deshalb bestehen die Diktate nicht aus Einzelsätzen, sondern es handelt sich um kleine Geschichten, in denen Personen, Tätigkeiten oder Themen aus der jeweiligen Lerneinheit wieder aufgenommen werden.
Bei der Durchführung haben Sie verschiedene Möglichkeiten:

- Sie können das Diktat von der CD vorspielen.
- Sie können den Text selbst vorlesen (wie auf der CD: zunächst ganz, dann langsam in Sinnabschnitten).
- Partnerdiktate: Jeder TN diktiert seinem Partner.
- In Kursen mit sehr großen Schwierigkeiten lesen die TN den Text zuerst und schreiben ihn dann als Diktat.

Textsortenorientiertes Schreiben

In *Lagune* üben die Lernenden das Schreiben von verschiedenen Textsorten und lernen deren spezifische Merkmale kennen.
Die Lernenden schreiben – wie in der Realität – oft als Reaktion auf eine Vorgabe, z. B. eine Bewerbung auf eine Anzeige. Normalerweise wird ein Textmodell angeboten, an dem sich die Lernenden orientieren können. Ganz behutsam werden die TN an das freie Schreiben herangeführt. So setzen Sie zum Beispiel zunächst nur Wörter ein, um dann einen stark an der Vorlage orientierten Text zu schreiben. In den Didaktisierungsvorschlägen zu den Lerneinheiten finden Sie weitere Hinweise zum freien Schreiben. Im Arbeitsbuch finden Sie weitere Übungen zum Schreiben und auch speziell zur Orthografie.

Praktische Hinweise

Duzen und Siezen

In Kursen, in denen es unnatürlich wäre, sich zu siezen (z. B. in Schulen), können Sie die TN natürlich von Anfang an duzen.
Um die Verwendung von *du* und *Sie* zu üben, hat es sich auch bewährt, dass sich in den ersten Wochen Kursleiter und TN siezen, während sich die TN untereinander duzen.

Arbeit mit dem Overheadprojektor

Wenn Sie Folien projizieren, können Sie die Aufmerksamkeit der TN besser lenken. Sie haben die Möglichkeit, Teile abzudecken und dadurch die Phantasie der TN anzuregen. Wenn die TN z. B. noch nicht den Text zu einem Foto sehen, aktivieren sie zunächst ihr eigenes Vorwissen, ohne sich sofort auf den Text zu fixieren.
Wenn Ihnen kein Overheadprojektor zur Verfügung steht, gewöhnen sie die TN von Anfang an daran, Teile im Buch abzudecken.
Sie können aber auch mit Kopien arbeiten, auf denen bestimmte Teile abgeschnitten sind.

Stillarbeit

Die Stillarbeit kann zu Hause oder im Kurs durchgeführt werden.
Bei der Stillarbeit im Kurs können Sie Übungen festlegen, die jeder TN machen sollte, und darüber hinaus Übungen für TN, die besonders schnell arbeiten. Stillarbeitsphasen im Kurs eignen sich hervorragend dafür, auf die Schwierigkeiten einzelner einzugehen. Gehen Sie herum und helfen Sie TN mit Schwierigkeiten.

Dialoge präsentieren

Bei einer normalen Kursstärke von ca. 15 TN können nicht immer alle einen Dialog vorspielen. Ein Dialog wird zwei- bis dreimal vorgespielt, je nachdem, ob es Varianten gibt oder nicht. Achten Sie darauf, dass alle – auch zurückhaltende TN – die Chance haben, vor der Klasse etwas zu spielen. Da das Kursbuch viele Gelegenheiten bietet, dürfte es kein Problem sein, dass jeder einmal drankommt.

Gruppenbildung

Der Unterricht wird abwechslungsreicher, wenn die Sozialformen abgewechselt werden.
Achten Sie darauf, dass bei Gruppenarbeit und besonders bei der Partnerarbeit nicht immer die gleichen Partner zusammenarbeiten. Kombinieren Sie gelegentlich auch bewusst starke und schwache Partner.
Es gibt verschiedene Möglichkeiten, Gruppen zu bilden:

Zerschnittene Sätze, Wörter oder Bilder

Schreiben Sie Sätze oder lange Wörter aus der aktuellen Lerneinheit jeweils auf ein Blatt. Zerschneiden Sie den Satz/das Wort in so viele Teile, wie die Gruppe Mitglieder haben soll. Verteilen Sie die Satz- bzw. Wortstücke an die TN. Die TN suchen TN mit einem passenden Teil. Zur Kontrolle liest jede Gruppe ihren Satz oder ihr Wort vor. Mit Bildern können Sie genauso verfahren.

Fragen und Antworten

Für die Partnerarbeit eignen sich sehr gut Fragen und dazu passende Antworten auf verschiedenen Kärtchen, mittels derer sich die Partner finden.

Verschiedene Süßigkeiten

Sie brauchen für jeden TN eine Süßigkeit, für jede Kleingruppe eine andere Art von Süßigkeit, z. B. vier Zitronenbonbons, vier Schokoriegel etc., und Klebeband. Kleben Sie die Süßigkeiten vor Unterrichtsbeginn mit Klebeband unsichtbar unter die Stühle der TN. Die TN finden unter ihrem Stuhl die Süßigkeit und suchen vor dem Naschen ihre Partner mit den gleichen Süßigkeiten.

Abzählen

Eine Möglichkeit ohne Vorbereitung ist das Abzählen. Die TN zählen der Reihe nach laut, z. B. bis fünf, wenn Sie fünf Kleingruppen bilden möchten. Der nächste TN beginnt wieder mit eins. Machen Sie die TN darauf aufmerksam, dass sich die TN ihre Zahl merken müssen. Alle TN mit der gleichen Zahl bilden eine Gruppe. Für die Partnerarbeit wird z. B. bei 16 TN bis 8 gezählt.

Nationalitäten

In national heterogenen Gruppen bietet es sich an, bei kontrastiven Vergleichen Ländergruppen zu bilden.

Plakate im Kursraum

Wenn Sie Redemittel und Grammatikstrukturen, z. B. Verbkonjugationen, im Kursraum aufhängen, lernen die TN diese beiläufig. Die TN können die Plakate auch selbst schreiben.
Ein weiterer Vorteil von Plakaten ist, dass Sie bei auftretenden Fehlern nur auf das entsprechende Plakat deuten müssen und die TN sich dann selbst korrigieren können.

Kopiervorlagen und andere Materialien

Kärtchenübungen für Kleingruppen

Wenn Sie jeden Satz Kärtchen auf andersfarbiges festes Papier oder Karton kopieren, können Sie die Gruppensätze leichter auseinanderhalten. Durch Laminieren werden die Kärtchen noch haltbarer. Meistens empfiehlt es sich, die Kärtchen beim Kopieren zu vergrößern, um sie leichter handhabbar zu machen.
Stecken Sie die Kärtchen in etwas größere Briefumschläge, schreiben Sie auf den Umschlag, wozu die Übung passt und aus wie vielen Kärtchen ein Gruppensatz besteht. Legen Sie eine Kopie der unzerschnittenen Kopiervorlage dazu. Vergessen Sie nicht, den TN vor der Durchführung der Übung zu sagen, dass Sie die Kärtchen wieder zurückhaben möchten.

Zerschnittene Teile kombinieren

Manche TN achten bei der Kombination von zerschnittenen Teilen nicht auf den Inhalt, sondern nur auf die zusammenpassenden Schnittkanten. Schneiden Sie die Teile nicht nur auseinander, sondern schneiden sie an einem Teil zusätzlich einen sehr kleinen Streifen ab, so passen die Schnittkanten nicht mehr genau aufeinander.

Wörter semantisieren

Bei der Einführung von neuem Wortschatz empfiehlt es sich, dass die TN das neue Wort zunächst nur hören und nachsprechen, um sich an das Lautbild zu gewöhnen. Erst danach wird die Verschriftlichung präsentiert.

Es gibt verschiedene Wege, Wörter zu semantisieren:

- Bilder: Nutzen Sie die Zeichnungen und Fotos im Buch. Zeichnen Sie selbst an die Tafel oder lassen Sie einen TN zeichnen.
- Gestik / Pantomime: Durch Gestik und Pantomime können Tätigkeiten oder Gefühle sehr gut ausgedrückt werden. Auch hier können die TN aktiv werden.
- bekannte Wörter (Synonyme, Gegenteile, Definitionen, Umschreibungen): Sie nennen das schon bekannte Gegenteil von einem Wort, z. B. *jung* von *alt*, und setzten die Wörter durch einen Pfeil mit zwei Spitzen in Beziehung. So wird die Bedeutung klar und verankert sich besser im Gedächtnis.
- reale Gegenstände zeigen: Eine einfache und sehr anschauliche Methode ist es, reale Gegenstände zu zeigen.
- Kontext: Schon von Anfang an sollten die TN daran gewöhnt werden, Wortschatz aus dem Kontext zu erschließen. Die TN lesen z. B.: „Möchtest du etwas essen?“ – „Ja, gern. Ich habe Hunger.“ Das Wort *Hunger* ist hier leicht erschließbar.
- Wortbildung: Das Wort *Telefonkarte* kann dadurch erschlossen werden, dass man es in seine Bestandteile *Telefon* und *Karte* zerlegt.
  Die Bedeutung des Nomens *Zeichnung* erschließt sich aus dem schon bekannten Verb *zeichnen*.
- Beispiele: Geben Sie für einen Oberbegriff Beispiele, z. B. *Obst = Banane, Apfel …*

Versuchen Sie, bei der Semantisierung nicht nur selbst zu agieren, sondern so oft wie möglich auch die TN mit einzubeziehen.

Binnendifferenzierung

In Kursen sitzen oft TN mit unterschiedlichen Voraussetzungen oder verschiedenem Lerntempo zusammen. Um auch den Bedürfnissen der schnell lernenden TN gerecht zu werden, ohne die langsameren TN durch zu viel Zeitdruck zu frustrieren, bieten sich folgende Möglichkeiten an:

Übungen ergänzen

TN, die mit einer Übung schon fertig sind, können eine Übung ergänzen. Sie erfinden einen Satz oder mehrere Sätze im Stil der Übung dazu. Bei der Besprechung der Ergebnisse werden die neu erfundenen Aufgabensätze vorgelesen oder angeschrieben. Die anderen TN finden die Lösung.

Hörtexte
TN, die einen Hörtext beim ersten Mal schon gut verstanden haben, achten auf weitere Details, z. B. bestimmte Redemittel oder weitere inhaltliche Aspekte.

Lesetexte
TN, die mit dem Lesen eines Textes schon fertig sind, finden Überschriften zu den einzelnen Absätzen. Diese werden später präsentiert. Die schnellen TN schreiben Fragen zum Text auf, die im Anschluss in der Klasse besprochen werden.

Gruppenarbeit
Schneller lernende Gruppen bekommen mehr oder komplexere Aufgaben als langsamere Gruppen.

Weitere Tipps zur Binnendifferenzierung finden Sie im Lehrerhandbuch bei den Didaktisierungsvorschlägen zu den einzelnen Lerneinheiten.

Verwendung der Muttersprache

Gerade am Anfang und in national homogenen Gruppen ist es von Vorteil, die Muttersprache der TN zu nutzen. Die TN können ohne Sprachbarriere auf ihr Weltwissen zurückgreifen, eigene Erfahrungen einbringen und sich über kulturelle Unterschiede austauschen. Vor allem empfiehlt es sich, über die Einstiegsseiten und die Fotodoppelseiten am Ende eines Themenkreises auch in der Muttersprache zu sprechen.
Grammatische Strukturen sollten ebenfalls mit den muttersprachlichen Strukturen verglichen werden.

Nachsprechen

Das Nachsprechen im Chor von neuen Wörtern oder Sätzen hat eine wichtige Funktion. Die TN können ihre ersten Versuche im Schutz der Gruppe machen, ohne sich zur Schau stellen zu müssen.
Jeder TN hat die Möglichkeit, laut zu sprechen. Ganz nebenbei werden dadurch im Kurs neue Energien freigesetzt. Die Lernenden spüren die Kraft ihrer Stimmen, die in der Gruppe weniger kontrolliert werden. Das Zusammengehörigkeitsgefühl wird gestärkt.

Tests

Um Lernfortschritte messen zu können, finden Sie im Lehrerhandbuch zu jedem Themenkreis einen Test. Die Lösungen und den Bewertungsschlüssel finden Sie im Lösungsteil des Lehrerhandbuchs.
Im Internet unter http://www.hueber.de/lagune gibt es weitere Tests zu den einzelnen Lerneinheiten.
Für Tests empfehlen sich folgende Vorgehensweisen:
Die TN schreiben einen Test und kontrollieren ihn im Anschluss mithilfe des Lösungsschlüssels selbst. Fragen Sie nach Schwierigkeiten. Besprechen Sie mit den einzelnen TN, was sie gut gemacht haben und was sie wiederholen sollen.
Sie können die Tests auch selbst korrigieren. Hierzu eignen sich vor allem die Tests aus dem Lehrerhandbuch. Auch nach diesen Lernzielkontrollen – genau wie bei den *Anker*-Seiten im Arbeitsbuch – sollten Sie den einzelnen TN Tipps geben, wie sie sich verbessern können.

Themenkreis **Feste und Feiern**

Fotocollage

Material

- Folie der Fotocollage
- Folienstreifen mit den Wörtern: *der Schneemann, der Weihnachtsmarkt, die Feuerwehr, das Feuerwerk, das Kostüm, die Maske, die Ostereier, der Eisbär, die Hochzeitstorte, der Wunschzettel*
- pro TN eine Kopie von einem Kalender, mit Platz zum Eintragen von Geburtstagen, z. B. unter http://www.djh-wl.de/mm/geburtstagskalender.pdf herunterladen

1. Die TN öffnen das Buch und schauen sich die Fotos an. Fragen Sie die TN, welche Feste man auf den Fotos sehen kann, und sammeln Sie die Begriffe an der Tafel: *Weihnachten, Nikolaustag, Ostern, Karneval, Silvester, Hochzeit, Feuerwehrfest.* (Der Schneemann spielt auf kein spezielles Fest an.) Fragen Sie die TN, was man zu diesen Festen in ihrem Heimatland macht. Fragen Sie auch, was die TN über diese Feste in Deutschland wissen. Schreiben Sie den dazu nötigen Wortschatz zum Thema Feste an.
2. Legen Sie die Folie und die Folienstreifen auf den OHP. Die TN ordnen die Wörter den Fotos zu.
3. Wiederholen Sie die Monatsnamen und Jahreszeiten in Reihenübung (bekannt aus *Lagune* Band 1). Wenn die TN unsicher sind, schreiben Sie die Monatsnamen der Reihe nach an die Tafel. Fragen Sie die TN, wann die Feste sind. Wiederholen Sie dabei auch das Datum (bekannt aus *Lagune* Band 1), indem Sie z. B. *am vierundzwanzigsten Dezember* an die Tafel schreiben. Fragen Sie, in welcher Jahreszeit die meisten Feste sind.
4. Fragen Sie die TN, welche Feste sie außerdem kennen, und ergänzen Sie die Begriffe. Aus *Lagune* Band 1 sind schon *Geburtstagsfeier* und *Maifeiertag* bekannt. Welche Feste kennen die TN aus ihrem Land?
5. Erzählen Sie den TN von Ihrem letzten Geburtstag. Notieren Sie folgenden Fragen an der Tafel: *Wann hast du Geburtstag? Was hast du an deinem Geburtstag gemacht? Hast du Geschenke bekommen? Was hast du bekommen?* Die TN stellen sich gegenseitig Fragen. Einige TN berichten über ihren Partner / ihre Partnerin.
6. Jeder TN bekommt eine Kopie des unbeschrifteten Kalenders. Die TN nennen jeweils das Geburtsdatum ihres Gesprächspartners. Jeder TN trägt die Geburtstage der anderen TN in seinen Kalender ein. Die TN vergleichen die Lösung mit ihrem Nachbarn. So haben alle einen Geburtstagskalender und können ihren Kurskollegen am entsprechenden Tag gratulieren, eine Karte schreiben oder etwas schenken. Notieren auch Sie die Geburtstage mit. Der von Ihnen ausgefüllte Kalender wird dann im Kursraum aufgehängt.

Der Themenkreis schließt sich

Ideen

- Die TN finden innerhalb von 5 Minuten 15 Nomen + Artikel auf der Fotocollage. Jeder richtige Artikel + Nomen ergibt einen Punkt. Bei falschem Artikel, aber richtigem Nomen gibt es keinen Punkt. Ingesamt gibt es 15 Punkte. Wer am meisten Punkte hat, gewinnt.
- Die TN arbeiten in Kleingruppen und wählen eins der auf den Fotos dargestellten Feste aus. Sie sammeln Informationen zu den jeweiligen Bräuchen und tragen sie vor. Die anderen TN raten, um welches Fest es sich handelt.
- Die TN erfinden eine Geschichte zu dem Foto mit den Kindern und dem Nikolaus. Was ist passiert? Sie können auch Folgendes vorgeben: *Geschenke für das dritte Kind vergessen, zu spät bemerken, weinen, beruhigen, teilen.* Sie können sich auch für die anderen Fotos Vorgaben ausdenken.
- Die TN erzählen, wie sie das letzte Mal Silvester bzw. das neue Jahr gefeiert haben.
- Die TN schreiben eine Einkaufsliste mit Dingen, die man z. B. für eine typische Silvesterparty in ihrem Land braucht. Die TN tragen das Ergebnis vor und vergleichen mit anderen TN. Diese Übung regt in multinationalen Kursen zum Vergleich verschiedener Bräuche in unterschiedlichen Kulturen an.

1 Fokus Strukturen

Lernziel jemandem gratulieren; jemandem etwas schenken

1 Gratulationen

Material

- Folie von → KB S. 8

0. In den Übungen 1–3 wird *gratulieren* als Beispiel für Verben mit Dativ eingeführt. Die Formen des definiten Artikels im Dativ sind den TN aus *Lagune 1* KB | LE 21 und LE 24 bekannt.
1. Fragen Sie die TN, was man feiern kann, z. B. Geburtstag, eine Prüfung usw. Wiederholen Sie mit den TN, wie man zum Geburtstag gratuliert (Alles Gute zum Geburtstag).
2. Verfahren Sie wie auf ❖ S. 209 bei „Bild-Textzuordnung“ beschrieben. Geben Sie den TN den Hinweis, dass sie auf die Personen in den Abbildungen achten sollen.
3. Unterstreichen Sie auf der Folie bei a. im ersten Satz *Das Kind* und im zweiten Satz *dem Kind*. Regen Sie die TN dazu an, jeweils die Person zu unterstreichen, die in beiden Sätzen vorkommt.
4. Fragen Sie nach dem Kasus der unterstrichenen Wörter. Erklären Sie, dass man beim Verb *gratulieren* – wie immer – ein Subjekt im Nominativ und als Besonderheit auch eine Ergänzung im Dativ braucht. Verweisen Sie auf den Grammatikzettel rechts unten mit den Formen des definiten Artikels.

2 Noch mehr Gratulationen

Material

- Folie von → KB S. 8

1. Die TN ergänzen die Subjekte und Dativergänzungen in den Sätzen. Zwei schnellere TN übertragen ihre Ergebnisse auf die Folie.
2. Besprechen Sie die Aufgabe mithilfe der Folie.

3 Spiel: Wer gratuliert wem?

Material für die Zusatzübung

- Ball

1. Führen Sie mithilfe des Tafelbildes das Fragewort *wem* ein. Schreiben Sie den Satz und die Fragen an. Die TN rufen jeweils die Antwort zu. Notieren Sie diese.
2. Ein TN nach dem anderen liest laut einen Beispielsatz. Verweisen Sie dabei auf die Personen im Kasten. Klären Sie unbekannte Wörter.

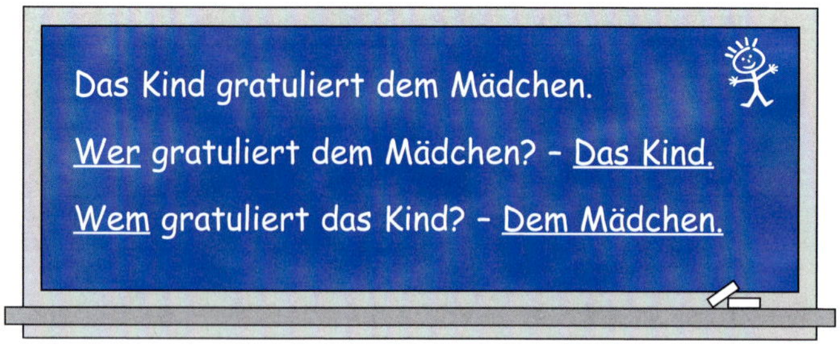

3. In Kettenübung werden die Formen geübt. Regen Sie die TN dazu an, mit *wem* nachzufragen, wenn sie den Dativ des vorangegangenen Satzes nicht verstanden oder vergessen haben und somit das Subjekt ihres Satzes nicht wissen.

4. Ermuntern Sie die TN, bei dieser Übung immer schneller zu werden.

Zusatzübung Zur weiteren Einübung der Formen nach dem Prinzip von Übung **3** können Sie auch einen Ball benutzen. Ein TN sagt einen Satz, z.B. „Das Mädchen gratuliert den Eltern.“, und wirft einem anderen TN den Ball zu. Dieser bildet einen Satz mit *Eltern* als Subjekt, z.B. „Die Eltern gratulieren der Reporterin.“ usw.

Stillarbeit → AB S. 6 | **1** | **2**

4 Er hilft ihm.

0. In dieser Übung werden weitere Verben mit Dativ und das Personalpronomen in der 3. Person systematisiert. *Mir* und *Ihnen* wurden schon in *Lagune 1* KB | LE 24 eingeführt.

1. Einzelne TN lesen die Sätze a–j laut vor. Klären Sie unbekannte Wörter mithilfe der Zeichnungen.

2. Die TN suchen und unterstreichen in Partnerarbeit die Dativergänzungen und die dazugehörenden Verben in den Sätzen a–j.

3. Zur Korrektur lesen die TN die Verben und die Dativergänzungen vor. Machen Sie den TN klar, dass diese Verben immer ein Dativobjekt haben und dass es dafür keine Erklärung gibt. Weisen Sie darauf hin, dass die meisten Verben eine Akkusativergänzung haben. Die Verben mit Dativ sind weniger häufig. Geben Sie den TN den Hinweis, dass sie diese Verben gleich als Dativverben lernen sollen. Zeigen Sie den TN die Liste im Kasten unter der Übung und im → AB S. 8 | **10**.

4. Systematisieren Sie das Personalpronomen mithilfe des Tafelbildes. Schreiben Sie dazu den ersten Satz an und ersetzen Sie beim zweiten Satz *Der Sohn* und *dem Vater* durch Pronomen. Unterstreichen Sie die Signalendungen. Bei den übrigen Sätzen unterstreichen Sie ebenso die Signalendungen. Regen Sie die TN dazu an, die Pronomen zu erraten. Verweisen Sie auf den Grammatikzettel.

Der Sohn	hilft	dem Vater.
Er	hilft	ihm.
Die Schülerin	antwortet	der Lehrerin.
Sie	antwortet	ihr.
Das Hochzeitspaar	dankt	dem Kind.
Es	dankt	ihm.
Die Nachbarn	winken	den Kindern.
Sie	winken	ihnen.

5. Die TN ordnen in Partnerarbeit die Sätze 1–6 den Sätzen a–j zu.

6. Zur Korrektur werden die Sätze laut vorgelesen.

Stillarbeit → AB S. 6 | **3**

5 Ein Feuerwehrfest mit Tombola

Material

- Folie von → KB S. 10
- farbige Folienstifte (siehe Tipp)

0. In den Übungen **5–6** werden Verben mit Dativ- und Akkusativergänzung eingeführt. Die Personalpronomen im Nominativ und Akkusativ sind aus *Lagune 1* bekannt.

a.

1. Sprechen Sie mit den TN über das Bild. Fragen Sie, ob jemand schon einmal etwas gewonnen hat und ob ihm / ihr der Gewinn gefallen hat.

2. Verfahren Sie wie auf ❖ S. 209 bei „Bild-Textzuordnung“ beschrieben.

3. Die TN suchen zu zweit in den Sätzen alle Nominativ-, Akkusativ- und Dativergänzungen und unterstreichen sie mit unterschiedlichen Farben. Zwei geübtere TN unterstreichen auf der Folie.

Tipp Legen Sie für Nominativ-, Akkusativ- und Dativergänzung jeweils eine bestimmte Farbe fest. Benutzen Sie diese immer, wenn Sie an der Tafel oder auf einer Folie Sätze analysieren.

4. Besprechen Sie die Lösung mithilfe der Folie. Fragen Sie die TN bei jedem Satz, wie viele Ergänzungen das Verb braucht.

5. Verweisen Sie darauf, dass der Nominativ bei Verben mit Dativ nicht immer eine Person ist. Unterstreichen Sie die Nominativ- und Dativergänzungen an der Tafel mit den dafür festgelegten Farben.

Das Eis ist nicht gut. → Das Eis schmeckt ihm nicht.
Die Krawatten sind nicht schön. → Die Krawatten gefallen ihnen nicht.

6. Schreiben Sie einen Satz mit dem Verb *geben* an die Tafel, z. B. *Das Kind gibt es ihm.* Machen Sie darauf aufmerksam, dass bei *geben* eine Person, die gibt (Geber), eine Person, die etwas bekommt (Empfänger), und eine Sache notwendig sind. Fragen Sie, in welchem Kasus der Empfänger und in welchem Kasus die Sache steht. Die TN überprüfen die Texte A – D und werden feststellen, dass in Sätzen mit den Verben *schenken* und *geben* die Person im Dativ und die Sache im Akkusativ steht.

7. Verweisen Sie auf die Grammatikzettel im KB und auf die Grammatikübersichten im → AB S. 8 | **9** | **11** mit weiteren Verben mit Dativ und Akkusativ.

b.

8. Verfahren Sie wie auf ❖ S. 209 bei „Bild-Textzuordnung“ beschrieben. Die TN ergänzen die Pronomen.

9. Zur Kontrolle werden die Sätze vorgelesen.

Stillarbeit → AB S. 7 | **4** | **5**

Tipp Hängen Sie im Kursraum ein Poster mit Verben mit Dativ – bei genügend Platz mit Beispielsätzen – auf. Immer wenn ein neues Verb gelernt wird, ergänzen Sie das Poster. Für Verben mit Dativ- und Akkusativergänzung fertigen Sie ein eigenes Poster an. Die Poster können auch von den TN geschrieben werden.

6 Was schenkst du wem? Wem schenkst du was?

Material

- beschriftete DIN-A4-Blätter:

Ich	schenke	meiner Mutter	die Creme	sie	.

Verwenden Sie für die Blätter die festgelegten Farben für Nominativ-, Akkusativ- und Dativergänzungen.

a.

1. Sprechen Sie mit den TN über die Situation auf dem Foto und welche Geschenke darauf zu erkennen sind.
2. Zwei TN lesen den Dialog vor. Klären Sie unbekannten Wortschatz.
3. Verteilen Sie die beschrifteten Blätter außer das Blatt mit *sie* an einzelne TN. Fordern Sie die TN, die ein Blatt bekommen haben, dazu auf, nach vorne zu kommen und sich so aufzustellen, dass die Wörter sichtbar sind. Die übrigen TN dirigieren diese TN so, dass ein lebender Satz entsteht. Fragen Sie die TN nach der Nominativ-, Akkusativ- und Dativergänzung und wo welche Ergänzung im Satz steht.
4. Bitten Sie einen weiteren TN mit dem Blatt mit *sie* nach vorne. Fragen Sie die TN, welches Element zu viel ist. Der TN mit dem Blatt *die Creme* geht zur Seite. Die TN stellen den lebenden Satz so um, dass eine korrekte Variante entsteht. Machen Sie die TN mithilfe des lebenden Satzes darauf aufmerksam, dass die normale Reihenfolge zuerst Dativergänzung und dann Akkusativergänzung nicht gilt, wenn die Akkusativergänzung ein Personalpronomen ist. In diesem Fall steht zuerst das Personalpronomen im Akkusativ und dann folgt die Dativergänzung. Es spielt dabei keine Rolle, ob die Dativergänzung ein Pronomen ist oder nicht.
5. Verweisen Sie auf den Grammatikzettel unten. Fragen Sie, welche Ergänzungen auf dem Grammatikzettel im Akkusativ und im Dativ stehen.

b.

6. Verfahren Sie wie auf ❖ S. 211 bei „Variationsdialoge“ in den Schritten 4–7 beschrieben.
7. Sprechen Sie im Kurs darüber, zu welchen Anlässen man im Heimatland der TN etwas verschenkt und was für Geschenke üblich sind.

Stillarbeit → AB S. 7 | **6** | **7**

Zusatzübungen

Kärtchenübung

Material

- Kopiervorlage **LE 1-1**

Die TN bilden Kleingruppen. Jede Gruppe erhält einen Satz der ausgeschnittenen Kärtchen von der Kopiervorlage. Die Personenkärtchen und die Geschenkekärtchen werden auf zwei Stapel nebeneinander gelegt. Ein TN zieht eine Personenkarte und fragt seinen Nachbarn je nach Angabe auf dem Kärtchen z.B. „Was schenkst du deiner Oma?“ Der Nachbar zieht eine Geschenkekarte und antwortet z.B. „Ich schenke ihr einen Computer.“ Schreiben Sie vor Beginn des Spiels ein Beispiel an die Tafel.

In schwächeren Gruppen können Sie auf der Kopiervorlage bei den Personen den Possessivartikel im Dativ und bei den Geschenken den indefiniten Artikel im Akkusativ ergänzen.

Variante Die TN schreiben die Kärtchen selbst. Auf die Geschenkekärtchen schreiben die TN Dinge, die sie selbst gern hätten. Auf die Personenkärtchen kommen die Namen der TN aus dem Kurs. Gespielt wird wie oben beschrieben.

Geschenke

Material

- Kopiervorlage LE 1-2

Die TN überlegen, wem Sie was schenken. Geben Sie je nach Jahreszeit und Kulturkreis einen Anlass vor, z. B. zum Geburtstag, zum Namenstag oder zu Weihnachten. Gehen Sie die Liste der Personen auf der Kopiervorlage durch und Fragen Sie nach Genus und Numerus. Die TN gehen vor wie auf der Kopiervorlage beschrieben. Im Anschluss fragen Sie jeden TN danach, was sein Partner einer bestimmten Person schenkt, z. B.: **„Was schenkt Paul seiner Frau?“**

2 Fokus Lesen

Lernziel Feste und Feiertage beschreiben

1 Feste und Feiertage in Deutschland

a.

1. Sprechen Sie mit den TN über die auf den Fotos abgebildeten Feste und Feiertage. Dabei wird der Wortschatz für b. vorentlastet, z. B. *Feuerwerk, Gewerkschaft, Demonstration, Maske, Kostüm*. Fragen Sie auch danach, wie die Feste oder Feiertage im Heimatland der TN gefeiert werden. Führen Sie dazu nötigen Wortschatz ein.

b.

2. Verfahren Sie wie auf ❖ S. 209 bei „Bild-Textzuordnung“ beschrieben.
3. Sprechen Sie mit den TN darüber, welchen Hintergrund die Feste und Feiertage haben, z. B. Weihnachten: Christi Geburt, 3. Oktober: Es gibt wieder ein Deutschland und nicht mehr zwei getrennte Staaten.

Stillarbeit → AB S. 10 | **1**

2 Welche Feste und Feiertage gibt es in Ihrem Land?

Material

- große Plakate
- dicke Stifte
- ggf. mitgebrachte Bilder

1. Verweisen Sie auf die Redemittel im Buch und geben Sie an der Tafel folgende Stichpunkte vor:

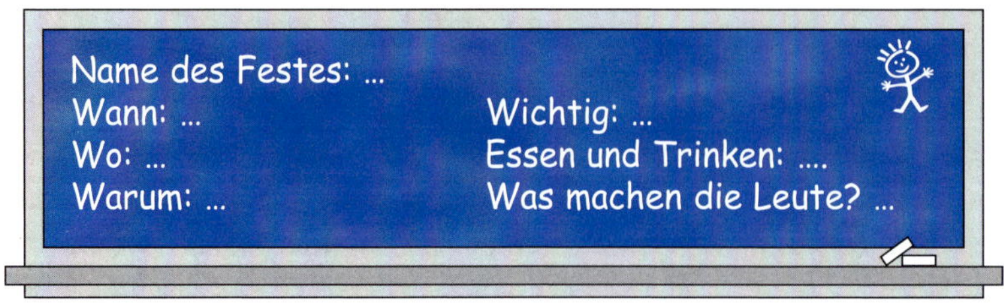

2. In national heterogenen Gruppen bilden TN aus einem Land oder Kulturkreis Kleingruppen. Die TN bereiten eine kleine Präsentation über ein Fest vor. Sie notieren die wichtigsten Punkte auf dem Plakat. Wenn es zu Ihrer Zeitplanung im Kurs passt, bringen die TN Fotos, Bilder aus dem Internet oder typische Gegenstände mit, um sie den anderen TN zu zeigen oder auf das Plakat zu kleben.
3. Jede Gruppe präsentiert ggf. am folgenden Kurstag mithilfe ihres Plakates ihr Fest. Die Plakate werden im Kursraum aufgehängt.

Variante in national homogenen Gruppen Die TN arbeiten wie oben beschrieben in Gruppen. Jede Gruppe präsentiert ein anderes Fest, das im Heimatland der TN gefeiert wird.

3 Eine Nachricht auf dem Anrufbeantworter

Material

- ggf. Plakat

0. Diese Nachricht auf dem Anrufbeantworter bildet die inhaltliche Basis für die Übungen **4–7**.

a.

1. Die TN hören den ersten Satz „Hallo Katja, hier ist Anny.“ von der CD.
2. Die TN lesen still alle drei Texte.
3. Fragen Sie die TN: **„Wer ruft wen an?“, „Wann ruft Anny an?“, „Wo wohnt Anny?“, „Wo wohnt Katja?“** Klären Sie unbekannte Wörter.

b.

4. Die TN hören die Ansage ein- oder zweimal und entscheiden, welchen Text sie gehört haben.
5. Die TN unterstreichen in Partnerarbeit die Personalpronomen im Nominativ, Akkusativ und Dativ in unterschiedlichen Farben.

Binnendifferenzierung Langsame Lerner beschränken sich beim Unterstreichen auf einen der drei Texte, geübte Lerner können die Pronomen in allen drei Texten suchen.

6. Machen Sie währenddessen drei Spalten an die Tafel oder auf ein Plakat. Schreiben Sie als Überschriften *Nominativ*, *Akkusativ* und *Dativ*, wie auf dem Grammatikzettel im Buch vorgegeben. Ergänzen Sie in der ersten Spalte (*Nominativ*) alle Personalpronomen – also auch die 3. Person Singular und Plural – im Nominativ an der Tafel.
7. Die TN nennen die im Text gefundenen Pronomen. Fragen Sie die TN, wo das genannte Pronomen jeweils an der Tafel stehen soll. Ergänzen Sie auf Zuruf der TN die aus → KB | LE 1 | **5** bekannten fehlenden Pronomen. Zeigen Sie den TN die Übersicht im → AB S. 14 | **13**.
8. Fragen Sie die TN, was sie Anny über Weihnachten erzählen können.

Stillarbeit → AB S. 10 | **2**

Zusatzübung

Kärtchenübung

Material

- Kopiervorlage **LE 1-1**: Kärtchen „Geschenke" oder Kärtchen von den TN selbst erstellt

Genaue Anleitung ❖ S. 17 bei „Zusatzübungen, Kärtchenübung".
Die TN arbeiten zu viert, wobei immer zwei TN zusammen gehören. Ein TN fragt „Was schenkst du mir / uns?", Einer der anderen TN antwortet je nach Frage und gezogenem Kärtchen z. B. „Ich schenke dir / euch ein Buch."

4 Weihnachtsfotos für Anny

Material

- in der Weihnachtszeit: reale auf den Fotos abgebildete Gegenstände: z. B. Kerze, Adventskranz, Kugeln, Krippe, Plätzchen und andere typische Weihnachtsutensilien

0. Hier wird der Wortschatz von Übung **5** und **6** vorentlastet.

1. Erarbeiten Sie den Wortschatz mit den mitgebrachten Gegenständen oder anhand der Fotos.

2. Machen Sie die TN darauf aufmerksam, dass diese Fotos für Anny sind. Die TN machen die Zuordnung wie auf ❖ S. 209 bei „Bild-Textzuordnung" beschrieben.

5 Eine E-Mail für Anny

1. Fragen Sie die TN, wer die E-Mail geschrieben hat (2. Teil der E-Mail) und wer sie bekommt. Fragen Sie auch, wer Anny und Katja sind, damit die TN den Zusammenhang realisieren.

2. Verfahren Sie wie auf ❖ S. 209 bei „Leseverstehen" beschrieben.

Stillarbeit → AB S. 10 | **3** und S. 11 | **4** | **5** | **6**

3. Zur Vorbereitung auf die Stillarbeit: Schreiben Sie Sätze aus der E-Mail (siehe Tafelbild) an die Tafel. Erklären Sie den TN, dass man bei Personen die Präposition *zu* bei Direktivergänzungen und *bei* bei Situativergänzungen benutzt (vgl. *Lagune 1* KB | LE 22).

wohin?	wo?
Wir sind [zu] den Großeltern gefahren.	Wir haben [bei] den Großeltern gefeiert.

Stillarbeit → AB S. 12 | **7**

6 Was steht im zweiten Teil der E-Mail?

1. Verfahren Sie wie auf ❖ S. 209 bei „Leseverstehen“ beschrieben. Hier empfiehlt es sich, dass die TN die Lösung zunächst mir ihrem Nachbarn vergleichen.

Binnendifferenzierung TN, die zügiger lesen, schreiben ein oder mehrere falsche oder richtige Aussagen zum Text, analog zu den Sätzen a–h in Übung **5**. Im Anschluss an die Besprechung von Übung **6** werden die Aussagen der TN vorgelesen. Die anderen TN geben an, ob die Aussagen richtig oder falsch sind.

2. Zur Vorbereitung auf die Stillarbeit: Erklären Sie die Bedeutung und Formen von *jeder* und *alle* anhand des Tafelbildes. Beide Artikelwörter bedeuten 100%. Die Endungen sind wie die Endungen des definiten Artikels. Verweisen Sie auf die Übersicht im → AB S. 14 | **14**.

Singular:	Jeder hat gesungen.	Die Gans hat jedem geschmeckt.
Plural:	Alle haben gesungen.	Die Gans hat allen geschmeckt.

Stillarbeit → AB S. 13 | **12**

Stillarbeit → AB S. 12 | **8** | **9** und S. 13 | **10** | **11**

7 Wie ist das in Ihrem Land?

Material

- für jede Gruppe eine unbeschriftete Folie und Folienstifte

1. Die TN arbeiten in 4 Kleingruppen. Jede Gruppe sucht in der E-Mail nach Informationen zu je einem der folgenden Themen: typischer Weihnachtsschmuck, Essen, Vorbereitungen für das Weihnachtsfest, Traditionen am 24. Dezember. Einige der gesuchten Informationen passen nicht nur zu einem Thema.

Binnendifferenzierung Langsamere TN beschäftigen sich mit dem Thema Weihnachtsschmuck oder Essen, während die geübteren TN nach den Vorbereitungen und den Traditionen am 24. Dezember suchen.

2. Jede Gruppe liest die gefundenen Informationen vor. Sammeln Sie die Angaben der TN in Stichpunkten an der Tafel.

Weihnachtsschmuck:	Adventskranz, Weihnachtsbaum, Kerzen, Christbaumkugeln, Krippe
Essen:	Plätzchen, Süßigkeiten, Gans mit Klößen und Rotkohl
Vorbereitungen:	Plätzchen backen, Weihnachtsschmuck basteln, Wunschzettel schreiben, der Nikolaus kommt, Kerzen am Adventskranz anzünden, Weihnachtlieder singen, Geschenke aussuchen
Traditionen am 24.12.:	Weihnachtsbaum schmücken, Weihnachtsgeschichte vorlesen, Gedicht aufsagen, Päckchen aufmachen, in die Mitternachtsmesse gehen

3. In national heterogenen Gruppen arbeiten die TN jetzt in Ländergruppen zusammen. In national homogenen arbeiten die TN in Kleingruppen. Die TN machen sich Notizen zu den Fragen. Sie schreiben ein paar Stichpunkte auf die Folie und machen gegebenenfalls auch kleine Zeichnungen dazu. Wenn im Heimatland der TN Weihnachten nicht gefeiert wird, konzentrieren sich die TN auf ein anderes Fest, das insbesondere für Kinder eine große Bedeutung hat.
4. Jede Gruppe präsentiert ihre Ergebnisse.

Zusatzübungen

E-Mail oder Brief schreiben

Als Abschluss der LE schreiben die TN eine E-Mail oder einen Brief an einen Freund oder eine Freundin, in der sie über ein typisches Fest in ihrer Heimat berichten. Geben Sie den Anfang der E-Mail vor:

Liebe(r) …, vielen Dank für Deinen Brief. Ich will Dir schon seit Wochen schreiben, aber ich habe immer so wenig Zeit. Im Brief hast Du geschrieben, Du möchtest mehr über … wissen. Wir feiern … am … / im …

Geben Sie den TN auch Hilfen zu den Inhaltspunkten (vgl. ❖ Tafelbild S. 18 | **2**).

Weitere Übungen zum Leseverstehen zum Thema Weihnachten finden Sie unter:
http://www.hueber.de/sixcms/list.php?page=landeskunde_ueberblick_daf

3 Fokus Hören

Lernziel Gefallen und Wünsche äußern

1 Auf dem Weihnachtsmarkt

0. Hier wird das Thema Weihnachtsmarkt als situativer Hintergrund für die Interviews in den Übungen **2–4** vorbereitet.

a.

1. Verweisen Sie auf die Fotos im KB und sagen Sie den TN, dass es sich hier um Fotos von einem Weihnachtsmarkt handelt.
2. Die TN benennen, was sie erkennen. Schreiben Sie neue Vokabeln an.

b.

3. Gehen Sie mit den TN den Wortschatz im rosa Kasten durch und klären Sie unbekannte Wörter.
4. Die TN sagen mithilfe des vorgegebenen Wortschatzes, was man auf dem Weihnachtsmarkt machen kann.
5. Fragen Sie die TN, was sie kennen und was nicht. Regen Sie die TN dazu an, die Redemittel zu benutzen.

Zusatzübung

Wenn Ihnen ein Computer mit Internetanschluss zur Verfügung steht, können Sie die TN auf das Thema mit der Diashow vom Nürnberger Christkindlesmarkt einstimmen, einem der berühmtesten Weihnachtsmärkte in Deutschland. Die TN benennen, was sie durch die Bilder im Buch gelernt haben. Der Link ist:
http://www.christkindlesmarkt.de/index.php?navi=1&rid=26&artid=291&startdia=diashow

2 „Gefällt Ihnen der Weihnachtsmarkt?“

a. und b.

1. Verfahren Sie wie auf ❖ S. 209 bei „Hörverstehen“ in den Schritten 1–6 beschrieben.
2. **Stillarbeit** → AB S. 16 | 1
   In sehr leistungsstarken Gruppen können Sie c im Anschluss an Schritt 1 machen.
   Die TN machen → AB S. 16 | 1 dann später als Wiederholung.

c.

3. Die TN fassen bei geschlossenem Kursbuch zusammen, was die Frau gesagt hat.
4. Hier taucht das Verb *fehlen* zum ersten Mal mit Dativ auf, verweisen Sie darauf. Wenn Sie ein Poster mit Dativverben aufgehängt haben, ergänzen Sie *fehlen* darauf.

3 „Wie feiern Sie Weihnachten?“

a.

1. Stellen Sie durch das Gespräch über das Foto den Zusammenhang zwischen Übung 2 und 3 her.
2. Verfahren Sie wie auf ❖ S. 209 bei „Hörverstehen“ in den Schritten 2–7 beschrieben.

b.

3. **Stillarbeit** → AB S. 16 | 2
   In sehr leistungsstarken Gruppen können Sie b im Anschluss an Schritt 4 machen.
   Die TN machen → AB S. 16 | 2 dann später als Wiederholung.
4. Die TN hören das Interview noch einmal. Sammeln Sie mit den TN zusammen an der Tafel Stichpunkte zu den Fragen des Reporters.

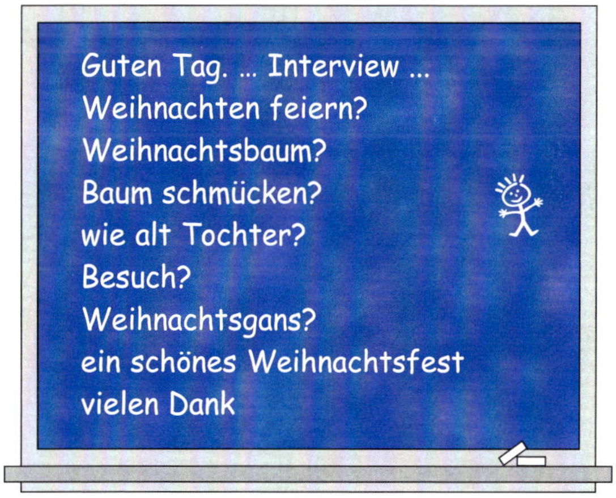

5. Die TN bereiten das Interview in Partnerarbeit schriftlich vor.
6. Die TN üben das Interview zu zweit. Ein paar Beispiele werden im Kurs vorgespielt.

4 Wie finden Sie den Weihnachtsmarkt?“

1. Stellen Sie durch das Gespräch über das Foto den Zusammenhang zu den Übungen 2 und 3 her.
2. Verfahren Sie wie auf ❖ S. 209 bei „Hörverstehen“ in den Schritten 2–7 beschrieben.

Stillarbeit → AB S. 16 | 3

3. Verweisen Sie auf die Beispielsätze im blauen Kasten unter der Übung, um subjektive Bewertungen mit Adjektiv und Dativ zu erklären. Die TN vergleichen die rechte Spalte mit der linken und benennen die Unterschiede. Schreiben Sie Satz D aus Interview 2 verkürzt als weiteres Beispiel an die Tafel. Regen Sie die TN dazu an, den Satz mit dem Verb *finden* umzuformen. Schreiben Sie die Lösung an.

> Weihnachten ist <u>ihnen</u> (sehr) wichtig. = <u>Sie finden</u> Weihnachten (sehr) wichtig.

Weisen Sie anhand des Satzes an der Tafel darauf hin, dass Bewertungen auch ohne *zu* und auch ohne *sehr* sein können.

4. Die TN suchen die übrigen drei Beispiele für Bewertungen mit (*zu* +) Adjektiv und Dativ in den Interviews in den Übungen **2** und **3**.

5. Verweisen Sie auf die Grammatikübersicht im → AB S. 18 | **7**.

6. Fragen Sie die TN, wie ihnen Weihnachtsmärkte gefallen.

Stillarbeit → AB S. 17 | **4**

5 Was meinen Sie?

1. Fragen Sie die TN zur Erinnerung, was die Frau in Übung **2** an Weihnachten macht.

2. Drei TN lesen den Beispieldialog vor. Lesen Sie den 4. Satz und ergänzen Sie ihn.

4. Ermuntern Sie die TN zur Diskussion. Fragen Sie z. B. **„Ist es gut, an Weihnachten wegzufahren?“**.

5. Die TN rekapitulieren zu jedem Interview kurz die Aussagen der Personen, z. B. angeregt durch Fragen wie **„Warum sollen Kinder an den Weihnachtsmann glauben?“** (Übung **3**), **„Ist ein Weihnachtsbaum wichtig?“** (Übung **4**), **„Ist Weihnachtsschmuck Kitsch?“** (Übung **4**), **„Ist Weihnachten zu kommerziell?“** (Übung **4**). Regen Sie die TN zur Diskussion an.

Stillarbeit → AB S. 17 | **5** | **6**

6 Kostüme im Karneval

a.

1. Fragen Sie die TN, was Sie über Karneval wissen, und ob sie selbst gerne Kostüme tragen. In → KB | LE 2 wurde Karneval schon thematisiert.

2. Sagen Sie den TN, dass Nummer 1 ein Ritter ist. Zeigen Sie den TN das Wort *Ritter* im Kasten unter dem Bild.

3. Die TN lesen still die Wörter im Kasten.

4. Fragen Sie die TN nach den übrigen Kostümen und helfen Sie, falls nötig.

b.

5. Die TN wiederholen das Vokabular und die Dativformen, indem sie die Übung in Partnerarbeit durchführen.

c.

6. Die TN äußern sich spontan zur Frage **„Wie finden Sie die Kostüme?"**.
7. Geben Sie den TN ein paar Beispiele wie z.B. **„Die Maus finde ich witzig."**, um *witzig* zu semantisieren. Fragen Sie die TN, welche Kostüme sie witzig finden. Gehen Sie mit den anderen vorgegebenen Satzmustern genauso vor.

d.

8. Fragen Sie ein paar TN, was sie im Karneval sein möchten. Regen Sie sie zu einer Begründung an.
9. Erzählen Sie den TN mit den Redemitteln im Buch, was Sie sein oder nicht sein möchten. Wiederholen Sie ihre Aussagen und schreiben Sie sie in Kurzform an die Tafel.

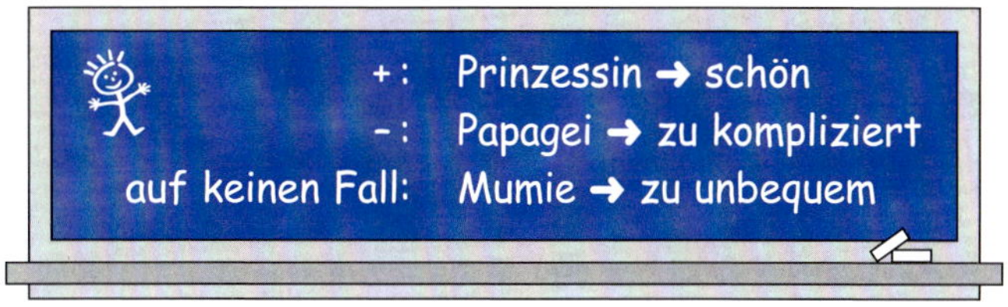

10. Gehen Sie mit den TN die Adjektive im Kasten durch.
11. Die TN überlegen sich was sie (nicht) sein möchten und notieren es in Kurzform wie an der Tafel.
12. Die TN sprechen zu zweit über ihre Kostümvorlieben.
13. Fragen Sie einige TN, was ihr Partner (nicht) sein möchte. Regen Sie dabei zum Gebrauch der Redemittel an.

7 „Prost Neujahr!"

Material

- für jede Gruppe eine unbeschriftete Folie und Folienstifte

a.

1. Nehmen Sie das Foto als Sprechanlass, um das Wissen der TN über Silvester (LE 2) zu wiederholen.
2. Verfahren Sie wie auf ❖ S. 209 bei „Hörverstehen" in den Schritten 2–5 beschrieben.
3. Zur Kontrolle hören Sie den Text noch einmal. Die TN rufen *Stopp*, wenn Sie einen Satz identifiziert haben.

b.

4. In national heterogenen Gruppen arbeiten die TN in Ländergruppen zusammen. Die TN machen sich Notizen. Sie schreiben wichtige Punkte auf die Folie und machen gegebenenfalls Zeichnungen. Jede Gruppe präsentiert ihre Ergebnisse.
   In national homogenen Gruppen führen Sie ein Kursgespräch über die Unterschiede zwischen Silvester und Neujahr in Deutschland und im Heimatland der TN.

8 Bleigießen: Was bringt das neue Jahr?

a. und b.

1. Erklären Sie zusammen mit TN, die diesen Brauch kennen, anhand der Fotos, wie Bleigießen funktioniert.
2. Verfahren Sie wie auf ❖ S. 209 „Hörverstehen" in den Schritten 2–7 beschrieben.

c.

3. Sprechen Sie mit den TN im Plenum über die Fragen. Sprechen Sie auch darüber, ob die TN daran glauben, dass man in die Zukunft schauen kann.
4. Sprechen Sie über die gezeichneten Glückssymbole. Die TN erzählen, welche Glückssymbole es in ihrem Heimatland gibt.

Zusatzübungen

Interview I

Die TN machen kurze Interviews über verschiedene Feste. Sie bereiten in Partnerarbeit schriftlich Fragen vor, z. B. Wie finden Sie Karneval? Wie feiern Sie? usw. Die TN interviewen die TN einer anderen Zweiergruppe. Die Ergebnisse werden notiert. Als Hausaufgabe werden kleine Texte über die Interviewpartner geschrieben. Verbessern Sie die Texte und hängen Sie sie im Kursraum auf und / oder lesen Sie ein paar davon vor. Lassen Sie dabei die Namen der Interviewten weg. Die TN raten, um wen es im Text geht.

Wenn Sie ein Aufnahmegerät oder eine Videokamera haben, werden die Interviews damit aufgezeichnet und später vorgespielt.

Interview II

Wenn Sie diesen Themenkreis im Inland in der Vorweihnachtszeit unterrichten, können die TN auch Interviews auf einem Weihnachtsmarkt durchführen. Dazu bereiten die TN nicht nur die Fragen, sondern auch Redemittel vor, um sich vorzustellen und den Grund zu sagen, warum sie das Interview machen, sowie Formulierungen, um auszudrücken, dass sie etwas nicht verstanden haben.

4 Fokus Sprechen

Lernziel jemanden einladen; fragen, ob etwas schmeckt / passt

1 Wörter mit „r"

0. In den Übungen **1–3** wird die Aussprache von *r* geübt.

a.

1. Die TN hören die Wortpaare, lesen still mit und sprechen in den Pausen jeder für sich nach.

b.

2. Sie hören noch einmal und unterstreichen das konsonantische *r*. Machen Sie nach jedem Wortpaar eine Pause, um die Lösung zu besprechen. Bei Zweifeln hören die TN die Stelle auf der CD noch einmal oder Sie sprechen das entsprechende Wort vor. Gehen Sie bei der Besprechung besonders darauf ein, dass sich die Aussprache ändern kann, wenn sich die Wortform ändert (vgl. auch Tipp).

3. Die TN hören noch einmal und sprechen nach.

Tipp

Vokalisiertes *r* [ʀ]

Im Allgemeinen spricht man das vokalisierte *r* am Wort- oder Silbenende. Es klingt fast wie *a*.
In folgenden Situationen wird es verwendet:

- in den Präfixen *er-, her-, ver-, zer-: verstehen, erklären*
- im Suffix mit *-er* (auch: *-ern, -erst-, -ert*): *Japaner, Fahrer*
- in Personalpronomen: *ihr, er, wir*

- nach langem Vokal, wenn das *r* zur selben Silbe gehört wie der lange Vokal: *Tier, Fahrt.*
  Die Aussprache kann sich ändern, wenn das Wort in einer anderen Form benutzt wird
  z. B. *Tor* [ʀ] – *Tore* [r], *passiert* [ʀ] – *passieren* [r]

Einübung Die TN sprechen *a* statt *r*.

Konsonantisches *r* [r]

Das konsonantische *r* wird regional unterschiedlich gesprochen, entweder vorne an der Zungenspitze, hinten am Zäpfchen oder als Reibelaut am Gaumen. Die TN wählen die Variante, die ihnen leichter fällt und üben diese ein.

Das konsonantische *r* spricht man am Wort- oder Silbenanfang (*Ritter, anrufen*) und nach Konsonanten (*Freunde, Adresse*).

Einübung

- Das Zungenspitzen-*r* wird nach *d, t, b* oder *p* gesprochen, z. B. *drei, Drucker, treffen, Traum, brauchen, Brot, probieren.*
- Das Zäpfchen-*r* üben die TN durch gurgeln. Sie sprechen (danach) öfter hintereinander *gu – ru, gu – ru.*
  Die TN leiten das *r* vom *ach*-Laut ab. Sie sagen *ach* mit langem *ch* und legen die Hand dabei an den Kehlkopf. Dann fügen sie den Stimmton hinzu. Sie sagen *ach Rita, nach Regensburg.*
  Das hinten gesprochene *r* lässt sich leichter nach *g* und *k* sprechen, z. B. *krank, grün, grau, Kreditkarte, Krokodil.*
- Bei Schwierigkeiten mit dem Unterschied zwischen *r* und *l* sprechen die TN das *r* nach Plosivlauten, z. B. *Preis, Prost, Problem, Trinken, treffen, Traum, krank, Krawatte, Krokodil* und in Kombination mit *sp* und *st*, z. B. *springen, Sprache, Straße Strumpf, Strom.*

Stillarbeit → AB S. 19 | **1**

2 Sätze aus Wörtern mit „r"

Stillarbeit → AB S. 19 | **2** als Vorbereitung für die Übung

0. Hier werden neben der Aussprache des *r*-Lauts auch die Possessivartikel wiederholt. In Übung **3** benutzen die TN dann nicht nur den Possessivartikel, sondern auch das Possessivpronomen.

1. Verfahren Sie wie auf ❖ S. 210 bei „Sätze erfinden" in den Schritten 1 – 5 beschrieben. Bei Schritt 3 unterstreichen die TN in den Sätzen der anderen Gruppe das konsonantische *r*.

Stillarbeit → AB S. 19 | **3**

3 „Wem gehört das?"

Material

- Kopiervorlage **LE 4-1** auf Folie und für jeden TN eine Kopie

0. Die TN lernen mit dem Verb *gehören* eine andere Möglichkeit kennen, Besitz auszudrücken. Außerdem kommen Possessiv- und Definitpronomen vor. Dabei werden noch einmal die *r*-Laute geübt.

1. Sprechen Sie über das Bild und die darauf abgebildeten Gegenstände.

2. Zwei geübtere TN lesen den Dialog vor.

3. Semantisieren Sie *gehören*.

4. Erklären Sie das Possessivpronomen mithilfe des Tafelbildes. Wenn das Nomen nicht genannt wird, bekommt das Pronomen die Signalendung. Die Formen sind schon von den Indefinitpronomen aus *Lagune 1* KB | LE 14 bekannt.

Fragen Sie, welche Ergänzungen das Verb *gehören* braucht und ergänzen Sie es gegebenenfalls auf dem Poster für Dativverben.

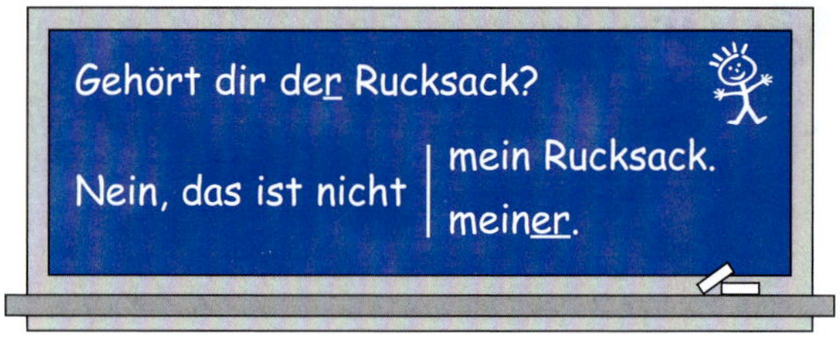

5. Projizieren Sie die Folie mit der Kopiervorlage. Erarbeiten Sie mit den TN die fehlenden Formen. Achten Sie darauf, dass die TN die beiden Möglichkeiten, Besitz auszudrücken, nicht vermischen.

6. Teilen Sie die Kopien der Kopiervorlage aus. Die TN übertragen die Lösungen auf ihr Blatt.

b.

7. Verfahren Sie wie auf ❖ S. 211 bei „Variationsdialoge" in den Schritten 3–7 beschrieben. Bei Schritt 3 lesen die TN die Wörter der Reihe nach vor. Achten Sie auf die Aussprache von *r*. Danach suchen die TN weitere Beispiele mit dem Buchstaben *r*, z.B. *Getränk*, *Regenschirm*, *Koffer*, *Radio*.

Zusatzübung

Material

- Tuch
- leerer Tisch

Ein Tisch wird mit einem Tuch bedeckt. Jeder TN legt einen Gegenstand, der ihm wichtig ist, unter das Tuch, möglichst ohne dass die anderen TN sehen, welcher Gegenstand es ist. Nehmen Sie das Tuch weg. Fragen Sie, wie die Gegenstände heißen und welches Genus sie haben. Schreiben Sie die Wörter an, die die TN nicht kennen oder deren Genus sie vergessen haben.

Bilden Sie zwei Großgruppen. Von jeder Gruppe kommt ein TN nach vorne. Ziel des Spiels ist es, möglichst schnell herauszufinden, was dem anderen gehört. Einer der beiden beginnt, gemäß dem Muster im Buch zu fragen. Der andere antwortet wahrheitsgemäß dem Muster im Buch entsprechend. Wenn er verneint, muss der Fragende so lange weiterfragen, bis er den Gegenstand erraten hat, der seinem Mitspieler gehört. Für jede Frage außer der ersten gibt es einen Minuspunkt für die Gruppe des fragenden TN. Dann werden die Rollen getauscht. Für die nächste Runde kommen zwei andere TN zum Tisch. Gewonnen hat die Gruppe, die am wenigsten Minuspunkte gesammelt hat.

Stillarbeit → AB S. 20 | **4**

4 Hören Sie die Gespräche und sprechen Sie nach.

0. In den Gesprächen kommen feste Wendungen mit Dativ, Possessivartikel und Wörter mit *r*-Lauten vor.

1. Verfahren Sie wie auf ❖ S. 210 bei „Nachsprechen" in den Schritten 1–6 beschrieben. Zeigen Sie den TN anhand des blauen Kastens, dass die Endung *e* beim Verb in der gesprochenen Sprache oft wegfällt. Erklären Sie die Bedeutung von *schon* und *noch*. *Schon* heißt hier „etwas früher als erwartet", z.B. *Was, es ist schon halb acht! Ich muss sofort aufstehen. Noch* bedeutet hier, dass etwas geschieht, bevor etwas anderes passiert, z.B. *Ich muss noch die E-Mail beantworten, dann können wir gehen.*

5 Mir oder mich ...?

a. – d.

1. Die TN lesen die Sätze und ergänzen die Pronomen.
2. Die TN korrigieren ihre Lösung mithilfe des Hörtextes.
3. Die TN ordnen in Partnerarbeit die Fragen 1–10 den Antworten A–J zu. Semantisieren Sie *Dienstagabend*.
4. Zur Korrektur lesen jeweils zwei TN eine Frage und die dazugehörige Antwort vor.

6 „Passt dir der Hut?" „Gefällt Ihnen der Hut?"

0. Hier werden die Dativverben *gefallen* und *passen* aus → KB | LE 1 sowie Bewertungen mit *zu* + Adjektiv aus → KB | LE 3 wieder aufgenommen.

a. und b.

Verfahren Sie wie auf ❖ S. 211 bei „Variationsdialoge" in den Schritten 1–7 beschrieben.

Stillarbeit → AB S. 20 | **5**

7 „Schmeckt dir der Kuchen?"

Material

- beschriftete DIN-A4-Blätter: Verwenden Sie für die Blätter die für die Nominativ- und Dativergänzungen festgelegten Farben, um das Tafelbild anschaulicher zu machen.
- Klebeband oder Magnete

0. Hier wird aus → KB | LE 1 das Dativverb *schmecken* wieder aufgenommen.
1. Verfahren Sie wie auf ❖ S. 211 bei „Variationsdialoge" in den Schritten 1–7 beschrieben. Weisen Sie daraufhin, dass man statt *gefallen* bei Speisen und Getränken *schmecken* benutzt.
2. Veranschaulichen Sie an der Tafel mithilfe der DIN-A4-Blätter die Stellung von Dativpronomen und Subjekt bzw. Subjektpronomen. Heften Sie dazu den ersten Satz an und fragen Sie die TN nach Subjekt und Dativ. Schreiben Sie *Subjekt* und *Dativergänzung* über die entsprechenden Blätter. Zeigen Sie die übrigen Blätter und fordern Sie die TN dazu auf, ihnen die Reihenfolge für den zweiten Satz zu sagen. Fragen Sie wieder nach den Kasus und ergänzen Sie das Tafelbild. Weisen Sie die TN darauf hin, dass Pronomen tendenziell weit links im Satz stehen.

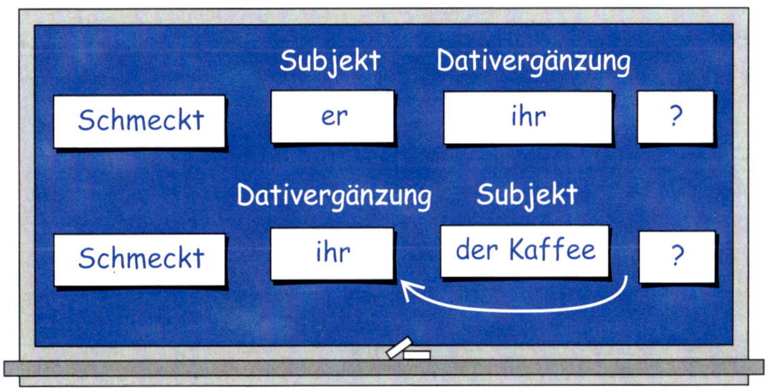

Stillarbeit → AB S. 21 | **7** und S. 20 | **6**

8 Einladungsgespräche

Verfahren Sie mit den Gesprächen 1 und 2 wie auf ❖ S. 211 „Gespräche hören und nachspielen“ in den Schritten 1–9 beschrieben.

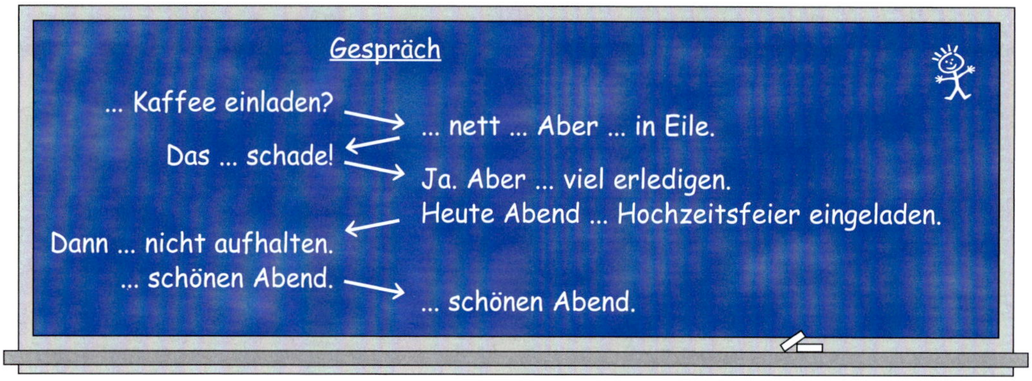

Stillarbeit → AB S. 21 | **8** und S. 22 | **9** | **10**

9 Variieren Sie die Gespräche

Verfahren Sie wie auf ❖ S. 211 bei „Gespräche variieren“ in den Schritten 1–3 beschrieben.

Stillarbeit → AB S. 22 | **11** und S. 23 | **12** | **13**

Zusatzübung

Material

- Kopiervorlage **LE 4-2a** und **-2b**; für jede Gruppe und für jeden TN ein Aufgabenblatt und je ein Kärtchen mit *dir* und *dich*

Die TN arbeiten wenn möglich zu viert. Jeder TN bekommt je ein Kärtchen mit *dir* und *dich*. Jeweils ein TN in einer Gruppe bekommt das Aufgabenblatt. Er liest einen Satz vor und klopft bei der Lücke auf den Tisch. Die anderen TN legen die Karte mit dem passenden Personalpronomen verdeckt auf den Tisch. Dann werden die Karten umgedreht. Der TN mit dem Aufgabenblatt zeigt mit seinem Kärtchen die Lösung. Jeder TN mit der richtigen Lösung bekommt einen Punkt. Die Punkte werden vom TN mit dem Aufgabenblatt auf eine Liste geschrieben. Nach den ersten fünf Fragen bekommt ein anderer TN das Aufgabenblatt sowie die Punkteliste und geht vor wie beschrieben. Dann wird wieder gewechselt bis jeder TN einmal die Fragen lesen durfte. Gewonnen hat, wer die meisten Punkte gesammelt hat.

Zur Wiederholung bekommt jeder TN ein Aufgabenblatt als Hausaufgabe oder Stillarbeit im Kurs. Die TN knicken die Lösungen ab und ergänzen die Lücken. Anschließend vergleichen Sie ihre Einträge mit den Lösungen.

5 Fokus Schreiben

Lernziel Anzeigen lesen und verstehen; Grußkarten schreiben

1 Hören Sie zu und schreiben Sie.

0. In diesem Diktat zum Thema Geburtstag wird zu den Glückwünschen in Übung **2** und **3** hingeführt und gleichzeitig auf das Thema Gratulationen auf → KB | LE 1 zurückverwiesen.

1. Verfahren Sie wie auf ❖ S. 212 bei „Diktat" beschrieben.

2. Fragen Sie zur Wiederholung des Datums ein paar TN, wann sie Geburtstag haben.

2 Glückwunsch und Grußkarten

Material

- Glückwunschkarten zu verschiedenen Anlässen (ggf. unter http://www.hueber.de/sixcms/list.php?page=pg_index_gru herunterladen und ausdrucken)

1. Fragen Sie die TN, was man macht, wenn jemand Geburtstag hat (gratulieren, etwas schenken, eine Karte schreiben). Fragen Sie die TN auch, wie man gratuliert (Alles Gute zum Geburtstag, Herzlichen Glückwunsch).

2. Geben Sie die mitgebrachten Karten durch die Reihen. Fragen Sie die TN zu welchen Anlässen die Karten geschrieben werden. Sammeln Sie den Wortschatz zum Thema an der Tafel.

a.

3. Verfahren Sie wie auf ❖ S. 209 bei „Bild-Textzuordnung" beschrieben.

b.

4. Die TN schreiben die Anlässe auf die Karten.

5. Besprechen Sie die Lösung. Gehen Sie dabei auf das Genus der Nomen im Kasten ein. Weisen Sie darauf hin, dass man *Weihnachten* und *Ostern* ohne Artikel benutzt.

c.

6. Die TN lesen die vorgegebenen Beispiele. Beginnen Sie anschließend einen Satz: **„Nummer 6. Das ist die Karte mit …"** Ein TN ergänzt. Achten Sie darauf, dass die Dativform richtig benutzt wird. Schreiben Sie gegebenenfalls die Struktur an die Tafel.

7. Die TN sprechen in Partnerarbeit über die Anlässe und wenden dabei die Redemittel an.

Stillarbeit → AB S. 25 | **1** | **2**

3 Grüße und Wünsche

Material

- Folie von → KB S. 25
- Folienstift

0. Während sich die TN in Übung **2** mit der Bildseite von Glückwunschkarten beschäftigt haben, lernen sie hier typische Texte für Glückwunschkarten.

1. Projizieren Sie die Folie und zeigen Sie den TN jeweils nur die Bilder. Sagen Sie den TN, dass es sich hier um Postkarten handelt. Die TN erraten den Anlass, zu welchem man die jeweilige Postkarte schickt. Fragen

Sie auch, wie man zu jedem Anlass gratuliert oder Glück wünscht. Machen Sie eine Liste mit drei Spalten (Geburtstag, Hochzeit und Weihnachten/Silvester). Tragen Sie die Antworten in die Liste ein.

2. Die TN ergänzen in Partnerarbeit die Karten. Eine Zweiergruppe schreibt auf die Folie.
3. Besprechen Sie die Lösung mithilfe der Folie.
4. Die TN suchen nach weiteren typischen Wendungen wie z.B. *nachträglich*. Ergänzen Sie die Ausdrücke in der Liste an der Tafel.
5. Gehen Sie auf den Satz *Wir fliegen für drei Wochen nach Australien.* (Karte unten rechts) ein. Erklären Sie, dass die Präposition *für* im temporalen Kontext eine Dauer bedeutet. Grenzen Sie *für drei Wochen* von *seit drei Wochen* (etwas beginnt in der Vergangenheit und dauert noch an; dabei wird das Präsens verwendet) und *in drei Wochen* (etwas findet in der Zukunft statt, also drei Wochen später) ab.

Stillarbeit → AB S. 27 | **5** und S. 25 | **3** und S. 26 | **4**

4 Private Zeitungsanzeigen

Material

- → KB S. 26 auf Folie kopiert

0. Die Übungen **4–6** bilden eine Einheit. Hier lesen die TN private Zeitungsanzeigen. In Übung **5** reagieren sie auf eine Anzeige und in Übung **6** verfassen die TN selbst eine Anzeige.

a.

1. Die TN schließen die Bücher. Projizieren Sie die Folie. Erklären Sie, dass es sich hier um private Zeitungsanzeigen handelt. Fragen Sie jeweils, zu welchem Anlass die Anzeigen geschrieben wurden. Achten Sie darauf, dass die TN nicht den ganzen Text Wort für Wort lesen, sondern nur nach Schlüsselwörtern suchen, die für einen Anlass typisch sind. Führen Sie dabei den notwendigen neuen Wortschatz wie z.B. *Trauung*, *Geburt*, *Standesamt*, *Hochzeit* und *pensioniert* ein.

b.

2. Die TN lesen die Sätze. Klären Sie eventuell unbekannte Wörter.
3. Die TN ordnen die Sätze den Anzeigen zu. Achten Sie auch hier darauf, dass die TN beim Lesen selektiv vorgehen, also nur nach relevanten Informationen suchen.
4. Besprechen Sie die Lösungen. Fragen Sie die TN nach den für die Lösung relevanten Informationen in den Anzeigen.

Binnendifferenzierung TN, die mit Aufgabe b schneller fertig sind als die anderen, schreiben Fragen zu den Anzeigen. Geben Sie ein paar Beispiele vor, z.B. *Was feiern Gisela und Horst Brünger?, Wie groß ist Eva-Lotta? …* Nach Schritt 4 werden die Fragen den anderen TN gestellt.

c.

5. Die TN lesen das Beispiel. Semantisieren Sie *komisch*.
6. Diskutieren Sie mit den TN über die Anzeigen.

5 Karten schreiben

Material

- festeres Papier in Postkartengröße
- Umschläge

0. Hier wenden die TN die Formulierungen an, die sie in Übung **3** kennengelernt haben.

a.

1. Die TN lesen still die Anzeigen. Fragen Sie, um welchen Anlass es sich bei beiden Anzeigen handelt. Fragen Sie die TN, welche der Karten von Übung **3** aus einem ähnlichen Anlass geschrieben wurde. Schwächere TN unterstreichen zunächst auf der Karte in Übung **3** Formulierungen, die sie übernehmen können.

3. Verfahren Sie wie auf ❖ S. 212 bei „Texte schreiben“ beschrieben

b.

4. Die TN zeichnen Motive auf die Umschläge. Bei dieser Tätigkeit kommen oft ungeahnte Talente der TN zum Vorschein.

5. Die Karten werden mit den Umschlägen aufgehängt und nummeriert.

6. Die TN kommen zur Pinnwand sehen sich die Karten an und lesen sie. Die TN prämieren die besten Karten und Umschläge. Dazu schreibt jeder TN anonym auf einen Zettel die Nummer der Karte, die ihm am besten gefällt.

7. Die Zettel werden eingesammelt und ausgezählt. Jeder Zettel bedeutet einen Punkt. Die Karte mit den meisten Punkten hat gewonnen. Die TN bekommen einen Preis, z. B. Süßigkeiten. Wenn Sie wenig Zeit haben, kann die Auswertung auch von zwei TN in der Pause oder nach dem Unterricht durchgeführt werden.

Stillarbeit → AB S. 27 | **6**

6 Anzeigen entwerfen

Material

- für jede Kleingruppe eine Folie
- Folienstifte

1. Die TN bilden Kleingruppen und wählen eine Aufgabe aus.

2. Verfahren Sie wie auf ❖ S. 212 bei „Texte schreiben“ beschrieben. Die TN schreiben auf Folien.

4. Die Anzeigen werden projiziert. Verbessern Sie gemeinsam Fehler.

5. Stellen Sie Verständnisfragen zu den Texten, z. B. zum Anlass und wer die Anzeige geschrieben hat.

Tipp Wenn ein TN z. B. Geburtstag hat oder eine Prüfung bestanden hat, nehmen die TN diesen Anlass wahr und schreiben eine passende Anzeige oder Karte.

Zusatzübung

Geburtstag einer fiktiven Person

Material

- Bilder aus Zeitschriften von Menschen verschiedenen Alters

Die TN arbeiten in Gruppen. Jede Gruppe bekommt ein Bild und die Aufgabe, für diese Person den Geburtstag zu organisieren. Die TN schreiben eine Anzeige, in der sie dem Geburtstagskind gratulieren. Sie schreiben der Person eine Glückwunschkarte. Die TN überlegen sich ein Geschenk für „ihre“ Person. Anschließend werden die Bilder mit den Einladungen, den Glückwunschkarten und der Geschenkidee präsentiert und ggf. im Klassenraum aufgehängt.

Fotodoppelseite

Zum Foto „Ostereier suchen"

Lesen: Landeskundliche Informationen Die TN informieren sich mithilfe der Lesetexte *Was gehört wozu?* aus dem Internet über Osterbräuche (http://www.kaleidos.de/alltag/rituale/oste_u1.htm). Sprechen Sie mit den TN anschließend über das Foto. Fragen Sie die TN, ob und wie Ostern in ihrem Land gefeiert wird (Bräuche, Essen).

Spiel Die TN überlegen sich in Partnerarbeit, wo man auf dem linken Foto drei Ostereier verstecken könnte. Schreiben Sie ein paar Beispiele zur Wiederholung der Wechselpräpositionen an die Tafel. Die TN schreiben sich die Orte auf. Eine andere Zweiergruppe hilft dem Kind auf dem Foto beim Suchen. Dazu fragen Sie die Gruppe, die die Eier versteckt hat z. B. *Liegt in der Vase ein Ei?* Danach tauschen die Partnergruppen die Rollen. Sie können das Eiersuchen auch als Wettbewerb gestalten. Welche Gruppe hat die Eier am schnellsten gefunden?

Web-Recherche Die TN machen zum Thema Ostern eine Webrecherche. Material dazu finden Sie z. B. unter http://www.hueber.de/sixcms/list.php?page=landeskunde_ueberblick_detail_daf&idontid=13 .

Zum Foto „Hochzeit"

Sprechen: Interkultureller Vergleich Ziehen Sie von der Seite eine Folie und projizieren Sie bei geschlossenen Büchern nur die Torte. Die TN raten, was auf dem Bild ist und um welches Fest es sich handelt. Die TN betrachten das Foto im Buch. Erklären Sie den TN, dass das Brautpaar hier gemeinsam die Torte anschneidet. Mit diesem Brauch wird normalerweise das Kuchenbüffet eröffnet. Sprechen Sie darüber, was im Land der TN anders wäre.

Web-Recherche Die TN machen zum Thema Hochzeit eine Webrecherche. Material dazu finden Sie bei http://www.hueber.de/sixcms/list.php?page=landeskunde_ueberblick_detail_daf&idontid=13 .

Projekt Die TN planen die Hochzeit für das Paar auf dem Foto. Erfinden Sie zusammen eine steckbriefartige Biografie für das Paar (Name, Alter, Beruf, Wohnort). Legen Sie gemeinsam fest, wann das Fest stattfinden soll und wie viel Gäste eingeladen werden. Wenn den TN deutsche Hochzeitsbräuche nicht so geläufig sind, erklären Sie den einzelnen Gruppen, was in Deutschland üblich ist. Jede Kleingruppe bearbeitet eine der folgenden Aufgaben:

- Einladungen schreiben (Beispiel unter http://www.kaleidos.de/alltag/rituale/hoch04.htm)
- Fest organisieren (Kirche, Standesamt, Lokal zum Feiern, Musik, Essen, Ablauf)
- Hochzeitsreise planen (Termin, Reiseziel, Übernachtung, Aktivitäten)
- Glückwunschkarten schreiben (Lerneinheit 5)
- Wunschliste für Hochzeitsgeschenke erstellen

Allgemein zu Festen Die TN schreiben sich gegenseitig per E-Mail Grußkarten. Karten finden Sie z. B. unter http://www.hueber.de/sixcms/list.php?page=pg_index_gru

Unter http://www.kaleidos.de/alltag/rituale/deindex3.htm finden Sie Beiträge zu den Anlässen Karneval, Weihnachten, Hochzeit, Silvester, Ostern, 1. Mai, Geburtstag und Nikolaus. Es wird je nach Interesse oder nach Jahreszeit ein Fest ausgewählt. Die TN lesen die Beispiele und schreiben selbst einen Beitrag zu dem gewählten Fest.

Weitere Spiele zu den Fotodoppelseiten unter www.lagune.de/lehren.

Augenzwinkern

Die TN spielen den Dialog nach. Dabei können sie sich andere Gegenstände und Situationen ausdenken. Machen Sie Vorschläge für mögliche Geschenke analog zum Dialog und geben Sie ggf. ein Dialoggeländer vor: Krawatte → gefällt mir, Farben: zu bunt; Hemd → passt gut, bequem, aber: zu groß; Bademantel → toll, aber: zu klein.

Themenkreis **Essen und trinken**

Fotocollage

Material

- Folie der Fotocollage
- Folienstreifen mit den Wörtern: *das Schnitzel, die Pommes, der Imbiss, die Konditorei, das Café, die Metzgerei, das Frühstück*
- für jeden TN einen kleinen Zettel

1. Die TN öffnen das Buch und betrachten die Fotocollage. Geben Sie 5 Minuten Zeit. Die TN sammeln in Kleingruppen so viele Vokabeln wie möglich. Anschließend werden die Ergebnisse verglichen. Für jedes Wort, das keine andere Gruppe geschrieben hat, wird ein Punkt vergeben.
2. Projizieren Sie die Folie mit der Fotocollage und die Folienstreifen. Die TN ordnen die Wörter den Fotos zu.
3. Geben Sie an der Tafel die Kategorien *Lieblingsessen*, *Lieblingsgetränk, Das schmeckt mir nicht.* vor. Verteilen Sie die Zettel. Jeder TN überträgt die Kategorien auf seinen Zettel und schreibt zu jeder Kategorie eine Speise oder ein Getränk. Bilden Sie je nach Kurstärke zwei bis drei Großgruppen. Die Zettel werden in jeder Gruppe eingesammelt und vermischt. Ein TN liest die Zettel seiner Gruppe nacheinander vor. Die anderen raten anhand der Essenvorlieben, wer aus der Gruppe den Zettel geschrieben haben könnte.
4. Fragen Sie die TN, was sie heute zum Frühstück gegessen haben.

Variante als Einstieg

Wortschatz mit Prospekten erarbeiten

Material

- Prospekte von Lebensmittelgeschäften
- Plakate mit Überschriften, z. B. *Obst, Gemüse, Fleisch und Wurst, Milchprodukte, Gebäck, Getränke* usw.
- Klebstoff und Scheren

Jede Gruppe sammelt Wortschatz zu zwei Kategorien, z. B. Obst und Gemüse, aus den Prospekten. Die TN schreiben die Wörter auf das entsprechende Plakat und kleben, wenn die Zeit ausreicht, Bilder dazu. Bei der Besprechung der Plakate können Sie schon auf Mengenangaben eingehen. Dabei können auch Zahlen und Preisangaben wiederholt werden (*Lagune 1* KB | LE 8). Die TN fragen sich gegenseitig: „Was kostet/kosten …?"

Der Themenkreis schließt sich

Ideen

- in Inlandskursen: Die TN gehen in Kleingruppen in eine Metzgerei und fragen, welche drei Wurstsorten am liebsten gekauft werden. Sie kaufen eine der drei Sorten und bringen Sie in den Kurs mit.
- Kuchenbacken: Die TN arbeiten je nach Interesse in verschiedenen Gruppen. Eine Gruppe schreibt ein bekanntes Rezept auf, eine andere Gruppe erledigt den Einkauf und die dritte Gruppe backt den Kuchen. Da die Gruppen nur nacheinander aktiv werden können, machen die nicht mit dem Kuchenprojekt beschäftigten TN andere Aufgaben.
- Sprechen Sie mit den TN darüber, welche „Cafés" es in Deutschland gibt (z. B. Konditoreien mit Café, Stehcafés, Szenecafés, Kaffeehäuser, moderne Coffeeshops) und wie Cafés im Heimatland der TN aussehen.
- Die TN erfinden einen Einkaufsdialog zu dem Foto mit der Fleisch- und Wursttheke. Dabei nennen sie Mengenangaben und Preise.

6 Fokus Strukturen

Lernziel begründen, warum man etwas (nicht) gern isst

1 An der Kasse

0. In den Übungen **1–3** geht es um bestimmte Mengen von Lebensmitteln.

a. und b.

1. Sprechen Sie mit den TN über die Situation auf dem Foto. Sagen Sie den TN, dass der Mann auf dem Foto Herr Wagner heißt.
2. Verfahren Sie wie auf ❖ S. 209 bei „Bild-Textzuordnung“ beschrieben. Außer *Becher, Schachtel, Pralinen, Mehl, Hähnchenschenkel* und *Fischstäbchen* sind die Wörter aus *Lagune 1* bekannt. Legen Sie bei der Wortschatzsemantisierung besonderen Wert auf die Mengenangaben.

Stillarbeit → AB S. 31 | **1**

2 Was soll Herr Wagner noch mitbringen?

1. Sprechen Sie mit den TN, wer auf dem Foto ist und wo die Person ist, um darauf aufmerksam zu machen, dass es sich um die gleiche Person wie auf dem Foto in Übung **1** handelt. Verweisen Sie auch auf den Übungstitel.
2. Die TN lesen die Mengenangaben auf dem Notizzettel und die Wörter im Kasten.
3. Fragen Sie die TN, welche Wörter zu den Mengenangaben passen.
4. Verfahren Sie wie auf ❖ S. 209 bei „Hörverstehen“ in den Schritten 3 und 6 beschrieben.
5. Erklären Sie mithilfe des Grammatikzettels das Genus von Mengenangaben. Fragen Sie nach den indefiniten Artikeln von den Lebensmitteln, z. B. von *Saft*. Die TN stellen fest, dass der Artikel der Mengenangabe sich nicht nach den Lebensmitteln, sondern nach der Mengenangabe richtet. Grenzen Sie mithilfe des Tafelbilds die Mengenangaben von den Komposita ab. Weisen Sie darauf hin, welches Wort das Genus bestimmt.

3 Was haben die Frauen eingekauft?

1. Besprechen Sie das Foto.
2. Verfahren Sie wie auf ❖ S. 209 bei „Bild- Textzuordnung" beschrieben.
3. Um Übung **4** vorzubereiten, fragen Sie die TN nach ihren Vermutungen: **„Warum kauft Frau Hagen drei Tüten Bonbons?"** Wiederholen Sie die Antworten, die die TN geben, in Form eines *weil*-Satzes, um *weil* zu semantisieren. Schreiben Sie an die Tafel: *Warum* ➔ *Weil* …

Stillarbeit ➔ AB S. 31 | **2** und S. 32 | **3** | **4**

Zusatzübung

Einkaufstasche packen

Jeder TN überlegt sich ein Lebensmittel mit einer Mengenangabe. Der erste TN sagt, was er „gekauft" hat, z. B. „Ich habe eine Tafel Schokolade gekauft." Der nächste TN wiederholt, was der TN vor ihm gesagt hat und fügt etwas hinzu, z. B. „Ich habe eine Tafel Schokolade und ein Kiste Cola gekauft." usw. Der letzte TN muss alles wiederholen. Die anderen TN dürfen natürlich auch ein bisschen helfen. Dabei merken sich die TN den Wortschatz und die Artikel. Zudem wird die Verbendposition des Partizip Perfekts eingeschliffen.

4 Er kauft Mehl, weil er einen Kuchen backen will.

0. Nach den bestimmten Mengenangaben kommen hier unbestimmte Mengen vor. Gleichzeitig werden Nebensätze mit *weil* eingeführt. Man erfährt, warum die Personen aus den Übungen **1 – 3** etwas kaufen.

Material

- Sätze a – i und 1 – 9 als Kopie vergrößert und zerschnitten

1. Semantisieren Sie *Geflügel*. Wiederholen Sie die Wörter *fressen*, *gesund* und *grillen*.
2. Alle Satzstreifen werden verteilt. Jeder TN bekommt (je nach Anzahl Ihrer TN) einen oder mehrere Streifen.
3. Ein TN beginnt einen der Satzstreifen a – i laut vorzulesen. Die anderen TN hören zu. Der TN, der den passenden *weil*-Satz hat (Satzstreifen 1 – 9), liest seinen Satz vor. Danach wird wieder ein Hauptsatz (Satzstreifen a – i) vorgelesen usw. – bis alle Sätze kombiniert wurden.
4. Anschließend übertragen die TN die Lösung ins Kursbuch. Helfen Sie bei Unsicherheiten.
5. Verweisen Sie darauf, dass die Nomen in den Sätzen a – i keinen Artikel haben, weil es um unbestimmte Mengen geht (ohne Mengenangabe). Man benutzt bei zählbaren Mengen den Plural, denn niemand kauft z. B. nur eine einzelne Nudel. Bei unzählbaren Mengen oder Stoffbezeichnungen wie Mehl, Zucker oder Flüssigkeiten wie Milch wird der Singular ohne Artikel benutzt. Verweisen Sie auf die Übersicht im ➔ AB S. 35 | **12**. Bei bestimmten Mengenangaben (Übung **1** und **2**) haben nur die Mengenangaben einen Artikel, nicht aber die Lebensmittel. Erinnern Sie die TN daran, dass ein Wort mit dem Artikel *ein(e)* im Plural ohne Artikel steht.
6. Machen Sie mit den Sätzen d und 7 ein Tafelbild wie auf dem Grammatikzettel im Kursbuch. Fragen Sie die TN nach den Verben und markieren Sie diese, indem Sie sie oval umranden. Zeigen Sie den TN, dass das Verb von Position II im *weil*-Satz am Satzende steht. Schreiben Sie zwei weitere Hauptsätze an die Tafel. Der zweite Satz sollte mit Modalverb sein, z. B. a und 5. Die TN verbinden die zwei Sätze mit *weil*. Betonen Sie, dass auch hier das Verb von Position II am Ende steht.

Stillarbeit ➔ AB S. 32 | **5**

5 Am Buffet

0. Hier werden *weil*-Sätze geübt und Bewertungen mit Dativ aus → KB | LE 3 wiederholt. Thematisch geht es um Vorlieben beim Essen und Trinken.

a.

1. Sprechen Sie mit den TN über die Situation auf der Zeichnung. Die TN nennen die Speisen, die sie kennen.

2. Verfahren Sie wie auf ❖ S. 209 bei „Hörverstehen" in den Schritten 2–6 beschrieben. Fragen Sie bei Schritt 2, was *sie* (Gurken) in Satz 2 und *er* (Gänsebraten) in Satz 5 bedeuten.

b.

3. Semantisieren Sie ausgehend von *salzig* und *fett* andere Adjektive (*sauer, süß, bitter, scharf*) für Speisen. Fragen Sie die TN, welche Speisen *süß* usw. sind.

4. Die TN lesen die Angaben. Erklären Sie unbekannte Wörter.

5. Die TN schreiben in Partnerarbeit Sätze.

6. Besprechen Sie die Lösung.

7. Zur Vorbereitung auf die Stillarbeit: Veranschaulichen Sie mit dem Tafelbild die Struktur von *weil*-Sätzen mit trennbaren Verben.

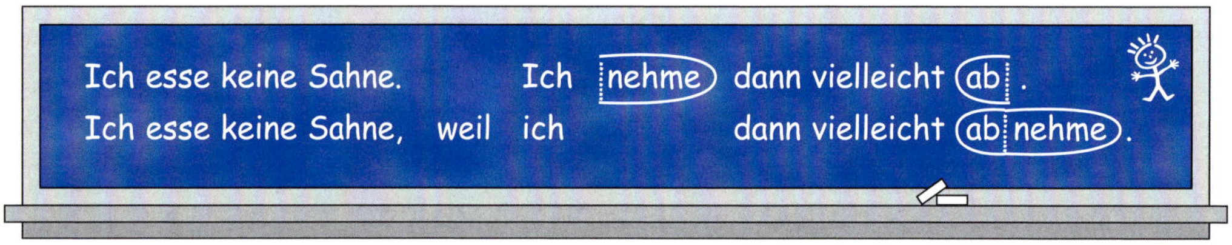

Stillarbeit → AB S. 33 | **8**

c.

Stillarbeit → AB S. 33 | **6**

8. Die TN fragen einander in Kettenübung.

Stillarbeit → AB S. 33 | **7** und S. 34 | **9**

6 Essen in der Schulkantine

Material

- Plakat mit der Konjugation von *mögen*

0. In den Übungen **6–8** geht es um von Kindern bevorzugte Speisen.

1. Fragen Sie die TN: **„Was essen Sie gern zu Mittag?"** und **„Was glauben Sie, essen Kinder gern zu Mittag?"** Sammeln Sie die Antworten an der Tafel.

2. Semantisieren anhand des Fotos *Schulkantine*.

a.

3. Die TN lesen den Text.

4. Vergleichen Sie im Kurs die Vermutungen der TN (Schritt 1) mit den Umfrageergebnissen.

b. - d.

5. Die TN lesen die Fragen. Semantisieren Sie *Umfrage.* Fragen Sie dazu: **„Wen hat man gefragt?“** Die TN nennen die Namen der Schüler. Sagen Sie den TN, dass *mögen* hier *gern essen* bedeutet.
6. Die TN unterstreichen die gesuchten Informationen für die Antworten b und c. Die TN nummerieren die Antwort für d.

Binnendifferenzierung Schwächere TN beschränken sich darauf, Frage c zu beantworten.

7. Besprechen Sie die Lösung im Kurs. Semantisieren Sie *gern – lieber – am liebsten* mit den ersten drei Plätzen der Umfrage. Schreiben Sie dazu Sätze an die Tafel.
8. Die TN suchen und unterstreichen im Text die Formen von *mögen.*
9. Die TN vergleichen die Verbformen mit ihrem Nachbarn.
10. Verweisen Sie auf die Konjugation rechts unten im Kursbuch. Weisen Sie darauf hin, dass sich bei *mögen* – wie bei anderen Modalverben auch – im Singular der Stamm ändert und es bei der 1. und 3. Person Singular keine Endung gibt.
11. Hängen Sie ggf. ein Plakat mit der Konjugation von *mögen* im Kursraum auf.

Tipp *Mögen* bezeichnet eine generelle Sympathie oder Vorliebe für etwas, während *möchten* einen konkreten Wunsch ausdrückt. Ein konkreter Wunsch kann auch mit *wollen* ausgedrückt werden. Dadurch wird der Wunsch nachdrücklicher. Bei Bedarf können Sie den Unterschied mit folgenden Beispielsätzen erklären:

Ich mag Gänsebraten. Aber jetzt habe ich keinen Hunger. Jetzt möchte ich keinen Gänsebraten.

Ich habe Durst. Ich möchte ein Glas Wasser. ≈ Ich will ein Glas Wasser.

7 Ein Speiseplan für die Albert-Einstein-Schule

Material

- für jede Kleingruppe eine unbeschriftete Folie
- Folienstifte

1. Fragen Sie die TN, wie ein guter Speiseplan für eine Schule aussieht (*nicht jeden Tag das gleiche, gesunde Speisen, preiswert, die Speisen müssen den Kindern schmecken* usw.).
2. Die TN machen in Kleingruppen auf Folie einen Plan von Montag bis Freitag.
3. Die Pläne werden nacheinander projiziert und diskutiert. Regen Sie die TN bei der Diskussion durch Fragen mit *warum* dazu an, *weil*-Sätze zu benutzen, z. B.: **„Warum gibt es Nudeln?“**

8 Was haben Sie als Kind gemocht?

0. Hier wird der persönliche Bezug zur eigenen Kindheit hergestellt.
1. Erzählen Sie den TN anhand der Redemittel aus dem Kursbuch, was Sie als Kind (nicht) gemocht haben und was Sie heute gerne essen.
2. Die TN lesen die Fragen im Buch und die Beispielsätze. Verweisen Sie auf die Perfektform von *mögen.*

3. Geben Sie den TN an der Tafel ein Schema zur Vorbereitung auf die Umfrage vor.

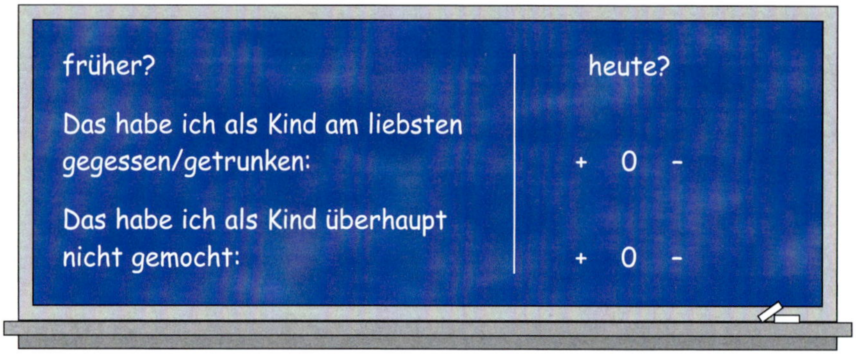

Die TN tragen in die Spalte *früher?* je ein Getränk und eine Speise ein, die sie gemocht haben und je ein Getränk und eine Speise, die sie nicht gemocht haben. Danach markieren die TN in der Spalte *heute?* +, 0 oder – je nachdem, ob sie das Getränk oder die Speise heute (noch) mögen.

4. Die TN bereiten sich auf die Umfrage vor.
5. Die TN führen die Umfrage in Kleingruppen durch.
6. Die Ergebnisse werden an der Tafel in zwei Spalten gesammelt (Lieblingsspeise als Kind, Lieblingsgetränk als Kind). Eine Rangfolge wird gebildet: Was hat Ihre Lernergruppe gern gemocht, was lieber und was am liebsten? Fragen Sie dann auch, was die TN heute lieber essen und trinken als früher.

Stillarbeit → AB S. 34 | **10** | **11**

Zusatzübung

Material

- Kopiervorlage LE 6-1

1. Die Kopiervorlage wird kopiert und an der Markierung auseinander geschnitten. Leiten Sie die Übung genau an, wenn Sie diese Übungsform zum ersten Mal durchführen.
2. Verteilen Sie die Kopiervorlagen so, dass die TN links im Kursraum Blatt A bekommen und die TN rechts Blatt B. Weisen Sie die TN darauf hin, dass die beiden Gruppen unterschiedliche Blätter haben. Ein TN hat Informationen, die der andere nicht hat.
3. Die TN lesen die Beispiele auf ihrem Blatt.
4. Machen Sie mit einem TN der linken Seite und einem TN der rechten Seite einen Probedurchlauf. TN A (linke Seite) fragt TN B (rechte Seite) wie im Beispiel vorgegeben. TN B antwortet mit einem *weil*-Satz. TN A notiert die Antwort in Kurzform. Die Rollen des Fragenden und Antwortenden werden dabei immer abgewechselt. Schreiben Sie bei Schwierigkeiten Beispielsätze an die Tafel und markieren Sie die Verben. Weisen Sie darauf hin, dass bei *warum* gefragt und bei *weil* geantwortet wird.
5. Wenn alle den Übungsablauf verstanden haben, sucht sich jeder TN der linken Seite einen Partner der rechten Seite. Die TN machen die Übung.
6. Fragen Sie zur Kontrolle am Ende der Übung nach ein paar Beispielen.

7 Fokus Lesen

Lernziel über Lieblingslokale sprechen; eine Szene im Café beschreiben

1 Lokale

0. Hier werden verschiedene Lokaltypen vorgestellt, die in den Übungen **2** und **3** wieder vorkommen.

a.

1. Fragen Sie mehrere TN, wo und was sie essen, wenn sie nicht zu Hause sind. Notieren Sie die verschiedenen Lokale an der Tafel.

a. und b.

2. Verfahren Sie jeweils wie auf ❖ S. 209 bei „Bild-Textzuordnung" beschrieben.

Binnendifferenzierung Sehr geübte TN schreiben selbst eine kleine Quittung, die für ein bestimmtes Lokal typisch ist. Im Anschluss an die Besprechung von Aufgabe b werden diese Quittungen vorgelesen. Fragen Sie die anderen TN, in welchem Lokal der TN war, der die Quittung geschrieben hat.

2 „Wenn ich richtig Hunger habe ..."

Material

• beschrifte Blätter:

WENN	ICH	HUNGER	HABE	ESSE	ICH	.

a.

1. Verfahren Sie wie auf ❖ S. 209 bei „Hörverstehen" beschrieben. Lassen Sie Schritt 7 weg. Weisen Sie bei der Besprechung des Fotos darauf hin, dass es sich hier um eine Umfrage handelt.
Falls den TN die Unterscheidung zwischen *wenn* und *weil* schwer fällt, nehmen Sie die Satzkombination G 5 als Beispiel: Der Mann trinkt nicht Kaffee, weil er Brötchen kauft, sondern immer wenn er Brötchen kauft.

2. Machen Sie ein Tafelbild mit Beispielen aus dem Hörtext, um die Satzstruktur von *wenn*-Sätzen zu verdeutlichen. Schreiben Sie wie auf dem Grammatikzettel zunächst zwei Hauptsätze an die Tafel. Verbinden Sie die Sätze dann mit *wenn*. Beim nächsten Beispiel fragen Sie die TN, wie der *wenn*-Satz heißt. Markieren Sie jeweils die Verben, indem Sie sie mit einem Oval umranden. Weisen Sie die TN darauf hin, dass der ganze *wenn*-Satz auf Position I steht, das Verb des Hauptsatzes steht also auf Position II.
Formen Sie einen *wenn*-Satz an der Tafel so um, dass er mit dem Hauptsatz beginnt. Markieren Sie die Verben auch in diesem Satz. Fragen Sie die TN, bei welchen anderen Sätzen das Verb am Ende steht (*weil*-Sätze, LE 6).

3. Geben Sie sieben TN die DIN-A4-Blätter. Die TN kommen nach vorne und bilden einen Satz, der mit *wenn* beginnt. Danach wird der Satz so umgeformt, dass er mit dem Hauptsatz beginnt (siehe ❖ S. 17 | LE 1 | **6** | Schritt 3).

Stillarbeit → AB S. 37 | **1** | **2** und S. 38 | **3**

b.

4. Fragen Sie die TN: **„Wo essen Sie am liebsten?“** Die Steigerungsformen von *gern* sind aus → KB | LE 6 bekannt.
5. Verfahren Sie wie auf ❖ S. 209 bei „Hörverstehen“ beschrieben. Lassen Sie Schritt 7 weg.
6. Weisen Sie auf die schon bekannte Form *am liebsten* im zweiten Satz hin. Die TN unterstreichen die übrigen Superlativformen.
7. Die TN nennen die Superlativformen und suchen jeweils auf dem Grammatikzettel die Positivform des Adjektivs. Fragen Sie nach den Gemeinsamkeiten des Superlativs (*am* und Endung *-sten*).
8. Erklären Sie die Bedeutung der Superlativform mit dem Beispiel: Im Stehcafé ist der Kaffee am billigsten. Die TN vergleichen dazu die Quittungen in Übung **1 b**.

Stillarbeit → AB S. 38 | **4**

3 Und Ihr Lieblingslokal?

1. Die TN überlegen sich ein paar Lokale, in die sie gerne gehen, und zu welchen Anlässen sie dorthin gehen.
2. Besprechen Sie die Redemittel im Buch.
3. Die TN unterhalten sich in Kleingruppen.
4. Ein paar TN erzählen im Plenum, wohin sie gerne gehen.

Zusatzübungen

Partnerinterview

Material

• Kopiervorlage **LE 7-1** (je 2 TN eine Kopie)

Dieses Interview ist für TN, die gerne frei sprechen. Ein TN einer Zweiergruppe erhält die Version A, der andere die Version B der Kopiervorlage. Die TN stellen ihrem Partner die Fragen in Form von *wenn*-Sätzen. Machen Sie mit zwei geübteren TN eine Proberunde. Sagen Sie den TN, wer dabei Blatt A und wer Blatt B hat, damit die TN das Vorgehen auf ihrem Blatt mitverfolgen können (vgl. ❖ S. 40). Gehen Sie herum und helfen Sie bei Problemen. Am Schluss stellt jeder TN die originellste Antwort seines Partners vor.

Binnendifferenzierung

Was macht man, wenn ...

Material

• Kopiervorlage **LE 7-2** (je 2 TN eine Kopie)

Wenn es Ihren TN noch schwer fällt, frei zu sprechen, machen Sie statt des Partnerinterviews (oben) diese Übung.

Der TN mit Blatt A hat andere Informationen als der TN mit Blatt B. Wenn Sie diese Übungsform zum ersten Mal durchführen, gehen Sie vor wie auf ❖ S. 40 (Zusatzübung nach Übung **8**) beschrieben.
Zunächst schreiben die TN in die Spalte *ich*, was sie in den beschriebenen Fällen machen würden.
Danach fragen TN mit den Redemitteln nach den fehlenden Informationen und ergänzen diese stichwortartig.
Bei Schwierigkeiten notieren Sie ein paar Beispiele für Fragen an der Tafel und markieren die Verben.

4 Menschen im Café

Material

- vergrößerte Kopie der Zeichung von → KB S. 38 auf Folie

0. Die Übungen **4–6** beziehen sich auf den Lesetext. Hier wird der Wortschatz vorentlastet und in die Situation eingeführt.

1. Projizieren Sie die Folie bei geschlossenem Buch. Die TN sprechen über die Situation auf dem Bild. Führen Sie Ortsangaben wie *vorne links* und anderen zur Situation passenden Wortschatz ein.

2. Die TN kombinieren die Sätze im Buch in Partnerarbeit.

3. Besprechen Sie die Lösung im Kurs.

5 „Wenn Maria kommt ..." (Teil 1)

1. Verfahren Sie wie auf ❖ S. 209 bei „Leseverstehen" beschrieben. Begrenzen Sie die Lesezeit auf zwei bis drei Minuten.

2. Fragen Sie die TN nach ihren Vermutungen, auf welche Nachricht der Erzähler wohl wartet. Notieren Sie die Vermutungen an der Tafel.

6 „Wenn Maria kommt ..." (Teil 2)

Material

- Text von → KB S. 38 und S. 39 auf Folie kopiert
- Folienstift

a.

1. Verfahren Sie wie auf ❖ S. 209 bei „Leseverstehen" beschrieben. Fragen Sie die TN, nachdem sie die Angabe gelesen haben (Schritt 1), was Maria von Beruf ist.

2. Vergleichen Sie die Vermutungen der TN (Übung **5**) mit der Lösung.

Binnendifferenzierung

Material

- vergrößerte Kopie des Bildes von → KB S. 38 auf Folie

Sehr schnelle TN suchen in beiden Textteilen die Absätze, in denen die übrigen Personen auf dem Bild beschrieben werden, und sammeln Informationen über sie. Diese Informationen werden im Anschluss an Aufgabe a anhand der Folie besprochen.

b.

2. Die TN markieren die wichtigen Sätze in Partnerarbeit. Zwei TN arbeiten auf der Folie.

3. Die TN vergleichen die wichtigen Textstellen mit der Folie.

c.

4. Die TN schreiben in Partnerarbeit eine Textzusammenfassung.

5. Die TN tauschen ihre Zusammenfassungen zur Korrektur mit einer anderen Gruppe.

Stillarbeit → AB S. 39 | **5** | **6** | **7** und S. 40 | **8** | **9** | **10**

Zusatzübungen

Eine Geschichte schreiben

Die TN schreiben die Zusammenfassung der Geschichte. Sie ändern den Inhalt der Nachricht von Maria. Dabei können die TN ihre eigenen Vermutungen aus Übung **5**, Schritt 2 als Anregung nehmen.

Die TN schreiben die Geschichte aus der Perspektive des Mädchens am Fenster. Warum hat sie gewartet?

Korrigieren Sie die Geschichten. Die Geschichten werden vorgelesen oder aufgehängt, sodass sie jeder lesen kann.

Einen Dialog schreiben

Die TN schreiben in Partnerarbeit einen Dialog zwischen der Frau mit dem Kind und der Freundin. Im Anschluss wird der Dialog vorgespielt.

Projekt

Die TN besuchen in Gruppen ein Lokal und beobachten die Leute. Sie beschreiben die Personen und machen eine Skizze oder ein Foto. Machen Sie die TN darauf aufmerksam, dass es unhöflich ist, ein Foto zu machen ohne vorher zu fragen. Eine andere Möglichkeit wäre, das Foto von → KB S. 52 zu verwenden. Wenn die TN Lust haben, erfinden sie selbst kleine Geschichten über die Personen.
Die Beschreibungen und Geschichten werden mit der Skizze/dem Foto im Kurs vorgestellt.

8 Fokus Hören

Lernziel über Frühstücksgewohnheiten sprechen; beim Essen ein Gespräch führen

1 Alles für das Frühstück

0. Hier wird der Wortschatz um das Thema Frühstück eingeführt (Übungen **1–4**).

Variante als Einstieg in Inlandskursen

Kursfrühstück

Material

- (Papp-)Teller, Besteck
- ggf. Kaffee und Tee mit Tassen oder Bechern
- Zettel mit Lebensmitteln für ein Frühstück beschriftet (vgl. Fotos im → KB S. 40)

Je zwei TN bekommen einen Zettel, auf dem ein Lebensmittel steht, das zu einem typischen deutschen Frühstück gehört. Die TN haben den Auftrag, eine kleine Menge (Menge eventuell mit auf den Zettel schreiben) von „ihrem“ Lebensmittel zu kaufen. Wenn Ihre TN sich nicht gut auskennen, geben Sie Tipps, wo man was kaufen kann. Falls die TN ihr Lebensmittel nicht kennen, fragen sie im Geschäft Verkäufer oder Kunden. Führen Sie dafür Redemittel ein, z. B.

◆ *Entschuldigen Sie, können Sie mir helfen. Ich suche .../Was ist das?/Wo finde ich das?*

Am nächsten Tag bringen die TN die Lebensmittel mit und zeigen sie den anderen TN. Sie berichten, was es ist, wo sie es gekauft haben und wie viel es gekostet hat. Schreiben Sie die Wörter an die Tafel.

Schließlich frühstücken die Kursteilnehmer zusammen. Stellen Sie dazu Geschirr und Kaffee oder Tee bereit.

a.

1. Verfahren Sie wie auf ❖ S. 209 bei „Bild-Textzuordnung“ beschrieben.

b.

2. Die TN sprechen über ihre Vorlieben und was sie nicht kennen.

2 Eine Umfrage: Was frühstücken Erwachsene an Wochentagen vor der Arbeit?

0. Hier wiederholen die TN den Superlativ aus ➔ KB | LE 7. In der folgenden Übung **3** wird der Komparativ eingeführt.
1. Das Buch ist geschlossen. Machen Sie eine Umfrage im Kurs: „**Was trinken Sie/trinkst du am liebsten zum Frühstück?**“ Notieren Sie die Getränke an der Tafel und machen Sie eine Strichliste. Semantisieren Sie *Prozent*, indem Sie ausrechnen, wie viel Prozent der TN z. B. Kaffee trinken.
2. Die TN raten, was die meisten Erwachsenen in Deutschland an Wochentagen zum Frühstück trinken.

a.

3. Die TN öffnen die Bücher und lesen die Grafik. Sie vergleichen die Angaben der Getränke mit ihren Vermutungen.

b.

4. Die TN kreuzen die richtigen Angaben an.

c.

5. Besprechen Sie die Lösung im Kurs. Die TN begründen, warum einige Aussagen falsch sind.

Stillarbeit ➔ AB S. 43 | **1**

3 „Wie frühstücken Sie?“

1. Sprechen Sie mit den TN über die Fotos. Die TN nennen die Lebensmittel, die sie auf den Fotos erkennen.

a.

2. Die TN hören die Anmoderation. Fragen Sie die TN, wo man so etwas hören kann, um sie darauf aufmerksam zu machen, dass es sich um eine Radiosendung handelt.
3. Die TN hören die Interviews und tragen die Nummern ein.

b.

4. Verfahren Sie wie auf ❖ S. 209 bei „Hörverstehen“ in den Schritten 2–7 beschrieben.
5. Erklären Sie den Komparativ anhand von Satz A.

7.00 Uhr ➔ früh: Familie Wiesinger frühstückt früh.

6.30 Uhr ➔ früher: Herr Wiesinger frühstückt früher als die Familie.

Zeigen Sie auf die Bildungsregularitäten (Endung *-er*) und die Konstruktion mit *als*. Weisen Sie die TN darauf hin, dass es beim Komparativ immer eine Relation zu einem zweiten Element geben muss.
Die Komparativform von *gern* ist aus ➔ KB | LE 6 bekannt.

6. Die TN suchen weitere Komparativformen in den Sätzen und unterstreichen sie.
7. Verweisen Sie auf den Grammatikzettel. Besprechen Sie die Lösung im Kurs. Die TN nennen mithilfe des Grammatikzettels zu jeder Komparativform die Positivform.

Stillarbeit → AB S. 43 | **2** und S. 44 | **3** | **4**

Zusatzübung

Material

- Kopiervorlage **LE 8-1**

Kopieren Sie die Vorlage einmal und schneiden Sie sie in Streifen. Es ist so gedacht, dass auf jedem Streifen drei Adjektivformen stehen. Verteilen Sie alle Streifen im Kurs. Je nach TN-Zahl bekommen manche TN zu zweit einen Streifen oder einzelne TN mehrere. Ein TN beginnt und liest die Positivform von seinem Streifen vor. Der TN, der die passende Komparativform auf seinem Streifen hat, liest diese vor. Danach liest derjenige TN mit der passenden Superlativform diese vor usw. Wenn alle Formen gefunden wurden, machen Sie einen zweiten Durchgang, bei dem es sehr schnell gehen soll. Durch diese Übung prägen sich die Formen besser ein und die TN trainieren genaues Zuhören.

4 Was frühstücken Sie gewöhnlich?

a.

1. Fünf TN lesen den Beispieldialog vor.
2. Fragen Sie die TN, was man in ihrem Land zum Frühstück isst und trinkt. Regen Sie die TN dazu, die Redemittel *bei uns* und *in meinem Land* zu benutzten. Fragen Sie nach, z. B. **„Trinkt man bei Ihnen mehr Tee als Kaffee?“**, **„Was trinken / essen Sie?“**.

b.

3. Sammeln Sie mit den TN an der Tafel Stichpunkte zu verschieden Aspekten.

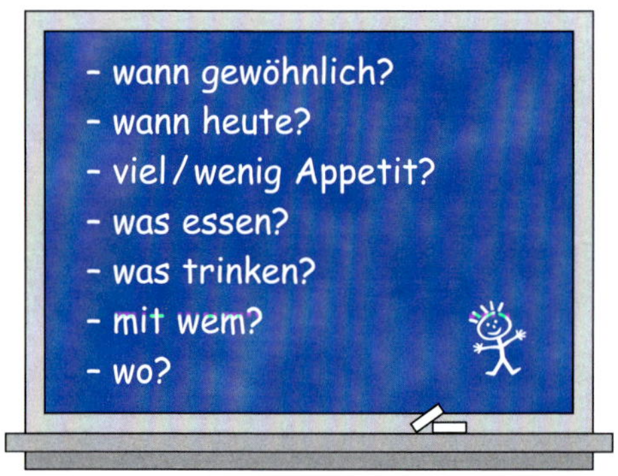

4. Die TN bereiten die Fragen schriftlich vor. Mit schwächeren TN können Sie die Fragen auch gemeinsam an der Tafel entwickeln.
5. Die TN führen in Partnerarbeit das Interview durch.
6. Ein paar TN stellen ihren Partner vor.

Stillarbeit → AB S. 45 | **5**

5 Eine Einladung zum Essen

0. In den Übungen **5–7** geht es um Gespräche während des Essens.

a. b. und c.

1. Verfahren Sie wie auf ❖ S. 209 bei „Hörverstehen“ und im KB beschrieben.

Zusatzübung Zur Einübung der Redemittel von c machen Sie für jeden Ausdruck eine Geste, z. B. auf einen Stuhl deuten (Nehmen Sie bitte Platz!), jemandem mit einem Glas in der Hand zuprosten (Zum Wohl!), Messer und Gabel in die Hand nehmen (Guten Appetit!), die Hand auf den vollen Bauch legen (Es schmeckt ausgezeichnet. Aber ich bin wirklich satt.). Die TN lesen nach einer Geste den passenden Satz im Chor vor und machen dabei die entsprechende Geste. Nach *guten Appetit* antworten Sie **„Danke gleichfalls!“** Nach ein paar Durchläufen, bei denen die sich Reihenfolge jeweils ändern sollte, lesen die TN die Redemittel nicht mehr vor, sondern sprechen sie frei.

Stillarbeit → AB S. 45 | **6** (Hier wird die Phrase *ich hätte gern* aus *Lagune 1* KB | LE 29 wiederholt.) und S. 46 | **7**

6 Ein Gespräch beim Essen

0. Hier spielen die TN die Situation aus Übung **5**. Der Imperativ wird wiederholt (*Lagune 1* KB | LE 23). In Übung **7** wird die *wir*-Form des Imperativs eingeführt.

1. Verfahren Sie wie auf ❖ S. 211 bei „Gespräche variieren“ beschrieben. Nach Schritt 1 empfiehlt es sich, dass die TN die Redemittel durch halblautes Lesen einüben. Dabei ergänzen sie die Lücken durch Beispiele. Achten Sie darauf, dass die TN nicht monoton lesen, sondern freundliche Gäste oder Gastgeber darstellen. Wiederholen Sie nach diesem Schritt die Redemittel aus Übung **5 c**. Ermuntern Sie die TN, auch diese im Dialog zu verwenden. Die Präsentation können Sie realistischer gestalten, wenn Sie Gläser, Teller oder eine Blume auf den Tisch stellen, an dem die TN vorspielen.

2. Wiederholen Sie den Imperativ, indem die TN *Bitte nehmen Sie doch Platz.* und *Geben Sie mir bitte Ihren Teller.* in die 2. Person Singular und 2. Person Plural umformen. Verweisen Sie mithilfe der Formenübersicht im Arbeitsbuch S. 47 | **11** *(Andere Formen zum Vergleich:)* auf die Regeln.

7 Im Restaurant

a.

1. Verfahren Sie wie auf ❖ S. 209 bei „Hörverstehen“ beschrieben.

b.

2. Sprechen Sie mit den TN über die Situation. **„Was sollen Sonja und Arnold tun?“** Im Inland ist diese Szene auch eine Gelegenheit, um über den Kundenservice in Deutschland zu sprechen.

3. Geben Sie den TN ein bisschen Zeit, um eine eigene Erzählung über ein Erlebnis in einem Restaurant vorzubereiten.

4. Die Geschichten werden in Kleingruppen erzählt.

5. Die TN erzählen die originellsten Geschichten im Plenum.

6. Die TN suchen nun alle Imperativformen in den Sätzen in a und unterstreichen sie.

7. Die TN lesen die Formen zur Korrektur vor.

8. Schreiben Sie Fragen und Imperativformen für alle Personen zum Satz *Gehen wir wieder!* an die Tafel (siehe Tafelbild). Verweisen Sie auf die fehlende Verbendung beim Imperativ der 2. Person Singular, auf die fehlenden Personalpronomen beim Imperativ der 2. Person Singular und Plural sowie darauf, dass bei allen Imperativformen das Verb auf Position I steht.

	du	ihr	Sie	wir
Frage	Gehst du wieder?	Geht ihr wieder?	Gehen Sie wieder?	Gehen wir wieder?
Imperativ	Geh wieder!	Geht wieder!	Gehen Sie wieder!	Gehen wir wieder!

Weisen Sie noch einmal auf die Formenübersicht im → AB S. 47 | 11 hin.

9. Die TN bilden von den Imperativformen in den Sätzen 3 und 5 die *wir*-Form.

Stillarbeit → AB S. 46 | 8 | 9

Zusatzübungen

Im Restaurant

Die TN spielen eine Szene „Im Nobelrestaurant".

Radiosendung

Die TN machen eine Radiosendung zum Thema Frühstück. Dazu hören Sie Übung **3** noch einmal. Es gibt einen Moderator, einen Experten im Studio und Interviewpartner am Telefon.
Die TN nehmen die Sendung auf.

9 Fokus Sprechen

Lernziel etwas bestellen; bezahlen

1 Michael ist wirklich richtig fleißig.

a.

1. Verfahren Sie wie auf ❖ S. 210 bei „Nachsprechen" in den Schritten 2 – 5 beschrieben.
Fragen Sie die TN nach dem ersten Hören (Schritt 2), ob sie einen Unterschied zwischen den Endungen *-ich* und *-ig* hören (siehe Tipp).

b.

4. Verfahren Sie wie auf ❖ S. 210 bei „Sätze erfinden" beschrieben.

Tipp Die Endungen *-ich* und *-ig* werden im Standarddeutschen gleich gesprochen, nämlich mit dem *Ich*-Laut [ç]. In manchen Regionen, z. B. in Süddeutschland, Österreich und der Schweiz, wird die Endung *-ig* wie *-ik* gesprochen.

Bildung des *Ich*-Lauts: Die TN sagen „ja“, dann leise „jjja“, danach nur noch „jjj“ und dann flüstern sie „jjj“. Aus [j] wird der *Ich*-Laut.

Häufiger Fehler: Der *Ich*-Laut [ç] wird wie *sch* [ʃ] ausgesprochen. Zur Korrektur sprechen die TN einen Satz mit steigender Intonation, an dessen Ende einem Wort mit *Ich*-Laut steht, z. B. „Ist das richtig?“, „War er ruhig?“, „Ist das wichtig?“.

Stillarbeit → AB S. 49 | 1

2 „Trinkst du gerne Apfelsaft?“

a.

1. Die TN hören den Text und sprechen Satz für Satz nach.
2. Regen Sie bei der Semantisierung des Wortschatzes die TN dazu an, die Komposita aus bekannten Wörtern selbst zu erschließen (z. B. Traubensaft). Verweisen Sie darauf, dass hier kein Artikel notwendig ist, weil es sich um eine unbestimmte Menge handelt.
3. Die TN markieren in Partnerarbeit die Betonung.
4. Besprechen Sie die Lösung. Schreiben Sie das Kompositum *Traubensaft* und seine Bestandteile wie auf dem Grammatikzettel an die Tafel. Verweisen Sie darauf, dass sich der Artikel eines Kompositums nach dem zweiten Teil, also dem Grundwort, richtet. Das Grundwort zeigt, dass es sich z.B. um Saft handelt.
   Der erste Teil des Wortes wird betont. Dieser Teil spezifiziert, dass es sich z. B. um Saft aus Trauben handelt. Verweisen Sie auf die Beispiele auf dem Grammatikzettel. Wenn die TN diese Prinzipien kennen, fällt es ihnen leichter die Bedeutung von Komposita ohne Wörterbuch zu erschließen.
5. Spielen Sie die Dialoge noch einmal vor. Die TN sprechen nach.

b.

6. Verfahren Sie wie auf ❖ S. 211 bei „Variationsdialoge“ in den Schritten 4 – 7 beschrieben. Fragen Sie nach dem Genus und nach der Betonung, wenn Sie das vorgegebene Wortmaterial besprechen. Erinnern Sie aber noch einmal daran, dass bei den vorgegebenen Dialogen kein Artikel notwendig ist.

Stillarbeit → AB S. 49 | 2 | 3 und S. 50 | 4

3 „Wenn Maria kommt …“

0. Hier wird die Intonation von Aussagesätzen mit Junktor und gleichzeitig die Verbstellung geübt.

a.

1. Verfahren Sie wie auf ❖ S. 210 bei „Nachsprechen“ in den Schritten 2 – 5 beschrieben.
   Machen Sie bei Schritt 4 jeweils am Satzende bzw. beim Komma mit der flachen Hand einen Bogen nach oben oder nach unten, um die Intonation zu veranschaulichen. Regen Sie die TN dazu an, die Bewegungen beim Nachsprechen mitzumachen.

b.

4. Je ein TN liest einen Satz laut vor.
5. Die TN unterstreichen, was sich verändert hat.
6. Die TN variieren die Sätze in Reihenübung. Wenn ein Satz schon mehrfach variiert wurde, kommt der nächste Satz dran usw.

Stillarbeit → AB S. 50 | 5 und S. 51 | 6

4 „Nimmst du?“ – „Nimm doch.“

Material für die Variante

- für jeden TN zwei verschiedenfarbige Kärtchen mit je einem ? und einem ! beschriftet

0. Hier wird die Intonation in Satzfragen und beim Imperativ geübt.

a.

1. Die TN hören die Sätze und markieren die Intonation.

2. Besprechen Sie die Lösung. Verweisen Sie auf die Regel, dass die Intonation bei Satzfragen steigt und bei Aufforderungen (Imperativ) sinkt.

3. Die TN hören die Sätze noch einmal und sprechen nach.

b.

4. Sprechen Sie einen Satz vor. Die TN bestimmen, ob es sich um einen Aufforderung oder eine Frage handelt.

5. Jeder TN liest einen vorgegebenen Satz vor oder erfindet selbst einen, die anderen TN bestimmen, um was es sich handelt.

Variante Statt die TN sagen zu lassen, ob es sich um eine Aufforderung oder eine Frage handelt, bekommt jeder TN zwei verschiedenfarbige Kärtchen, auf dem einen ist ein großes Fragezeichen, auf dem anderen ein großes Ausrufezeichen. Die TN halten das entsprechende Kärtchen hoch.

Stillarbeit → AB S. 51 | 7

5 Eine Speisekarte

0. Die Speisekarte dient als Grundlage für die Bestellszenen in den Übungen 6 und 7.

1. Die TN lesen die Speisekarte. Klären Sie unbekannten Wortschatz. Fragen Sie: **„Welche Speisen/Getränke kennen Sie nicht?“**

2. Die TN sprechen über die Karte. Regen Sie zum Gespräch an mit Fragen wie z. B.: **„Was kann man essen, wenn man wenig Hunger hat?“, „Was kann man trinken, wenn man keinen Alkohol mag?“, „Was kann man essen, wenn man Vegetarier ist?“, „Was ist teuer?“**

6 „Haben Sie gewählt?“

Material

- vergrößerte Kopie der Speisekarte → KB S. 46 (für jede Zweiergruppe eine Kopie)

a. und b.

1. Verfahren Sie wie auf ❖ S. 211 bei „Gespräche hören und nachspielen“ beschrieben.

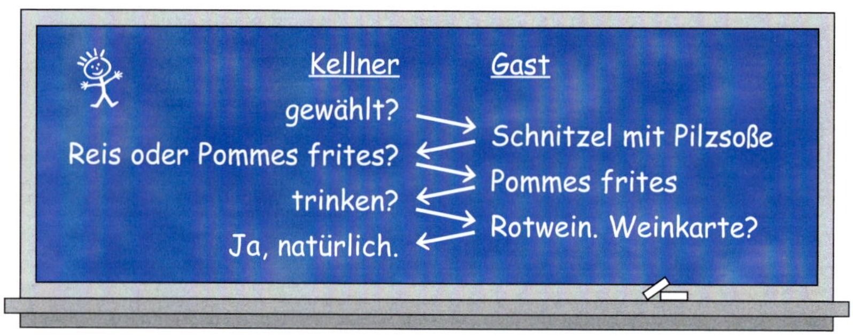

c.

2. Die TN üben in Partnerarbeit einen Dialog ein. Regen Sie die TN dazu an, die Getränke und Speisen zu ändern. Die TN schließen das Buch und nehmen die Kopien der Kopiervorlage als Speisekarte.
3. Ein paar Dialoge werden vorgespielt.

7 „Ich möchte ein Bier."

Material

- vergrößerte Kopie der Speisekarte → KB S. 46 (für jede Zweiergruppe eine Kopie) (vgl. Übung **6**)

0. In Übung **6** haben die TN eine einfache Bestellsituation geübt. Hier ist die Situation nun komplexer.

a. und b.

1. Verfahren Sie wie auf ❖ S. 211 bei „Gespräche hören und nachspielen" in den Schritten 1–9 beschrieben. Die TN benutzten die kopierte Speisekarte für b.

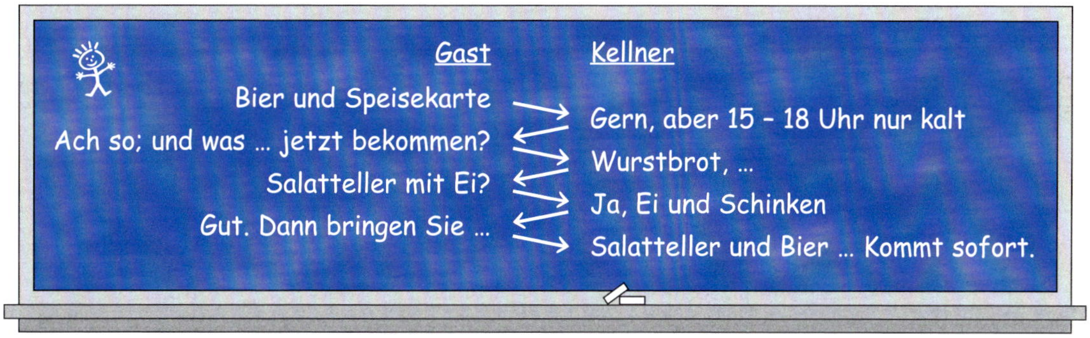

c.

5. Die TN arbeiten in Kleingruppen. Verfahren Sie wie auf ❖ S. 211 bei „Gespräche variieren" beschrieben. Allerdings bereiten die TN den Dialog hier schriftlich vor, dabei können sie sich am Dialoggerüst (siehe Tafelbild) orientieren.

Stillarbeit → AB S. 51 | **8** und S. 52 | **9** | **10**

8 „Die Rechnung, bitte!"

Material

- vergrößerte Kopie der Speisekarte → KB S. 46 (vgl. Übungen **6** und **7**)

a.

1. Verfahren Sie wie auf ❖ S. 211 bei „Gespräche hören und nachspielen" in den Schritten 1–5 beschrieben. Die TN spielen die Situation in Kleingruppen mit den Vorgaben aus ihren eigenen Dialogen von Übung **7 c**. Der Kellner bekommt die kopierte Speisekarte, um den Preis auszurechnen.

b.

3. Sprechen Sie mit den TN über das Trinkgeld. Verweisen Sie besonders in Inlandskursen darauf, dass es in Deutschland üblich ist 8–10 % von der Rechnungssumme als Trinkgeld zu geben. Kein Trinkgeld zu geben gilt in Deutschland als unhöflich oder drückt aus, dass man mit den Service sehr unzufrieden war.

Stillarbeit → AB S. 52 | **11**

Zusatzübung

Material

- ggf. Speisekarte aus dem Internet
- ggf. Gläser, Blumenvasen, Tabletts

Die TN stellen die Tische zusammen und bilden Kleingruppen. Es gibt in jeder Gruppe einen Kellner, die anderen TN sind Gäste. Die TN spielen ein Restaurantszenario, bei dem sie bestellen und am Schluss bezahlen müssen. Regen Sie die TN aber auch dazu an, während des Essens miteinander zu sprechen (vgl. → KB | LE 8). Um das Spiel nicht zu sehr in die Länge zu ziehen, geben Sie an, wann die Gäste zahlen sollen.

Sie können für diese Übung eine Speisekarte aus dem Internet ausdrucken. Geben Sie unter www.google.de das Wort *Speisekarte* ein, dann finden Sie viele Beispiele. Ein Tablett, ein paar Gläser oder Blumenvasen machen die Situation realistischer.

10 Fokus Schreiben

Lernziel Arbeitsabläufe beschreiben

1 Hören Sie zu und schreiben Sie.

1. Verfahren Sie wie auf ❖ S. 212 bei „Diktat" beschrieben.

2 Jemand spült einen Topf. Ein Topf wird gespült.

Material

- Übung auf Folie kopiert

0. In den Übungen 2 – 4 wird das Passiv und Wortschatz zum Thema Kochen eingeführt.
1. Zeigen Sie den TN nur die Bilder auf der Folie. Fragen Sie die TN, was sie sehen. Fragen Sie auch: **„Wer macht das?"** Erklären Sie den TN, dass man *jemand* benutzt, wenn man nicht weiß, um welche Person es sich konkret handelt.
2. Decken Sie den Text auf. Verweisen Sie darauf, dass Satz a und Satz 4 zusammenpassen. Fragen Sie die TN, welche Elemente in beiden Sätzen vorkommen (Form von *spülen*, *Topf*).
3. Die TN kombinieren die Sätze im Buch.
4. Zur Korrektur werden die Sätze laut vorgelesen. Fragen Sie, in welcher Form die Verben in den Sätzen mit *werden* stehen (Partizip). Erklären Sie, dass die Kombination aus *werden* und Partizip benutzt wird, wenn man nicht weiß oder nicht wichtig ist, wer etwas macht. Verweisen Sie darauf, dass deshalb in den Passivsätzen nicht *jemand* steht.
5. Schreiben Sie *Jemand brät einen Fisch.* links an die Tafel und den entsprechenden Passivsatz rechts daneben (vgl. Grammatikzettel). Fragen Sie die TN nach dem Nominativ und dem Akkusativ in beiden Sätzen und umranden Sie die Ergänzungen in den von Ihnen festgelegten Farben. Die TN stellen fest, dass die Akkusativergänzung im Aktivsatz zur Nominativergänzung im Passivsatz wird.
   Schreiben Sie den Satz im Plural, also *Jemand brät Fische.* links an die Tafel. Verweisen Sie darauf, dass *Fische* hier Plural ist. Die TN versuchen den Passivsatz zu bilden. Schreiben Sie *Fische werden gebraten.* rechts an die Tafel. Weisen Sie auf die Pluralform von *werden* hin. Zeigen Sie den TN die Beispiele auf dem Grammatikzettel.

3 Was wird hier gemacht?

1. Verfahren Sie wie auf ❖ S. 209 bei „Bild-Textzuordnung“ beschrieben. Weisen Sie hier noch einmal anhand von Satz b und h auf die Singular- und Pluralform von *werden* hin.

Stillarbeit → AB S. 55 | 1

4 Fragespiel: „In der Küche“

0. In dieser Übung werden der Wortschatz aus den Übungen 2 und 3 und das Passiv aktiv angewendet.
1. Machen Sie ein Tafelbild, um auf die Verbstellung aufmerksam zu machen.

2. Je zwei TN lesen die Beispiele vor und ergänzen das letzte Beispiel.
3. Die TN gehen das vorgegebene Wortmaterial durch und vergewissern sich, dass sie alles verstehen.
4. Die TN wiederholen die Partizipform der vorgegebenen Verben.
5. Die TN machen in Reihenübung Dialoge. Korrigieren Sie Fehler.

5 Ein Rezept: Bauernfrühstück

0. In den Übungen 5–7 geht es um das Rezept für die Zubereitung eines Bauernfrühstücks.
1. Die TN sagen, welche Lebensmittel sie auf der Zeichnung erkennen, und was der Mann macht.
2. Die TN lesen das Rezept.
3. Semantisieren Sie unbekannten Wortschatz. Sie können dazu auch die Fotos von → KB S. 51 zu Hilfe nehmen.

6 Was kocht, schält ... man?

1. Die TN ergänzen die Nummern für die Antworten auf die Fragen. Sie orientieren sich am Rezept aus Übung 5.
2. Die TN vergleichen ihre Lösung mit ihrem Nachbarn.
3. Klären Sie Zweifelsfälle.

7 Schreiben Sie das Rezept.

Material
- S. 51 auf Folie kopiert
- Folienstifte

0. Hier schreiben die TN das Rezept aus Übung **5** im Passiv.
1. Die TN schreiben in Partnerarbeit die Sätze. Zwei TN arbeiten auf der Folie.
2. Die TN korrigieren ihre Sätze mithilfe der Folie.
3. Sprechen Sie mit den TN über das Rezept, z. B. wie sie es finden oder ob es in ihrem Land etwas Ähnliches gibt.

Binnendifferenzierung Schwächere TN nehmen das Rezept von Übung **5** zu Hilfe und bilden aus den Infinitivkonstruktionen Passivsätze. Erarbeiten Sie die ersten Sätze gemeinsam.

Stillarbeit → AB S. 55 | **2** | **3** und S. 56 | **4** | **5** und S. 57 | **6** und S. 58 | **7** | **8** | **9**

Zusatzübungen

Kurskochbuch

Die TN erstellen ein Kurskochbuch. Jeder TN schreibt ein typisches Rezept aus seiner Heimat oder in kulturell homogenen Gruppen sein/ihr Lieblingsrezept auf. Beim Schreiben orientieren sich die TN an Übung **7**. Ein paar TN können ein Titelblatt entwerfen. Alle Rezepte werden kopiert und zusammengeheftet. Jeder TN bekommt ein Kochbuch.

Kurstreffen

Jeder TN bringt zu einem Kurstreffen ein typisches Gericht seines Heimatlandes bzw. sein Lieblingsgericht und das Rezept dazu mit.

Rezept-Recherche

Die TN suchen nach interessanten deutschen Rezepten und stellen sie im Unterricht vor. Dazu nehmen Sie deutsche Kochbücher oder das Internet (z. B. http://www.welt-rezepte.de/europa/deutsche-rezepte.htm) zu Hilfe.

Fotodoppelseite

Zum Foto „In der Bäckerei"

Wortschatzwiederholung Die TN nennen so viele Dinge wie möglich, die man bei einem Bäcker kaufen kann. Die TN können ruhig auch ihr eigenes Land mit einbeziehen, die TN lernen dabei unterschiedliche Formen von Brot und Brotkulturen kennen. Die TN können auch Rezepte zu den verschiedenen Brotsorten sammeln.

Sprechen Die TN spielen „Einkaufsdialoge". Sie lesen die Angebote und die Preise vorher und überlegen, was sie kaufen, z. B. für ein Kursfrühstück oder eine Einladung zum Kaffee. Helfen Sie bei unbekannten Vokabeln.

Zum Foto „Im Restaurant"

Wortschatzwiederholung Die TN erstellen eine Speisekarte für das Restaurant.

Sprechen Die TN entwerfen in Dreiergruppen einen Dialog in einem Restaurant wie auf S. 46/47 und spielen ihn im Kurs vor. Weitere Dialogthemen sind z. B.: Leider ist kein Tisch im Restaurant mehr frei. Ein TN spielt den Kellner, der die „Gäste" vertrösten muss.

Allgemein zum Thema Essen und trinken

Lesen: Landeskundliche Informationen Im Internet finden Sie unter http://www.hueber.de im Landeskunde-Überblick, Themenkreis: 6. Essen und Trinken, die Texte „Kanzlers Currywust" und „Na dann: Prost! Sind die Deutschen Bierweltmeister?" Beide Texte sind mit Worterklärungen und Links versehen.

Internet-Recherche zum Thema Bier Verweisen Sie auf das halbvolle Bierglas auf dem Tisch im Vordergrund. Fragen Sie die TN, ob Sie diese Biersorte kennen. Wenn die TN Weizenbier nicht kennen, recherchieren Sie im Internet unter http://www.brauer-bund.de (Bier-Fans anklicken). Wenn den TN diese Sorte schon bekannt ist, suchen sie in Kleingruppen im Internet Informationen zu mindestens drei weiteren bekannten Biersorten. Jede Kleingruppe stellt mindestens eine Biersorte vor und malt das dazu passende Glas an die Tafel. Sinnlicher wird die Präsentation, wenn ein paar Biersorten zum Probieren mitgebracht werden.

Internet-Recherche zu Thema Essgewohnheiten Unter http://www.goethe.de/ins/ie/prj/scl/thm/ess/de179806.htm finden die TN Informationen zu den verschiedenen Mahlzeiten und wie sich die Essgewohnheiten gewandelt haben. Die TN arbeiten in Kleingruppen. Jede Gruppe informiert sich zu einer Mahlzeit. Zu jeder Mahlzeit wird ein Plakat mit Bildern von den Prospekten und ggf. Zeichnungen erstellt. Jede Gruppe präsentiert ihre Ergebnisse mithilfe ihrer Poster.

Projekt für Inlandskurse: Brotsorten Geben Sie je drei TN zusammen den Auftrag, in einer Bäckerei jeweils eine Brot- oder Brötchensorte zu kaufen. Schreiben Sie die Namen der Sorten, die gekauft werden sollen, auf Zettel. Jede Kleingruppe geht los, kauft eine Brotsorte und informiert sich in der Bäckerei darüber, aus welchem Getreide die Sorte besteht. Die verschiedenen Sorten werden im Kurs probiert.

Weitere Spiele zu den Fotodoppelseiten unter www.lagune.de/lehren.

Augenzwinkern

Die TN spielen den Dialog nach. Dabei können sie sich andere Situationen ausdenken, z. B. „Wenn ich Kaffee trinke, werde ich immer gleich wach.", „Bier trinke ich sehr gern, aber nur zum Abendessen.", „Nudeln esse ich nicht, weil sie mir nicht schmecken.", „Eier esse ich nur zum Frühstück." usw.

Themenkreis **Umzug und Einrichtung**

Fotocollage

Material

- Folie der Fotocollage, jedes Foto einzeln ausgeschnitten
- vergrößerte Kopie des Fotos mit den Werkzeugen auf Folie und eine Kopie auf Papier für jeden TN
- pro Kleingruppe ein unbeschriftetes Plakat oder eine unbeschriftete Folie
- ggf. Folienstifte

1. Die TN öffnen das Buch und betrachten die Fotocollage. Geben Sie 5 Minuten Zeit. Klären Sie den Titel *Umzug und Einrichtung*. Zeichnen Sie einen Wortigel mit dem Titel *Umzug und Einrichtung* in der Mitte an die Tafel. Die TN übertragen in Kleingruppen den Wortigel auf ein Poster oder eine Folie und schreiben ihre eigenen Assoziationen dazu. Die Wortigel werden miteinander verglichen.
2. Führen Sie die Vokabeln *einrichten, messen, renovieren, Tapeten abreißen* und *Baumarkt* mithilfe der Fotos von der Collage ein. Die TN arbeiten in Kleingruppen. Sie bringen mindestens 6 Fotos der Collage durch Nummerieren in eine sinnvolle Abfolge und denken sich, wenn sie wollen, eine kleine Geschichte dazu aus, z. B. *Wir haben unsere Wohnung renoviert. Zuerst haben wir Werkzeug gekauft. Dann* .... Ein paar Gruppen zeigen und erklären ihre Abfolge mit den Folienfotos auf dem OHP. Die Vorschläge werden im Plenum diskutiert.
3. Sammeln Sie mit den TN an der Tafel Adjektive, mit denen man Einrichtungen beschreiben kann z. B. *schön, hässlich, bequem, kitschig, witzig, gemütlich, langweilig*. Die TN sprechen zu zweit darüber, wie sie das Sofa, das Bild, die Pflanze und das Wohnzimmer auf der Collage finden.
4. Legen Sie die Folie mit den Werkzeugen auf und verteilen die Kopien an die TN. Geben Sie den TN folgende Werkzeuge an der Tafel / auf der Folie vor: 1 Hammer, 2 Schraubenzieher, 3 Säge, 4 (Kneif-)Zange, 5 Feile, 6 Wasserwaage. Die TN ordnen die Namen den Werkzeugen in Partnerarbeit zu. Korrigieren Sie anhand der Folie.

Der Themenkreis schließt sich

Ideen

- Die TN sagen, was auf den Fotos gerade gemacht wird.
- Wofür benutzt man normalerweise einen Föhn, eine Kiste, die Regler? Wozu werden diese Dinge hier benutzt? Die TN schreiben dazu Sätze. Wer hat die originellsten Ideen?
- Die TN vergleichen das Wohnzimmer auf der Collage mit dem von ihnen in → KB | LE 13 | **4** erfundenen Traumwohnzimmer.
- Die TN schreiben eine Geschichte von einem Umzug aus der Perspektive des Hundes oder eines Fisches im Aquarium.
- Die TN schreiben eine Tauschanzeige für die Wohnung mit dem Wohnzimmer. Dabei denken sie sich den Rest der Wohnung aus.

11 Fokus Strukturen

Lernziel Alltagstätigkeiten benennen; sagen, wozu man Dinge benutzt

1 Sie fängt an. Er hört auf.

Material

- Folie mit den Zeichnungen aus Übung 1

0. In den Übungen 1 – 4 werden Infinitivsätze mit *zu* eingeführt und geübt.

a.

1. Legen Sie die Folie auf. Beschreiben Sie z. B. Bild D oder E und fragen Sie die TN, um welches Bild es sich handelt. Führen Sie *Bohrmaschine*, *bohren* oder *Mixer* ein, je nachdem, welches Bild Sie verwenden.

2. Regen Sie die TN mit den Fragen **„Was will die Person machen?“, „Was hat die Person gemacht?“** an, die Bilder zu beschreiben, ohne zu sagen, um welches Bild es sich handelt. Die anderen TN raten.

b.

3. Die TN kombinieren die Sätze. Der neue Wortschatz wird dabei größtenteils anhand der Bilder erschlossen.

4. Besprechen Sie die Zuordnung. Achten Sie besonders darauf, dass die TN die Ausdrücke *Lust haben*, *beginnen*, *aufhören* und *anfangen* verstanden haben.

5. Die TN unterstreichen in den Sätzen 1 – 6 die Verben nach *Lust haben*, *beginnen*, *aufhören* und *anfangen*. Fragen Sie die TN, welche Form jeweils das 2. Verb (Infinitiv) im Satz hat und weisen Sie auf *zu* hin. Erklären Sie den TN, dass mit diesen Ausdrücken meistens Verben im Infinitiv und mit *zu* benutzt werden. Die Konstruktion *zu* mit Infinitiv an sich hat keine Bedeutung, sondern verbindet nur zwei Sätze. Weisen Sie darauf hin, dass diese Ausdrücke nicht immer mit einem zweiten Verb stehen müssen, z. B. *Sie beginnt ein neues Buch.*
Gehen Sie anhand des Grammatikzettels darauf ein, dass *zu* bei trennbaren Verben zwischen dem Präfix und dem Wortstamm steht. Den TN ist diese Struktur vom Partizip der trennbaren Verben her bekannt.

Stillarbeit → AB S. 63 | 1

2 „Hast du Lust fernzusehen?“

1. Weisen Sie mithilfe des Tafelbildes auf den Unterschied zwischen einer Konstruktion mit Modalverben und einem Infinitivsatz mit *zu* hin. Bei Modalverben steht der Infinitiv immer ohne *zu*. Zeigen Sie den TN, dass bei beiden Konstruktionen das Verb am Ende steht.

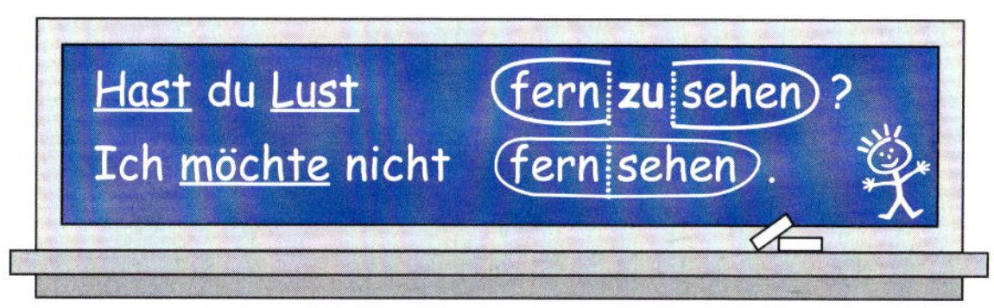

2. Verfahren Sie wie auf ❖ S. 211 bei „Variationsdialoge“ in den Schritten 1 – 9 beschrieben.
Wenn die TN nach der Bedeutung von *dazu* fragen, erklären Sie es mit dem Tafelbild.

Stillarbeit → AB S. 63 | 2

3 Sie haben heute Zeit...

1. Verfahren Sie wie auf ❖ S. 209 bei „Bild-Textzuordnung“ in den Schritten 1–2 beschrieben. Achten Sie darauf, dass die TN die Ausdrücke verstehen, die mit *zu* und Infinitiv stehen.

Stillarbeit → AB S. 64 | **3** (Hier werden die Temporaladverbien *immer, oft, selten* usw. wiederholt, die → KB | **7** wieder vorkommen.) und S. 67 | **10**

Tipp Sammeln Sie zur Wiederholung die Ausdrücke, die Infinitivsätze mit *zu* nach sich ziehen auf einem Poster. Dabei rufen Ihnen die TN die Ausdrücke zu. Hängen Sie das Poster gut sichtbar auf.

Ich beginne
Ich fange an
Ich höre auf
Ich habe Lust
Ich habe Zeit
Ich helfe dir
Ich vergesse
Ich versuche
Ich schaffe es,
Es gelingt mir,
} Hausaufgaben zu machen.

4 Was geht gleichzeitig?

0. Anhand des Ausdrucks *es schaffen* werden hier noch einmal abwechselnd Infinitivsätze mit *zu* und Konstruktionen mit Modalverb geübt.

a.

1. Die TN sprechen über das Bild und lesen die Sätze. Schreiben Sie *Er kann eine SMS schreiben.* und *Er schafft es, eine SMS zu schreiben.* an die Tafel, um noch einmal auf die unterschiedlichen Konstruktionen mit und ohne *zu* hinzuweisen. Machen Sie darauf aufmerksam, dass *es schaffen* und *können* Synonyme sind.

b.

2. Die TN schreiben eigene Beispielsätze. Achten Sie darauf, dass die TN bei Sätzen mit *es schaffen* nicht *es* als Repräsentant für den Infinitivsatz vergessen.

c.

3. Die TN fragen sich in Partnerarbeit gegenseitig mit den vorgegebenen Strukturen.

4. Jeder TN berichtet über zwei Dinge, die sein Interviewpartner gleichzeitig kann.

Stillarbeit → AB S. 64 | **4**

Zusatzübung

Personen suchen

Material

- Kopiervorlage **LE 11-1** für jeden TN

Gehen Sie die Fragen durch, um sicherzustellen, dass alle TN die Fragen verstehen. Ziel des Spieles ist es, soviele Ja-Antworten wie möglich zu bekommen. Die TN stehen auf und stellen dieselbe Frage verschiedenen TN, bis sie einen TN gefunden haben, der die Frage bejaht. Sie notieren den Namen dieses TN. Dann wählt der TN eine andere Frage aus und verfährt damit genauso. Achten Sie darauf, dass die TN die Übung nicht als Partnerinterview durchführen. Denn durch die Wiederholung prägen sich die Strukturen besser ein. Beenden Sie das Spiel, wenn schon einige TN mehrere Namen notiert haben. Sieger ist, wer die meisten positiven Antworten bekommen hat.

Sammeln Sie Informationen über einzelne TN im Plenum. Fragen Sie: **„Was wissen Sie über …?“**

Variante ohne Kopiervorlage Die TN entwickeln in Partnerarbeit selbst Fragen. Geben Sie zunächst ein paar Fragen an der Tafel vor. Das Spiel wird wie oben beschrieben durchgeführt.

5 Was wollen die Personen machen? Was benutzen sie dazu?

Material

- Gegenstände wie z. B. Wörterbuch, Handy, Föhn, Messer

0. In den Übungen **5 – 8** werden Finalsätze mit *um … zu* eingeführt und geübt.

1. Zeigen Sie den TN nacheinander Gegenstände (vgl. Material) und fragen Sie jeweils: **„Wozu benutzt man normalerweise …?“** Schreiben Sie die Funktionen der gezeigten Gegenstände stichpunktartig an die Tafel.

2. Die TN kombinieren die Satzhälften in Partnerarbeit.

3. Besprechen Sie die Zuordnung. Gehen Sie dabei auf unbekannte Wörter ein.

4. Nehmen Sie die Antworten aus Schritt 1 als Grundlage für das Tafelbild. Machen Sie deutlich, dass *um … zu* das Ziel oder die Absicht angibt.

Verweisen Sie auch auf den linken Grammatikzettel, um die Funktion von *um … zu* weiter zu verdeutlichen.

Stillarbeit → AB S. 65 | **5** | **6**

6 Wozu benutzt man das normalerweise?

0. Hier wird *damit* zusätzlich zu den Infinitivsätzen mit *um … zu* eingeführt.

1. Die TN ergänzen in Partnerarbeit die Sätze und erschließen dabei unbekannte Wörter.

2. Zur Korrektur werden die Sätze laut vorgelesen. Weitere unbekannte Wörter werden dabei geklärt.

3. Verdeutlichen Sie mit dem Tafelbild die Verwendung von *um … zu* und *damit*. Fragen Sie die TN, wozu man ein Wörterbuch benutzt und wozu die Frau das Wörterbuch benutzt. Schreiben Sie die Sätze zunächst mit Modalverben an. Ermuntern Sie die TN, diese Sätze mit *um… zu* und *damit* umzuformulieren und ergänzen Sie diese beiden Sätze an der Tafel.

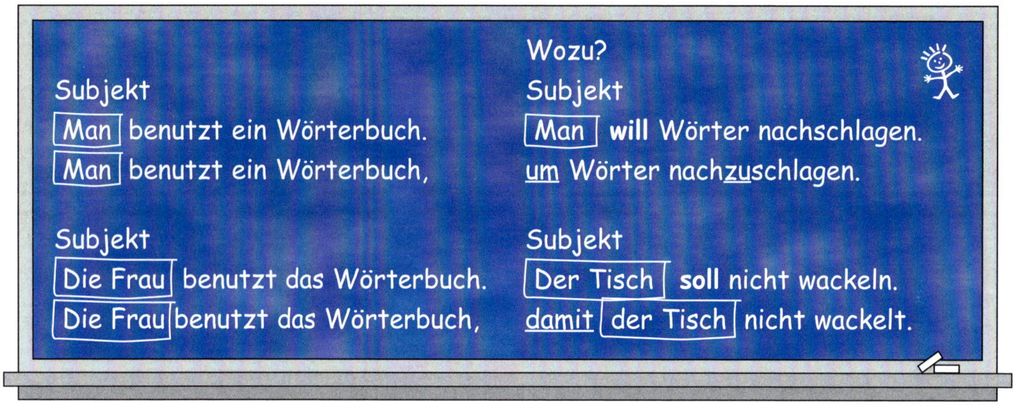

Fragen Sie die TN nach den Subjekten in den Sätzen und markieren Sie diese. Dadurch erkennen die TN, dass man *um … zu* nur benutzen kann, wenn die Subjekte der beiden Sätze identisch sind. Machen Sie die TN darauf aufmerksam, dass die Modalverben wegfallen, da deren Bedeutung durch *um … zu* oder *damit* ausgedrückt wird. In Finalsätzen werden die Modalverben *wollen, sollen* und *möchten* generell nicht benutzt.

Stillarbeit → AB S. 66 | **7** | **8** und S. 67 | **9**

7 Eine Schülerumfrage zum Thema: Computer oder Handy?

0. Der hier eingeführte Wortschatz wird in Übung **8** aktiv angewendet.

1. Verfahren Sie wie auf ❖ S. 209 bei „Hörverstehen" in den Schritten 1 – 6 beschrieben. Sagen Sie den TN bei der Besprechung des Titels / Fotos, dass diese Interviews von einem Schüler für die Schülerzeitung gemacht werden.

8 „Wozu benutzt du das Handy? Wozu verwendest du den Computer?"

Material

Kopiervorlage **LE 11-2**

1. Fragen Sie die TN zur Wiederholung: **„Was kann man mit einem Handy / mit einem Computer machen?"**

2. Besprechen Sie die Wörter im Kasten.

3. Jeder TN bekommt eine Kopie und überlegt sich, wie er / sie den Computer und das Handy nutzt. Dazu trägt er / sie in die Spalte „ich" passende Temporaladverbien ein.

4. Die TN machen zu zweit ein Interview und tragen die Ergebnisse stichpunktartig auf der Kopie in die Spalte *mein Partner* ein.

5. Ein paar TN berichten über ihre Interviewpartner.

Zusatzübung

Material

- Kopiervorlagen **LE 11-3A** und **LE 11-3B**
- Würfel
- Spielfiguren

Kopieren Sie die Vorlagen für jede Kleingruppe (3 – 5 Spieler) einmal. Schneiden Sie die Kärtchen aus.
Das Spielbrett liegt in der Mitte des Tisches, die Kärtchen verdeckt auf dem dafür vorgesehenen Feld. Jeder Spieler hat eine Figur. Es gibt in jeder Gruppe einen Würfel.
Die TN würfeln im Uhrzeigersinn reihum. Die TN rücken je nach gewürfelter Augenzahl auf dem Spielbrett vor. Wenn ein TN auf einem Feld mit einer Zeichnung ist, beantwortet er/sie die auf dem Spielfeld gestellte Frage (*Wozu benutzt die Person das?*) mit einem Finalsatz. Wenn der Satz richtig war, darf der Spieler noch ein Feld vorrücken, ansonsten bleibt er auf seinem Feld. Wenn ein Spieler auf ein Feld mit der Frage *Was benutzt man normalerweise, …?* kommt, zieht sein rechter Nachbar eine Karte und stellt die Frage in Form eines Finalsatzes. Der Spieler antwortet. Wenn die Mitspieler die Antwort akzeptieren, darf der Spieler ein Feld vorrücken. Wer zuerst im Ziel ist, hat gewonnen.

12 Fokus Lesen

Lernziel über technische Probleme sprechen; Aktivitäten und Erlebnisse beim Umzug

1 „Hoffentlich kommt der Techniker bald."

Material

- Kopiervorlage **LE 12-1**; einmal für jeden TN und einmal auf Folie kopiert

0. Diese Übung erzählt die Vorgeschichte für die Handlung in Übung **2**.

a.

1. Verfahren Sie wie auf ❖ S. 209 bei „Hörverstehen" in den Schritten 1 – 6 beschrieben.

2. Die TN suchen in Partnerarbeit die Sätze mit *dass* und markieren die Verben in den *dass*-Sätzen. Dann unterstreichen Sie die Ausdrücke vor den *dass*-Sätzen.

3. Vergleichen Sie die Lösung im Plenum. Fragen Sie die TN, welche anderen Nebensätze sie kennen (*weil*, *wenn*, *damit*).

4. Zeigen Sie anhand des Tafelbildes, dass *dass* keine inhaltliche Bedeutung hat, sondern wie ein Doppelpunkt zu sehen ist. Oft kann statt eines *dass*-Satzes auch ein Hauptsatz stehen. Die Bedeutung der drei Sätze ist gleich.

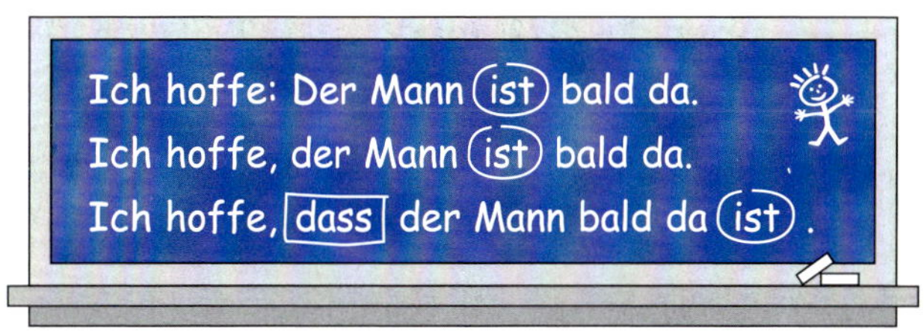

Verweisen Sie auf die weiteren Beispiele auf dem Grammatikzettel. Zeigen Sie anhand des zweiten Beispiels, dass trennbare Verben im Nebensatz nicht getrennt sind.

5. Die TN formen in Partnerarbeit alle Sätze der Übung in *dass*-Sätze um, in denen ein Doppelpunkt oder ein Komma steht. Den vorletzten Satz lassen sie weg.
6. Korrigieren Sie die Lösung im Plenum.
7. Tragen Sie auf Zuruf der TN alle Ausdrücke, die zusammen mit *dass*-Sätzen stehen können, auf der Folie der Kopiervorlage ein. Die TN schreiben jeweils auf ihre Kopie.

b.

8. Fragen Sie die TN, welches Problem Sie vermuten. Die TN lesen die Beispiele und die Liste der Geräte im Kasten. Erklären Sie unbekannten Wortschatz.
9. Regen Sie die TN dazu an, Vermutungen anzustellen. Schreiben Sie *Ich vermute, (dass) … Ich glaube, (dass) … Vielleicht …* und *Es kann sein, dass …* an die Tafel und zeigen Sie darauf, um die TN dazu zu animieren, die Redemittel zu benutzen.
10. Die Ausdrücke von der Tafel werden auf der Kopiervorlage ergänzt.

Stillarbeit → AB S. 69 | 1

2 „Der Techniker ist da."

Material für die Binnendifferenzierung

- Kopiervorlage LE 12-1 auf Folie (siehe Übung 1)
- Kopiervorlage LE 12-2 für geübtere TN auf Papier und ein- oder zweimal auf Folie kopiert
- Folienstift

1. Die TN lesen die Texte.

Binnendifferenzierung Geübtere Lerner füllen die Tabelle auf der Vorlage LE 12-2 aus. Dabei muss nicht jeder TN alle drei Texte bearbeiten. Ein oder zwei TN schreiben auf Folie.

2. Die Folie wird aufgelegt und die Unterschiede der drei Versionen werden anhand der Folie besprochen. Klären Sie den Wortschatz zum Thema „Fernseher".
3. Die TN hören den Text. Die Folie bleibt dabei projiziert. Bei Bedarf wird der Text noch einmal gehört.

Binnendifferenzierung Geübtere TN lesen vor dem Hören die Zusatzfragen auf der Kopiervorlage und achten während des Hörens zusätzlich auf die gefragten Informationen.

4. Besprechen Sie mithilfe der Folie, welcher Text am besten passt. Die Lösung der Zusatzfragen wird besprochen.
5. Regen Sie die TN zu einem Gespräch über ihre Erfahrungen mit Handwerkern an.
6. Die TN suchen *dass*-Sätze in den drei Texten. Dabei kann arbeitsteilig vorgegangen werden. In Text A und Text B ist jeweils ein *dass*-Satz, in Text C kommen drei *dass*-Sätze vor.
7. Ergänzen Sie die Ausrücke auf der Folie der Kopiervorlage LE 12-1 aus Übung 1. Die TN ergänzen auf ihrer Kopie.

Stillarbeit → AB S. 69 | 2

3 Eine Straße

Material

- Folie der Kopiervorlage **LE 12-1** (siehe Übung **1**)
- Folie des Fotos → KB S. 61

0. Die Übungen **3** und **4** führen thematisch auf Beobachtungen hin, die im Lesetext vorkommen.

a.

1. Zeigen Sie den TN 1 Minute lang die Folie. Die TN merken sich so viel wie möglich.

2. Die TN arbeiten in Kleingruppen und notieren bei geschlossenen Büchern, an welche Personen und Dinge sie sich erinnern.

3. Eine Gruppe liest vor, was sie geschrieben hat. Für jede Nennung, die von keiner anderen Gruppe aufgeschrieben wurde, gibt es einen Punkt. Danach liest eine andere Gruppe die von ihr aufgeschriebenen Personen und Dinge vor, die noch nicht genannt wurden. Es werden wieder Punkte vergeben. Verfahren Sie weiter so, bis jede Gruppe dran war. Anhand der Folie des Fotos werden die Beobachtungen überprüft. Schreiben Sie interessante Wörter an die Tafel. Die Auswertung soll zügig vonstatten geht.

b.

4. Besprechen Sie mit den TN die Wörter in den Kästen.

5. Die TN stellen zu zweit Vermutungen zu den Personen und Dingen an und notieren diese stichpunktartig.

6. Bei projizierter Folie sprechen die TN darüber, was sie erkennen und vermuten. Achten Sie auf die Verbstellung bei den *dass*-Sätzen.

7. Ergänzen Sie zusammen mit den TN *Man erkennt, dass ...* auf der Kopiervorlage **LE 12-1**.

Variante für b.

Material

- Fotos von verschiedenen Straßenszenen, z. B. unter http://www.oturn.net/strassenszenen/index.html herunterladen, für jede Kleingruppe ein Foto in größerem Format kopiert
- alle verwendeten Fotos auf 1 – 2 Folien kopiert

Jede Kleingruppe erhält ein Foto, beschreibt Personen und Dinge und stellt Vermutungen dazu an. Sie notieren ihre Vermutungen stichpunktartig. Als Hilfe dienen auch hier die Wortschatzkästen im Buch.

Im Anschluss sprechen die Gruppen nacheinander über „ihr" Foto. Die anderen TN hören jeweils zu. Nach jeder Beschreibung werden alle Fotos auf der Folie gezeigt. Die anderen TN raten, welches Foto gemeint ist.

4 Eine Stadt am Morgen ...

1. Gehen Sie mit den TN den Wortschatz in den Kästen durch.

2. Die TN schreiben in Partnerarbeit einen Text.

Variante Die TN zeichnen in Partnerarbeit eine Straßenszene. Die Wortschatzkästen dienen als Anregung. Die Zeichnung wird von einer anderen Zweiergruppe möglichst detailliert beschrieben (schriftlich). Die Gruppe, die das Bild gezeichnet hat, überprüft den Text. Die Bilder werden zusammen mit den Texten aufgehängt. Die TN sehen sich Bilder und Texte an und wählen das beste Bild und den besten Text.

Stillarbeit → AB S. 69 | **3** (Zum Einschleifen von *dass*-Sätzen können die TN diese Übung auch mündlich machen.)

5 „Mia“ (Teil 1)

0. Die Übungen **5 – 8** beziehen sich auf den Lesetext, der zahlreiche Infinitivsätze, *dass*-Sätze und Finalsätze enthält. Außerdem beschäftigen sich die TN mit den generalisierenden Indefinitpronomen *alles, nichts* und *etwas*.

Material für die Binnendifferenzierung

- Text ➔ KB S. 62 kopiert und in Abschnitte zerschnitten

a. und b.

1. Verfahren Sie wie auf ❖ S. 209 bei „Leseverstehen“ in den Schritten 1 – 5 beschrieben.

Binnendifferenzierung für a. Fortgeschrittenere Lerner arbeiten mit geschlossenem Buch. Sie rekonstruieren die Abfolge der Textteile. Danach kontrollieren Sie ihre Ordnung mithilfe des Buches und führen Aufgabe b. durch.

6 Wer sind die Männer? Wozu sind sie gekommen?

1. Die TN stellen mithilfe des gegebenen Wortschatzes Vermutungen an.

Stillarbeit ➔ AB S. 70 | **4**

7 „Mia“ (Teil 2)

a. und b.

1. Verfahren Sie wie auf ❖ S. 209 bei „Leseverstehen“ in den Schritten 1 – 4 beschrieben.

8 Fragen zum Text

Material

- Folie des Textes ➔ KB S. 62 und 63
- Folie der Kopiervorlage **LE 12-1** (siehe Übung **1**)

1. Die TN lesen den Text noch einmal.

2. Klären Sie unbekannte Wörter aus dem Lernwortschatz.

b.

3. Die TN lesen die Beispiele für Fragen.

4. Die TN arbeiten in Kleingruppen. Sie schreiben Fragen zum Text auf.

5. Die Fragen werden nacheinander im Plenum gestellt. Die Gruppe, aus der ein TN antwortet, stellt die nächste Frage.

6. Fragen Sie die TN nach ihren eigenen Erfahrungen mit Umzügen.

Stillarbeit ➔ AB S. 70 | **5** und S. 71 | **6**

7. Die TN suchen arbeitsteilig im Text alle *dass*-Sätze und Infinitivsätze mit *zu*. Zwei TN arbeiten auf der Folie.

8. Die Ausdrücke mit Infinitiv mit *zu* werden auf dem Poster (vgl. ❖ S. 58 | 3) eingetragen.

9. Ergänzen Sie Ausdrücke mit *dass* auf der Folie von Kopiervorlage **LE 12-1**. Die TN schreiben auf ihre Kopie.

Stillarbeit → AB S. 71 | 7 und S. 72 | 8 | 9

Zusatzübungen

Text schreiben

Die TN beschreiben, was sie sehen, wenn Sie aus dem Fenster ihrer Wohnung schauen. Die Texte werden eventuell mit Foto an der Pinnwand präsentiert. Eine andere Möglichkeit wäre, dass aus von den TN verfassten Texten am Ende des Kurses eine Kurzeitung zusammengestellt und für jeden TN kopiert wird. Sammeln Sie während des Kurses interessante Schreibprodukte von verschiedenen TN. Wenn es in der Zeitung einen Teil gibt, in dem jeder TN mit einem kurzen Text und ggf. mit einem Foto vorgestellt wird, ist die Zeitung eine noch schönere Erinnerung an den Kurs. Die TN werden ihre selbst gestaltete Zeitung stolz mit nach Hause nehmen. Achten Sie darauf, dass es in den Texten keine Fehler gibt.

Übung zu Infinitivsätzen mit *zu* und *dass*-Sätzen

Material

- Kopiervorlage **LE 12-3**

Kopieren Sie für jeden TN die Satzanfänge einmal. Kopieren Sie die Vorlage mit den Bildern für jede Kleingruppe einmal und schneiden Sie die Kärtchen aus. Die Kärtchen werden in einem Stapel verdeckt auf den Tisch gelegt. Jeder TN bekommt die Liste mit den Satzanfängen. Ein TN nimmt ein Kärtchen und bildet einen Satz. Dafür wählt er aus den vorgegebenen Satzanfängen einen passenden aus. Die anderen TN hören zu, ob der Satz richtig ist. Helfen Sie bei Zweifelsfällen.

Binnendifferenzierung Geübtere Lerner arbeiten in einer Gruppe zusammen. Löschen Sie bei den Kärtchen für diese Gruppe die Bildunterschriften aus. Wenn Sie die Kärtchen auf andersfarbiges Papier kopieren, können Sie die Gruppen leichter auseinander halten.

sagen	wahrnehmen	subjektiv	es	andere Verben
Sie hat gesagt, …	Ich sehe, …	Ich hoffe, …	Es ist wichtig, …	Sie erklärt, …
	Er hört, …	Ich glaube, …	Es stimmt, …	Er ist glücklich, …
	Er bemerkt, …	Ich vermute, …	Es schön / … / finden, …	Sie fürchtet, …
	Man erkennt, …	Es kann sein, …		Ihr fällt ein, …
	Man riecht, …	Er denkt, …		
	Sie spürt, …			

13 Fokus Hören

Lernziel über Aussehen und Funktion von Möbeln sprechen; sagen, was man als Heimwerker (nicht so) gut kann

1 Im Möbelhaus

Material für die Zusatzübung

- Prospekte von Möbelhäusern oder Möbelkataloge

0. Hier wird Wortschatz zum Thema Möbel eingeführt, der für die Transferübung **4** wichtig ist.

a.

1. Die TN notieren in Partnerarbeit zu jedem Foto, welche Möbel sie sehen.
2. Die TN vergleichen ihre Notizen im Plenum.
3. Semantisieren Sie unbekannte Wörter. Wiederholen Sie das Bildungsprinzip von Komposita mithilfe der Grammatikübersicht im → AB S. 78 | **12**. Weisen Sie besonders darauf hin, dass Komposita nicht nur aus zwei Nomen, sondern auch aus einem Verb mit Nomen (Schreibtisch) gebildet werden können.

b.

4. Die TN lesen die Beispiele vor und ergänzen dabei die Lücken.
5. Besprechen Sie mit den TN die Adjektive im Kasten.
6. Die TN sprechen in Kleingruppen über die Möbel.

Zusatzübungen

Arbeit mit Prospekten

Die TN arbeiten in Kleingruppen. Jede Gruppe bekommt Prospekte. Die TN sprechen wie in b. über die Möbel auf den Prospekten.

Internet

Wenn Sie über einen Computer mit Beamer verfügen, zeigen Sie den TN Möbelangebote aus dem Internet. Auf den Websites großer Versandhäuser, z. B. www.neckermann.de oder www.kare.de finden Sie zahlreiche Möbelangebote. Die TN beurteilen die Möbel.

2 Welche Möbel sind für Sie persönlich besonders wichtig?

1. Erzählen Sie den TN, welches Möbelstück Ihnen wichtig ist, um ein Beispiel zu geben.
2. Die TN notieren sich stichpunktartig, welches Möbelstück für sie wichtig ist und warum.
3. Die TN sprechen in Kleingruppen.
4. Fragen Sie ein paar TN, was ihren Gesprächspartnern wichtig ist.

Stillarbeit → AB S. 75 | **1**

3 Ein Fernsehsessel im Sonderangebot

0. Hier kommen verstärkt die Nebensätze und Infinitivsätze vor, die in LE 11 und 12 eingeführt wurden.

a. und b.

1. Verfahren Sie wie auf ❖ S. 209 bei „Hörverstehen“ in den Schritten 1–7 beschrieben. Fragen Sie fortgeschrittenere TN danach, was Herr Fischer in den letzten zwei Wochen gemacht hat. Die Verben *erzählen* mit *dass*-Satz und *vorhaben* + Infinitiv mit *zu* sind neu.

Stillarbeit → AB S. 75 | **2**

4 Ihr ‚Traumwohnzimmer'

Material

- Zimmerumriss → AB S. 65 vergrößert auf Folie kopiert (für jede Dreiergruppe einmal)
- Folienstifte

1. Wiederholen Sie die Wechselpräpositionen und Positionsverben anhand des Tafelbildes. Die Wechselpräpositionen wurden in *Lagune 1* KB | LE 21 eingeführt.

Fragen Sie die TN, welche anderen Verben und Präpositionen nach diesem Prinzip funktionieren (*legen, liegen, setzen, sitzen* und *hängen* sind aus *Lagune 1* | LE 21 bekannt).

Fragen Sie die TN nach der Position von ein paar Gegenständen im Raum. Verändern Sie deren Position und fragen Sie gleichzeitig, was sie machen.

a.

2. Die TN diskutieren über die Einrichtung.

b.

3. Die TN zeichnen ihre Einrichtung auf die Folie.

c.

4. Die TN präsentieren ihr Wohnzimmer und projizieren dabei ihre Folie.

Variante für b. und c.

Material

- Prospekte von Möbelhäusern oder Möbelkataloge
- leere Plakate
- dicke Filzstifte, Scheren, Klebstoff

Teilen Sie die TN in Dreiergruppen ein. Die TN zeichnen den Umriss auf das Plakat. Sie suchen die passenden Möbel aus den Prospekten und kleben sie in ihr Zimmer. Zusätzlich können auch Gegenstände aufgemalt werden. Jeweils zwei Dreiergruppen bilden eine Großgruppe. Jede Dreiergruppe präsentiert ihr Zimmer in der Großgruppe.

5 Else möchte Tapeten mit Blumen.

0. Hier werden Komparativformen mit Umlaut eingeführt. Der Komparativ ist schon aus → KB | LE 8 bekannt.

1. Verfahren Sie mit jedem Teil jeweils wie auf ❖ S. 209 bei „Hörverstehen“ in den Schritten 1–7 beschrieben. Die Verben *bitten*, *entdecken* und *aufschreiben* mit *dass*-Satz bzw. Infinitiv mit *zu* sind neu.

2. Die TN suchen in Teil 2, b. die Adjektive und nennen die Positivform bzw. den Komparativ.

3. Fragen Sie nach den Regeln für die Bildung des Komparativs (Endung *-er*; als). Weisen Sie die TN anhand des Grammatikzettels darauf hin, dass einige Komparativformen mit Umlaut gebildet werden. Diese Formen müssen auswendig gelernt werden, da es keine Regeln dafür gibt. Zeigen Sie den TN die Grammatikübersicht im → AB S. 78. Hier ist auch zu sehen, dass der Umlaut im Superlativ bleibt.

Stillarbeit → AB S. 75 | **3** | **4** und S. 76 | **5**

6 Das kann ich auch.

1. Fragen Sie ein paar TN, ob sie schon einmal eine Wohnung renoviert haben und ob sie z. B. mit einer Bohrmaschine arbeiten können.

2. Besprechen Sie mit den TN den Wortschatz im Kasten.

3. Regen Sie die TN dazu an, noch einmal die Liste durchzugehen. Schreiben Sie dazu die Vorgaben an die Tafel: *Das kann ich gut/sehr gut. Das habe ich noch nie gemacht.*

4. Die TN sprechen in Kleingruppen darüber, was sie können.

5. Fragen Sie die TN, was ihre Gesprächspartner am besten können.

7 Das Bild mit dem Hirsch

Material

- ggf. Folie mit Sätzen aus dem Dialog beschriftet (vgl. Tafelbild)
- für jeden TN ca. 2 Papierstreifen

a.

1. Die TN sprechen über das Foto. Führen Sie das Wort *kitschig* ein, wenn sie darüber sprechen, wie die TN das Bild finden.

2. Verfahren Sie mit jedem Teil wie auf ❖ S. 209 bei „Hörverstehen“ in den Schritten 2–7 beschrieben.

3. Fragen Sie die TN: **„Tante Marga kommt. Was machen Hans-Dieter und Elena gerade?“** Schreiben Sie die Antwort (Hans-Dieter und Elena hängen gerade das Bild auf.) in den zwei Verlaufsformen wie auf dem Grammatikzettel an die Tafel. Erklären Sie den TN, dass man mit *(gerade) dabei sein* oder nur mit *gerade* einen Prozess beschreibt, der noch nicht zu Ende ist. Wenn Ihre TN Englisch sprechen, verweisen Sie auf die Verlaufsform mit *-ing* im Englischen.
Fragen Sie die TN zu Teil 1, was Hans-Dieter in dem Moment macht, in dem ihn Elena ruft. Die TN antworten mit *gerade*. Verweisen Sie auf den Grammatikzettel rechts.

Stillarbeit → AB S. 76 | **7** und S. 76 | **6** (als Vorbereitung für b)

b.

4. Rekapitulieren Sie mit den TN die Handlung des Hörtextes.

5. Schreiben Sie folgende Sätze aus der Szene an die Tafel oder auf eine Folie:

„Ich war gerade in der Nähe. Und da hab ich gedacht, ich schau mal bei euch vorbei ..."
„Die Wand ist zu alt. Der Vermieter hat gesagt, dass da eine Stromleitung ist."
„Sag mal, Hans-Dieter, hat da eben nicht jemand geklingelt?"
„Vielleicht hängen wir das Bild über das Sofa?"
„Hans-Dieter, kommst du mal?"
„Vielleicht hängen wir das Bild über den Schreibtisch?"

Fragen Sie die TN, aus welchen Teilen des Hörtexts die Sätze sind und wer sie sagt. Ergänzen Sie die Namen an der Tafel. Weisen Sie die TN darauf hin, dass diese Sätze nur ein kleiner Teil des Dialogs sind.

6. Es werden Dreiergruppen gebildet und die Rollen festgelegt. Die TN schreiben jeden Satz ihrer Rolle jeweils auf einen Papierstreifen. Um die Formulierungen einzuüben, lesen die TN die Sätze halblaut.

7. Die TN spielen zu dritt die Szene. Die Papierstreifen werden als Gedächtnisstütze benutzt.

8. Zwei Gruppen oder drei Gruppen spielen ihre Szene vor.

9. Wiederholen Sie als Vorbereitung für → AB S. 77 | 8 die Bedeutung von *soll* mit dem Tafelbild. Jemand möchte / will, dass jemand anderer etwas macht. Weisen Sie auch darauf hin, dass mit *soll* kein Nebensatz notwendig ist.

Elena | möchte, dass Hans-Dieter das Bild aufhängt.
will
Hans-Dieter soll das Bild aufhängen.

Stillarbeit → AB S. 77 | 8 | 9

14 Fokus Sprechen

Lernziel Wohnungsanzeigen vergleichen; Kriterien äußern; Probleme mit der Wohnung beschreiben

1 Vokale – lang oder kurz?

0. Hier konzentrieren sich die TN auf die Vokallänge in Wörtern, die anschließend in Übung **2** vorkommen.

a.

1. Schreiben Sie das Minimalpaar *Nase – nass* an die Tafel. Fragen Sie die TN, welcher Vokal lang und welcher kurz ist.

2. Die TN hören die Wörter und notieren, ob der Vokal kurz oder lang ist.

b.

3. Die TN hören und sprechen nach.

2 Ein Haar liegt in der Suppe

a.

1. Sprechen Sie mit den TN über die Zeichnung.

2. Verfahren Sie wie auf ❖ S. 210 bei „Nachsprechen" in den Schritten 1–5 beschrieben.

b.

3. Sprechen Sie mit den TN über die Zeichnung.

4. Verfahren Sie wie auf ❖ S. 210 bei „Nachsprechen" in den Schritten 1–4 beschrieben.

5. Die TN lesen den Text abwechselnd in Partnerarbeit. Wenn die Vokallänge falsch gesprochen wird, verweisen Sie auf das entsprechende Wort in Übung **1**.

Tipp Wenn die TN Schwierigkeiten bei der Vokallänge haben, gehen Sie folgendermaßen vor:

Vokale werden zu lang gesprochen
Die TN üben Sätze mit fallender Intonation (z. B. Aussagesätze), in denen Wörter mit kurzem Vokal am Satzende stehen, z. B. Sätze aus Übung **2**: *Ein Haar liegt in der Suppe., Die Jacke ist ganz nass.*
Nach Plosivlauten lassen sich das kurze *a* und das kurze *u* leichter realisieren, z. B. *Pass, Kasse, Tasse, Pulli.*

Vokale werden zu kurz gesprochen
Die TN üben Sätze mit steigender Intonation (Satzfragen), in denen Wörter mit langem Vokal am Satzende stehen, z. B. *Ist das ein Problem?, Will der Kellner schlafen?, Kochen wir Tee?, Trocknet er deinen Hut?.*
Nach Reibelauten lassen sich das lange *a* und das lange *i* leichter realisieren, z. B. *fahren, Vase, Sahne, wie, sieben.*

3 Wölfe und Schafe

a. und b.

1. Sprechen Sie mit den TN über die Zeichnungen.

2. Verfahren Sie wie auf ❖ S. 210 bei „Nachsprechen" in den Schritten 1–8 beschrieben. Bei Schritt 2 markieren die TN die Reimwörter mit einem Punkt (kurz) oder einem Strich (lang) unter dem jeweiligen Vokal.

Stillarbeit → AB S. 80 | **1**

4 Der Clown fällt auf die Nase.

a.

1. Gehen Sie mit den TN die Wörter im Kasten durch. Fragen Sie nach den Vokallängen.
2. Die TN ergänzen in Partnerarbeit die Sätze.

b.

3. Die TN hören die Verse und vergleichen ihre Lösung.
4. Die TN sprechen im Chor nach.

5 Erfinden Sie selbst Verse.

Material für die Variante

- für jede Gruppe eine unbeschriftete Folie
- für jede Gruppe einen Folienstift

1. Zwei TN lesen jeweils einen Reim vor.
2. Fragen Sie die TN, welche Wörter sich jeweils reimen, um auf die unterschiedlichen Reimschemata aufmerksam zu machen. Semantisieren Sie unbekannte Wörter.
3. Gehen Sie das Wortmaterial durch. Besprechen Sie, welche Vokale lang und welche kurz sind.
4. Die TN wählen ein Wortpaar aus. Beginnen Sie mit den TN zusammen an der Tafel einen Vers. Machen Sie dabei die TN darauf aufmerksam, dass der Vers sinnvoll sein sollte.
5. Die TN arbeiten zu zweit. Sie versuchen, den begonnenen Reim zu Ende zu schreiben, oder beginnen einen neuen Reim.
6. Die Gruppen lesen jeweils einen Reim vor. Die anderen TN achten beim Zuhören auf das Reimschema.

Variante für die Schritte 5 und 6 Die TN schreiben die Verse auf Folie. Sie schreiben die Reimwörter nicht, sondern lassen eine Lücke. Die anderen TN raten, welche Wörter fehlen.

Binnendifferenzierung

TN mit Ausspracheschwierigkeiten

TN, die sehr große Schwierigkeiten mit der Vokallänge haben, lassen Übung 5 weg. Dafür üben Sie mit diesen TN noch einmal lange bzw. kurze Vokale mit dem Material von den Übungen 1–4.

TN mit Schwierigkeiten beim Reimen

Material

- Kopiervorlage LE 14-1

Die TN bekommen eine Kopie der Kopiervorlage. Knicken Sie vorher die Lösung um. Die TN suchen dann die passenden Wörter aus dem Wortmaterial. Im Anschluss kontrollieren Sie ihre Lösung. Wenn noch Zeit bleibt, versuchen die TN schließlich, selbst Verse zu reimen.

Stillarbeit → AB 80 | 2

6 So groß wie ... größer als ...

1. Führen Sie mithilfe des Tafelbildes Vergleichssätze ein. Zeichnen Sie Linie A genauso lang wie Linie B. Fragen Sie die TN, welcher Satz richtig ist. Machen Sie die TN auf die Vergleichsstrukturen aufmerksam, indem Sie sie unterstreichen und „Komparativ“ usw. unter die Sätze schreiben.

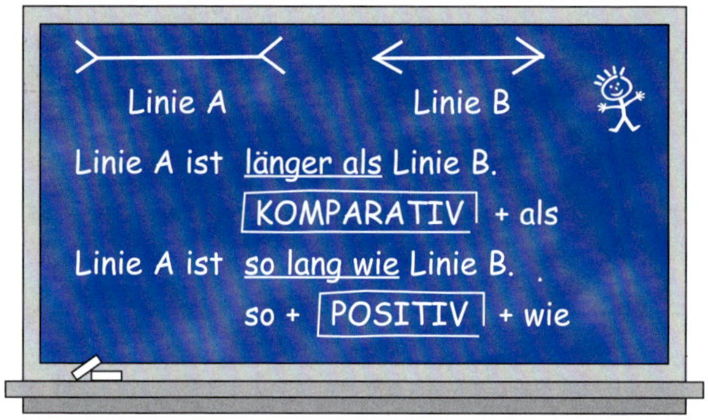

2. Die TN stellen Vergleiche zu den Bildern im Buch an.

Zusatzübung Die TN stellen sich ihrer Größe entsprechend der Reihe nach auf. Dabei wenden Sie Vergleichssätze mündlich an. Wenn alle in einer Reihe stehen, vergleicht sich jeder mit seinem Nachbarn auf der rechten Seite, z. B. „Peter ist größer als ich.“

Stillarbeit → AB S. 81 | **3**

7 Wohnungsanzeigen

1. Die TN lesen still die Anzeigen.

2. Klären Sie den Wortschatz zum Thema Wohnung und die Abkürzungen.

a.

3. Die TN lesen die vorgegebenen Strukturen. Klären Sie unbekannte Wörter.

4. Die TN vergleichen die angebotenen Wohnungen.

b.

5. Die TN sprechen über die Wohnungssuche in ihrem Land. Schreiben Sie Wortschatz zum Thema an.

8 „Soll ich die Wohnung nehmen?“

a.

1. Die TN stellen anhand des Übungstitels und der Zeichnung Hypothesen zum Hörtext auf.

2. Die TN hören den Dialog bei geschlossenem Buch und versuchen, so viel wie möglich zu verstehen.

3. Fragen Sie die TN, was sie verstanden haben.

b.

4. Die TN kombinieren die Sätze.

5. Klären sie unbekannte Wörter.

6. Die TN hören den Hörtext zur Kontrolle noch einmal.

c.

7. Verfahren Sie wie auf ❖ S. 211 bei „Gespräche hören und nachspielen“ in den Schritten 6–9 beschrieben. Achten Sie darauf, dass das Telefonat einen Beginn und einen Schluss hat.

d.

10. Semantisieren Sie neuen Wortschatz zum Thema Wohnungssuche im Kasten.

11. Sprechen Sie mit den TN darüber, was sie bei einer Wohnung für wichtig halten.

Stillarbeit → AB S. 81 | **4**

9 Probleme mit der Wohnung

a.

1. Verfahren Sie wie auf ❖ S. 211 bei „Gespräche hören und nachspielen“ in den Schritten 1–9 beschrieben.

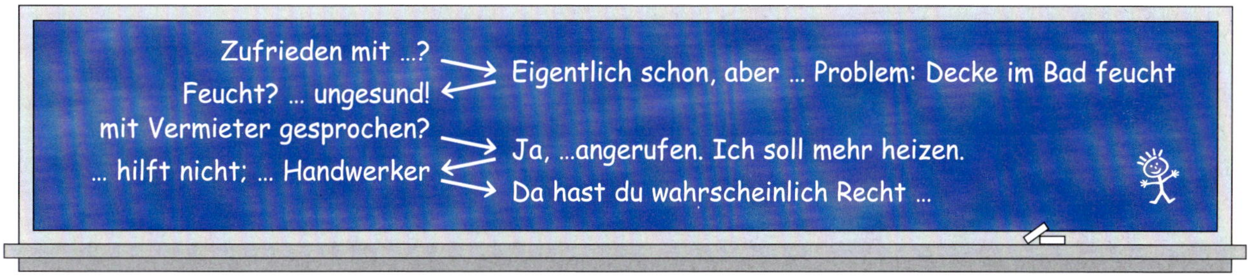

b.

2. Verfahren Sie wie auf ❖ S. 211 bei „Gespräche variieren“ in den Schritten 1–3 beschrieben.

c.

3. Erzählen Sie den TN von Ihren eigenen Erfahrungen, um sie zu animieren.

4. Die TN bereiten sich drei Minuten vor. Sie machen sich stichpunktartige Notizen.

5. Die TN sprechen in Kleingruppen über ihre Erfahrungen.

6. Jede Gruppe schildert das interessanteste Problem, von dem erzählt wurde.

Stillarbeit → AB S. 81 | **5** und S. 82 | **6** | **7** | **8**

Zusatzübungen

Material

- Wohnungsanzeigen aus Zeitungen

Wer findet die beste Wohnung? Die TN arbeiten in Kleingruppen. Jede Gruppe sucht eine interessante Wohnung. Begrenzen Sie den Mietpreis, z.B. auf 1000,– €. Jede Gruppe stellt ihre Wohnung vor. Die TN wählen im Plenum die beste Wohnung aus. Die TN üben ein Telefongespräch mit dem Vermieter dieser Wohnung ein, um mehr Informationen zu erhalten. Wenn Ihre TN dazu Lust haben, könnten Sie als Hausaufgabe tatsächlich bei einem Immobilienmakler, der eine Anzeige geschaltet hat, anrufen und nach weiteren Informationen fragen.
Am nächsten Kurstag erzählen die TN, wie das Gespräch verlaufen ist und welche Informationen sie bekommen haben.

15 Fokus Schreiben

Lernziel Tauschanzeigen vergleichen; Informationen sammeln und geben

1 Hören Sie zu und schreiben Sie.

1. Verfahren Sie wie auf ❖ S. 212 bei „Diktat" in den Schritten 1 – 5 beschrieben.

2 Wohnungstausch im Urlaub

Material

- Karte von Deutschland, Österreich und der Schweiz – falls vorhanden

0. Die Übungen **2 – 5** behandeln das Thema Wohnungstausch.

a. und b.

1. Verfahren Sie wie auf ❖ S. 209 bei „Leseverstehen" in den Schritten 1 – 5 beschrieben.
2. Die TN suchen auf den Karten im Bucheinband, wo die angebotenen Wohnungen liegen. (Der in der Nähe von Salzburg liegende Mondsee ist auf der Karte im Bucheinband nicht benannt.) Die TN zeigen die Orte auf der großen Karte.
3. Sprechen Sie mit den TN darüber, wie sie die Idee des Wohnungstausches finden. Fragen Sie die TN, ob sie selbst tauschen würden.

Variante zu a.

Material

- Anzeigen und Fotos von → KB S. 72 und 73 in Kopie für jede Kleingruppe

Schneiden Sie die Fotos und die Anzeigen auseinander. Die Bücher sind geschlossen. Jede Kleingruppe bekommt die Anzeigen und die Fotos. Die TN ordnen die Anzeigen den passenden Fotos zu. Die TN kontrollieren mithilfe des Buches. Helfen Sie bei Zweifelsfällen.

3 Mehr Informationen

0. Diese Übung bezieht sich auf die Anzeigen in Übung **2**.
1. Die TN wählen zu zweit eine Anzeige. Achten Sie darauf, dass jeweils mindestens zwei Gruppen dieselbe Anzeige bearbeiten.
2. Besprechen Sie die vorgegebenen Wörter.
3. Die TN schreiben Fragen. Helfen Sie bei Problemen.
4. Die Zweiergruppen mit derselben Anzeige tauschen sich untereinander aus.
5. Helfen Sie den TN, wenn sie unsicher sind.

4 Informationen für die Tauschpartner

Material

- Brief von → KB S. 74 auf Folie

0. Diese Übung bezieht sich auf Anzeige 2 und Anzeige 6 aus Übung 2.
1. **Stillarbeit** → AB S. 84 | 1 zur Vorentlastung des Wortschatzes.

a.

2. Die Bücher sind geschlossen. Die TN lesen den Brief auf der Folie.
3. Fragen Sie die TN, welche Informationen Familie Goldau wohl Familie Mönning gibt. Sammeln Sie die Vermutungen der TN an der Tafel.
4. Verfahren Sie wie auf ❖ S. 209 bei „Leseverstehen“ in den Schritten 2 – 5 beschrieben.

b.

5. Verfahren Sie wie auf ❖ S. 209 bei „Leseverstehen“ in den Schritten 1 – 2 beschrieben. Die TN arbeiten zu zweit.
6. Vergleichen Sie die Lösung im Plenum.
7. Erklären Sie den Wortschatz zum Thema Haus, insbesondere die Verben.

Stillarbeit → AB S. 84 | 2 und S. 85 | 3 | 4 und S. 86 | 5 | 6

5 Was soll der Tauschpartner beachten?

Material

- Fotos von Häusern, z. B. aus Ferienhauskatalogen oder aus dem Internet, z. B. http://www.sonneundstrand.de
- Klebstoff

1. Die TN wählen in Kleingruppen ein Foto von einer Wohnung oder einem Haus aus.
2. Sie schreiben eine Anzeige mit ihrem Angebot und kleben das ausgewählte Foto dazu. Als Muster dienen die Anzeigen im → KB S. 72 und 73. Allerdings lassen sie den Teil *Suche* weg.
3. Die TN schreiben ein Infoblatt für ihren Tauschpartner auf ein anderes Blatt Papier. Das Infoblatt kann auch mit Zeichnungen illustriert werden.
3. Die Anzeigen werden aufgehängt. Jede Gruppe wählt eine Anzeige mit einem für sie interessanten Objekt aus.
4. Die Gruppe bekommt das Infoblatt und liest es.
5. Jede Gruppe beschreibt, welches Haus sie gewählt hat, und ein paar Punkte aus dem Infoblatt, was man bei diesem Haus beachten muss.

Fotodoppelseite

Zum Foto „Arbeitszimmer"

Wortschatzwiederholung Bilden Sie zwei Gruppen. Welche Gruppe findet am meisten Gegenstände?

Sprechen Die TN stellen im Plenum Vermutungen darüber an, was der Besitzer des Arbeitszimmers von Beruf ist. Dazu benutzen Sie Redemittel wie *Ich vermute/glaube, dass ..., Es kann sein, dass...*

Die TN machen sich in Kleingruppen Notizen zu folgenden Fragen und erzählen anschließend: *Was macht er gerade?, Hat er mit einer Arbeit angefangen oder aufgehört?, Wozu benutzt er dieses Büro?, Wozu benutzt er die Geräte und anderen Dinge im Büro?*

Sprechen Sie mit den TN darüber, wie sie das Büro finden und ob sie gern in diesem Büro arbeiten würden.

Notizzettel schreiben Was muss der Benutzer des Arbeitszimmers noch machen, was darf er nicht vergessen? Die TN entwerfen in Partnerarbeit einen Zettel mit der Überschrift *Nicht vergessen!* mit einigen Dingen, die noch zu erledigen sind, z.B. *den Computer ausmachen, den Fernseher ausmachen.*

Zum Foto „Umzug"

Sprechen: Interkultureller Vergleich Fragen Sie die TN, was man auf dem Foto sieht. Sprechen Sie mit den TN darüber, wie ein Umzug im eigenen Land aussehen würde. Würde z.B. auch eine Frau eine Lampe aufhängen? Sprechen Sie über Umzüge. Wie oft zieht man normalerweise um? Wer hilft beim Umzug?

Wortschatzwiederholung Was macht die Frau gerade? Was muss sie noch machen? Die TN notieren in Partnerarbeit, was man bei einem Umzug und beim Einrichten einer Wohnung normalerweise macht, z. B. Lampe aufhängen, Türen streichen, die Wände messen. Welche Gruppe findet am meisten Tätigkeiten?

Miniprojekt: Die ideale Wohnung Die TN schreiben eine Biografie zu der Frau auf dem Foto. Was ist ihr Beruf? Zieht sie ein oder aus? Warum zieht sie um? Wie sieht die neue Wohnung aus? Gibt es Probleme mit der neuen oder alten Wohnung? Die TN zeichnen in Gruppen einen Grundriss einer idealen Wohnung für die Frau. Sie diskutieren darüber, was für Zimmer die Frau braucht und wie groß sie sein müssen. Alternativ suchen die TN, eine für die Frau passende Wohnung aus Anzeigen in Zeitungen oder im Internet.

Bei diesem Projekt kann auch arbeitsteilig vorgegangen werden. Eine Kleingruppe erfindet die biografischen Umstände und gibt diese Informationen an andere Gruppen weiter. Danach werden diese Gruppen aktiv. Sie suchen Wohnungsanzeigen oder zeichnen Grundrisse, die zu den erfundenen Lebensumständen der Frau passen. TN, die nicht mit dem Projekt beschäftigt sind, bekommen andere Aufgaben.

Interkultureller Vergleich im Internet Die TN sehen in zwei Filmen, wie junge Deutsche wohnen. Klicken Sie hierfür unter http://www.goethe.de/ins/us/was *Deutsch lehren → Materialien → Die Deutschstunde → Einheiten → Wohnen* an. Die Filme über Bettina 25, Grafikerin, und Lemmy 25, Fotostudent, sind relativ einfach zu verstehen. Sprechen Sie mit den TN, wie junge Leute im Heimatland der TN wohnen.

Die TN vergleichen eine typisch deutsche Wohnung mit einer Wohnung aus dem eigenem Kulturkreis unter http://www.olihome.de/oli@home/oli_nc.htm. Weitere Spiele zu den Fotodoppelseiten unter www.lagune.de/lehren.

Augenzwinkern

Die TN spielen den Dialog nach. Sie können die Situation auch variieren, z.B. mit einem Sessel. Geübtere TN können sich auch analoge Situationen ausdenken, z.B. beim Autohändler: Der Mann macht eine Probefahrt, um seine neue Freundin zu treffen.

Themenkreis **Aussehen und Geschmack**

Fotocollage

Material

- Folie der Fotocollage

1. Die TN öffnen das Buch und betrachten die Fotocollage. Schreiben Sie das Wort *Kleidung* an die Tafel. Aktivieren Sie Vorwissen und fragen Sie, welche Kleidungsstücke man auf der Fotocollage sieht. Erstellen Sie gemeinsam einen Wortigel. Helfen Sie, wenn die TN nicht mehr weiterwissen. Diese Wörter sollten auf jeden Fall dabei sein: *der Hut, das Kleid, die Jacke, der Rock, das T-Shirt, der Schal, das Hemd, der Schuh / die Schuhe.*
2. Fragen Sie die TN, wie sie die Kleidung auf den Fotos finden. Die TN antworten z. B. „Ich finde ... hässlich / schön / unbequem / witzig / modern / altmodisch / langweilig / (zu) bunt.“.
3. Fragen Sie anschließend, welche Farben man auf dem Bild sehen kann. Die meisten Farben sind schon bekannt, ergänzen Sie den Rest. Zu sehen sind *rot, grün, grau, gelb, orange, pink, weiß, schwarz, blau* und verschiedene Brauntöne.
4. Fragen Sie nach der Frau auf dem ersten Bild: **„Wo ist sie? Was macht sie?“** Die TN stellen in Partnerarbeit Vermutungen an, z. B. „Sie ist beim Frisör. Sie geht danach .... Sie arbeitet ...“. Die TN diskutieren über ein paar Vermutungen im Plenum.
5. Die TN überlegen zu zweit, wohin die Person mit dem Koffer fährt. Was hat sie schon dabei, was braucht sie noch? Fragen Sie dann die TN, was für Gegenstände sie mit in den Urlaub nehmen. Welche Dinge müssen im Urlaub unbedingt mit dabei sein? Ein paar Ideen werden präsentiert.
6. Die TN vergleichen die Kleidung des kleinen Mädchens und der beiden größeren Mädchen links unten. Fragen Sie die TN, ob ihnen die Kleidung gefällt. Die TN erzählen, welche Kleidung sie als Kind und Jugendlicher getragen und wie sie ausgesehen haben.

Der Themenkreis schließt sich

Ideen

- Warum ist die Frau links oben beim Friseur? Warum hat sich die Frau mit dem grünen Hut so schön angezogen. Die TN überlegen sich in Kleingruppen Anlässe.
- Die Frau auf dem Foto links wollte sich mit einer Freundin treffen. Aber der Friseurtermin hat zu lange gedauert. Die TN entschuldigen sich nachträglich am Telefon oder mit einer E-Mail.
- Die TN bekommen eine farbige Kunstpostkarte, z. B. mit einem Motiv der Künstlervereinigung „Der blaue Reiter“. Eine Gruppe beschreibt das Bild und seine Farben schriftlich. Eine andere Gruppe bekommt eine schwarz-weiße Kopie des Bildes und koloriert das Bild nach der Beschreibung. Am Ende werden das Original und die Kopie verglichen.
- Die TN zeichnen oder fotografieren ihr Lieblingskleidungsstück. Sie schreiben einen Text, warum und zu welchem Anlass sie das Kleidungsstück gerne tragen.
- Modenschau: Die TN stellen in Kleingruppen aus Fotos, z. B. aus Frauenzeitschriften, eine Kollektion zusammen. Sie kleben die Fotos auf ein Plakat und überlegen sich zusammen eine Moderation für die Schau. Jede Gruppe präsentiert ihre „aufgeklebte“ Modenschau und moderiert sie.

16 Fokus Strukturen

Lernziel Farben und Eigenschaften benennen; ein Bild beschreiben

1 Der Ring ist rot.

0. In dieser Übung werden Farbadjektive adverbial geübt, in den Übungen **2** und **3** werden weitere Adjektive attributiv verwendet.
1. Führen Sie, soweit nicht bei der Arbeit mit der Fotocollage bereits geschehen, anhand von Gegenständen im Kursraum die Farben aus Übung **1** ein.
2. Die TN ergänzen die Adjektive.
3. Die TN vergleichen die Lösung mit ihrem Nachbarn.

2 Wie finden Sie die Gegenstände?

1. Die Adjektive im Kasten sind aus *Lagune 1* bekannt. Wiederholen Sie ggf. *verrückt*, *gefährlich* und *unheimlich*.
2. Die TN ergänzen die Adjektive.
3. Die TN vergleichen ihre Beurteilung in Kleingruppen.
4. Machen Sie die TN mithilfe eines Tafelbildes darauf aufmerksam, dass Adjektive, wenn sie links von einem Nomen stehen, Endungen haben. Schreiben Sie dazu die Sätze mit den adverbialen Adjektiven aus Übung **1** an. Fordern Sie die TN dazu auf, Ihnen die entsprechenden Satzteile mit attributiven Adjektiven aus der Übung **2** zuzurufen. Ergänzen Sie diese.
   Gehen Sie auf den Grammatikzettel ein und weisen Sie darauf hin, dass die Endungen im Singular *-e* und im Plural *-en* lauten.

Stillarbeit → AB S. 90 | **1** und S. 91 | **3**

3 Ein Keller wird aufgeräumt.

1. Die TN suchen in Partnerarbeit die Unterschiede und ergänzen die Adjektive.
2. Die TN vergleichen ihre Lösung mit einer anderen Zweiergruppe.

Stillarbeit → AB S. 90 | **2** und S. 91 | **4**

4 Der rote Hut ist groß. Der große Hut ist rot.

1. Die TN üben mündlich die Sätze in Partnerarbeit wie im Beispiel.

Binnendifferenzierung Ungeübtere TN schreiben zunächst ein paar Beispielsätze auf. Geübtere TN finden weitere Beispiele über den Auswahlkasten hinaus.

2. Die TN bilden in Reihenübung Sätze. Die Reihenfolge der vorgegebenen Nomen ist dabei beliebig.

Zusatzübung

Was fehlt?

Sammeln Sie Gegenstände aus dem Raum und von den TN. Versuchen Sie dabei, möglichst viele gleiche Gegenstände in unterschiedlichen Farben zu bekommen. Legen Sie alles auf den Tisch. Fragen Sie die TN, wie die Gegenstände heißen und was für Farben sie haben. Schreiben Sie neue Wörter oder Wörter, deren Genus die TN vergessen haben, an. Zwei bis drei TN verlassen den Raum. Zuvor versuchen sie, sich so gut wie möglich einzuprägen, was auf dem Tisch liegt. Nehmen Sie in Absprache mit der Gruppe etwa die Hälfte der Gegenstände weg, sodass sie nicht mehr sichtbar sind. Die TN kommen wieder in den Raum und sagen, was fehlt, z. B. *das schwarze Handy*. Fordern Sie die TN dazu auf, zu sagen was ihnen gehört, um die Gegenstände wieder zurückgeben zu können, z. B. *Der grüne Stift gehört mir.*

5 Im Schlaraffenland

a.

1. Erklären Sie den TN anhand der Zeichnung, was man unter *Schlaraffenland* versteht.
2. Die TN beschreiben im Plenum das Bild mithilfe des vorgegebenen Wortschatzes.

b.

3. Die TN kombinieren die Sätze.
4. Zur Korrektur werden die Sätze vorgelesen.
5. Machen Sie ein Tafelbild, das wie der Grammatikzettel aufgebaut ist. Schreiben Sie auf die rechte Tafelhälfte die Teilsätze 5, 6, 7 und 8. Fragen Sie die TN nach dem Genus der angeschriebenen Nomen. Ergänzen Sie auf der linken Seite jeweils das Nomen mit definitem Artikel. Fragen Sie die TN, welche Endungen die Adjektive haben. Erklären Sie den TN, dass das Adjektiv die Endung des definiten Artikels bekommt, wenn man das Genus am Artikel nicht erkennen kann. Unterstreichen Sie die Signalendungen. Zeigen Sie den TN weitere Beispiele auf dem Grammatikzettel.

c.

6. Die TN ergänzen die Adjektive.
7. Besprechen Sie die Lösung im Plenum.

Stillarbeit → AB S. 91 | **5** | **6** und S. 92 | **7** | **8** und S. 93 | **9** | **10**

6 Ein heller Stern ...

0. Hier ergänzen die TN eine Bildbeschreibung und beschreiben in Übung **7** selbst ein Bild. In Übung **6** und **7** werden sowohl die Adjektivendungen nach definiten als auch nach indefiniten Artikeln geübt.

a.

1. Die TN ergänzen in Partnerarbeit die Endungen.

b.

2. Die TN kontrollieren ihre Lösung mithilfe der CD. Die TN nennen zur Wiederholung die Regeln für die Adjektivdeklination nach definiten (Endung *-e* oder *-en*) und nach indefiniten Artikeln (Signalendungen).

Tipp Da das Genus die Voraussetzung für die korrekte Verwendung der Adjektivendungen ist, sollten Sie insbesondere in diesem Themenkreis das Genus der Nomen aus den Übungen regelmäßig wiederholen. Dazu können die folgenden Spiele dienen.

Zusatzübungen

Artikelspiel mit farbigen Kärtchen

Material

- verschiedenfarbige je mit *der*, *die* oder *das* beschriftete Kärtchen

Die TN spielen in Kleingruppen. Jede Gruppe bekommt drei verschiedenfarbige, mit den Artikeln *der*, *die* und *das* beschriftete Kärtchen. Nennen Sie Nomen, deren Genus sie wiederholen möchten. Ein TN aus jeder Gruppe hält jeweils den entsprechenden Artikel hoch. Für jeden richtigen Artikel bekommt die Gruppe einen Punkt. Gewonnen hat die Gruppe, die am meisten Punkte gesammelt hat. Achten Sie darauf, dass sich die TN schnell für ein Genus entscheiden.

Mit diesem Spiel können Sie auch die Nomen von den Lernwortschatzseiten aus dem Arbeitsbuch wiederholen. Eine andere Möglichkeit ist, dass die TN selbstständig in Gruppen spielen. Dabei ist jeweils ein TN aus der Gruppe der Spielleiter, der die Nomen aus dem Lernwortschatz vorliest und die Punkte notiert. Jeder andere TN aus der Gruppe hat Genuskärtchen, mit denen er wie oben beschrieben spielt.

Artikelgymnastik

Die TN werden in drei Gruppen eingeteilt. Eine Gruppe für *der*, eine für *die* und eine für *das*. Alle TN stehen. Sie sagen ein Nomen, z. B. Kleid. Die *das*-Gruppe dreht sich um, sodass sie mit dem Gesicht nach hinten steht. Sagen Sie kurz danach: „**Stopp**“. Bei Stopp müssen alle so bleiben, wie sie gerade stehen. Wenn sich einzelne oder alle TN in die falsche Richtung gedreht haben, bekommt die ganze Gruppe einen Minuspunkt. Verfahren Sie mit anderen Nomen genauso. Die Gruppe mit den wenigsten Minuspunkten hat gewonnen.

7 Ein Bild aus sechs Elementen

Material

- ggf. Farbstifte

a.

1. Wiederholen Sie die Lokalangaben (*links oben/unten, in der Mitte oben/unten, rechts oben/unten*), indem Sie die Angaben an der entsprechenden Stelle an die leere Tafel schreiben.
2. Gehen Sie mit den TN die Angaben in den Kästen durch. Fragen Sie nach dem Genus der Nomen.
3. Die TN bereiten in Partnerarbeit ein Blatt Papier wie im Buch vor. Sie zeichnen Personen oder Gegenstände auf ihr Blatt.

b.

4. Die Zweiergruppen teilen ein zweites Blatt Papier in sechs Teile ein.
5. Eine Gruppe beschreibt schriftlich ihr Bild.
6. Danach liest sie die Beschreibung einer Partnergruppe langsam vor, ohne ihr Bild herzuzeigen. Die Partnergruppe zeichnet nach den Angaben mit. Danach werden die Rollen getauscht.

c.

7. Die Zeichnungen und die Beschreibungen werden verglichen.

17 Fokus Lesen

Lernziel sich nachträglich entschuldigen; Kleidung beschreiben; über Geschmack diskutieren

1 Leider konnte ich nicht kommen.

Material

- 2 Folien von Übung **1**
- ggf. unbeschriftetes Plakat

a. und b.

1. Verfahren Sie wie auf ❖ S. 209 bei „Leseverstehen" in den Schritten 2, 4 und 5 beschrieben. In Teil b arbeiten die TN zu zweit.
2. Fragen Sie die TN: **„War die Party von Monika schon?"**, um sie auf die Vergangenheit aufmerksam zu machen. Zeigen Sie den TN die Modalverben im Präteritum auf dem Grammatikzettel.
3. Die TN unterstreichen in Partnerarbeit in der E-Mail und im Teil b die Präteritumformen der Modalverben. Zwei Gruppen arbeiten auf der Folie.
4. Zum Vergleich werden die Folien aufgelegt. Fragen Sie bei jedem unterstrichenen Modalverb nach der jeweiligen Präsensform.
5. Schreiben Sie die komplette Konjugation eines Modalverbs an die Tafel / auf ein Poster. Markieren Sie die Endungen und weisen Sie auf die Besonderheiten hin (1. und 3. Person sind gleich, kein Umlaut im Präteritum). Das *-t-* in der Endung ist ein Signal für Präteritum.

Stillarbeit → AB S. 95 | **2** (TN vergleichen die Lösung mit → AB S. 100 | **13**) und → AB S. 95 | **1**

Zusatzübung

Die TN üben die Verbformen mit einem Ball ein. Ein TN sagt die 1. Person Singular eines Modalverbs im Präteritum und wirft einem anderen TN den Ball zu. Dieser sagt die 2. Person Singular dieses Verbs und wirft den Ball wieder einem anderen TN zu usw. Wenn alle Formen genannt wurden, wird ein anderes Modalverb auf die gleiche Weise konjugiert. Wenn die TN schon geübter sind, kann der werfende TN jeweils die Person vorgeben, die der Fangende dann zu bilden hat. Regen Sie die TN dazu an, schnell zu spielen.

2 „Wollten wir uns nicht treffen?"

1. Verfahren Sie wie auf ❖ S. 211 bei „Variationsdialoge" in den Schritten 1 – 7 beschrieben.

3 „Was soll ich denn zum Vorstellungsgespräch anziehen?"

Material

- Folie von Übung **3**
- Folienstifte in zwei unterschiedlichen Farben (für Nominativ- und Akkusativergänzung)

0. Hier werden die Adjektivendungen im Akkusativ eingeführt und gleichzeitig werden die Adjektivendungen im Nominativ wiederholt.
1. Verfahren Sie wie auf ❖ S. 209 bei „Hörverstehen" in den Schritten 1 – 7 beschrieben.

2. Die TN unterstreichen in Partnerarbeit in den Sätzen a – l die Nominativ- und Akkusativergänzung in unterschiedlichen Farben. Eine Gruppe arbeitet auf der Folie.
3. Die Lösung wird im Plenum anhand der Folie besprochen.
4. Zeigen Sie den TN die Adjektivendungen im Akkusativ auf dem Grammatikzettel links. Fragen Sie die TN, welche Endungen im Vergleich zum Nominativ (→ KB | LE 16) neu sind. Die TN stellen fest, dass sich – wie auch bei der Deklination der Artikel – die maskulinen Formen ändern. Machen Sie die TN mithilfe des Grammatikzettels rechts auf die unregelmäßigen Adjektivformen aufmerksam. Bei deklinierten Formen von *hoch* fällt das *c* weg und das *h* wird nicht gesprochen. Bei deklinierten Formen von Adjektiven mit den Endungen *-el* (*dunkel*) fällt das *e* weg. Zeigen Sie den TN die Grammatikübersicht im → AB S. 100 | **12**. Hier kommen auch Adjektive mit der Endung *-er* (*sauer, teuer*) vor.
5. Sprechen Sie mit den TN darüber, was Sie zu einem Vorstellungsgespräch anziehen würden.

Stillarbeit → AB S. 95 | **3** und S. 96 | **4** | **5**

4 Welche Farben tragen Sie gerne? Was ziehen Sie an, wenn ...?

0. Hier wenden die TN den Wortschatz und die Strukturen aus Übung **3** an.
1. Erzählen Sie den TN, was ihre Lieblingsfarbe ist und zu welchem Anlass Sie Kleidung in dieser Farbe tragen.
2. Ein paar TN lesen die Beispielsätze vor.
3. Besprechen Sie mit den TN die Vorgaben in den Kästen.
4. Die TN schreiben Sätze. Helfen Sie bei Schwierigkeiten.
6. Die TN lesen ihre Sätze in Kleingruppen vor.
7. Sprechen Sie mit den TN darüber, was sie normalerweise zu den verschiedenen Gelegenheiten, z. B. bei der Arbeit, in der Freizeit, in der Oper tragen.

Zusatzübungen

Berufskleidung

Material

- Zettel
- ggf. Plakate
- ggf. bunte Stifte

Beschriften Sie für jede Kleingruppe einen Zettel mit einem Beruf, z. B. Verkäufer / -in in einer Modeboutique, Putzfrau / -mann, Fitness-Trainer / -in, Bankkaufmann / -frau, Barkeeper / -in, Lehrer / -in, Künstler / -in, Fotomodell, Arzt / Ärztin. Schreiben Sie die Berufe an die Tafel und semantisieren Sie sie.

Jede Gruppe bekommt einen Zettel. Sie stellt ein passendes Outfit für einen Mann oder eine Frau mit diesem Beruf zusammen. Wenn die TN Lust dazu haben, zeichnen sie die Personen auf Plakate.

Jede Gruppe präsentiert ihr Outfit ggf. mit dem Plakat. Dabei wenden Sie viele Adjektive an. Die anderen TN raten, um welchen Beruf es sich handelt.

Andere TN beschreiben

Die TN beschreiben eine Person aus der Gruppe anhand ihrer Kleidung, z. B.: „Die Person trägt einen roten Rock und hat hohe Schuhe an.“ Die anderen raten, um wen es sich handelt.

5 Lesen Sie die Textabschnitte auf dieser Seite.

Material für die Binnendifferenzierung

- unbeschriftete Folien
- Folienstifte

0. Die Übungen **5 – 7** beziehen sich auf den Lesetext.

a. und b.

1. Sehen Sie sich zusammen mit den TN das Paar im → KB S. 101 an. Fragen Sie die TN, wie ihnen die Tätowierungen und die Piercings gefallen. Semantisieren Sie dabei den Ausdruck *über Geschmack kann man nicht streiten*.

2. Verfahren Sie wie auf ❖ S. 209 bei „Leseverstehen“ in den Schritten 1, 2, 4 und 5 beschrieben. Fragen Sie bei Schritt 4, welcher Abschnitt auf dieser Seite welches Thema behandelt (Abschnitt 1: Kleidung / Abschnitt 2: Wohnen / Abschnitt 3: Schmuck). Teil b wird in Partnerarbeit durchgeführt.

Binnendifferenzierung Ungeübtere TN müssen nicht den ganzen Text lesen, sondern nur den ersten und ggf. einen weiteren Abschnitt. In Teil b geben Sie den TN, je nachdem welchen Abschnitt sie lesen, die Satzanfänge vor, die sich auf den von ihnen gelesenen Teil beziehen (Abschnitt 1: 1. und 2. / Abschnitt 2: 3. und 6. / Abschnitt 3: 4. und 5.).

Geübtere Lerner sammeln auf Folien Wortschatz (Nomen, Adjektive und Verben) zu einem oder mehreren Themen aus a: Kleidung (Abschnitt 1), Wohnen (Abschnitt 2), Schmuck (Abschnitt 3). Der Wortschatz wird nach der Besprechung von b (nach Schritt 4) präsentiert.

6 Lesen Sie die Textabschnitte auf dieser Seite.

0. Diese Übung beinhaltet einige Modalverben im Präteritum, die in Übung **1** eingeführt wurden.

1. Fragen Sie die TN, wie Kinder früher ausgesehen haben und wie sie heute aussehen (Kleidung, Frisur). Semantisieren Sie *Zöpfe* und *abschneiden*. Verweisen Sie auf das Schwarzweißfoto von der Fotocollage → AB S. 78.

2. Verfahren Sie wie auf ❖ S. 209 bei „Leseverstehen“ in den Schritten 2 – 5 beschrieben.

Binnendifferenzierung Geübtere TN sammeln in einer Tabelle stichpunktartig Informationen zu Helga Fächer und ihrer Nichte. Hier ist es nicht unbedingt notwendig, dass alle Fragen von allen beantwortet werden. Skizzieren Sie die Tabelle an der Tafel. Die Stichpunkte der TN werden nach der Besprechung der Aufgabe (nach Schritt 4) an der Tafel gesammelt.

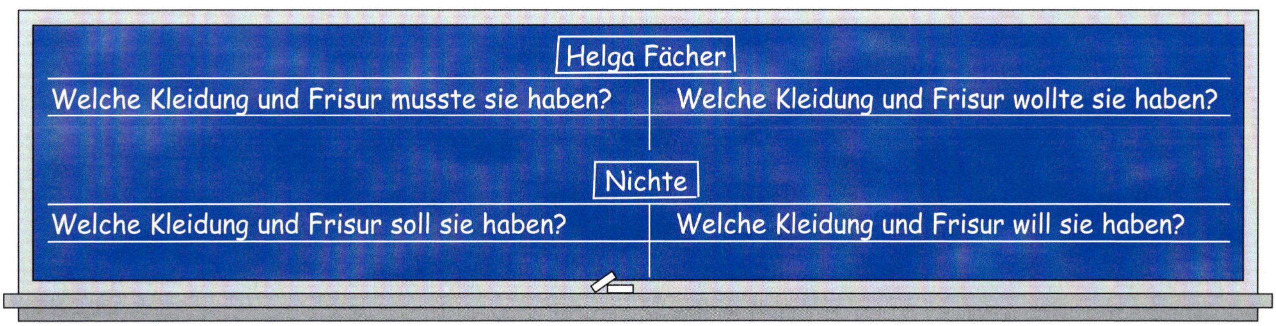

Stillarbeit → AB S. 97 | **6** | **7** und S. 98 | **8**

7 Was ist Ihre Meinung?

0. Hier wenden die TN im Gespräch über die eigene Kindheit die Modalverben im Präteritum aktiv an.

1. Sprechen Sie im Kurs über die Personen aus dem Lesetext und über die Kindheit der TN. Regen Sie das Gespräch durch Fragen an, z. B.: **„Muss man jede Mode mitmachen?", „Wie finden Sie ein schwarzes Zimmer?", „Dürfen Kinder ihr Zimmer nach ihrem eigenen Geschmack einrichten?", „Wie finden Sie Piercings und Tätowierungen?", „Würden Sie ihrem Kind eine Tätowierung oder ein Piercing erlauben?", „Wie sollen sich Kinder anziehen?", „Wie soll man sich am Sonntag anziehen?", „Was mussten Sie als Kind tragen?", „Durften Sie die Frisur tragen, die sie wollten?"**

Stillarbeit → AB S. 99 | **9** | **10**

Zusatzübungen

Fotos beurteilen

Die TN suchen ein Bild von einem Outfit, das ihnen überhaupt nicht gefällt. Fündig werden Sie z. B. in Frauenzeitschriften, Klatschzeitschriften oder im Internet, z. B. unter www.gala.de. Besonders gut dafür eignen sich Bilder von Stars z. B. bei der Oskarverleihung oder Modeschauen. Die TN arbeiten in Kleingruppen. Jeder TN beschreibt sein Foto und sagt, was ihm daran nicht gefällt. Jede Gruppe wählt das ungewöhnlichste Outfit und stellt es im Plenum vor.

Würfelspiel

Material

- Kopiervorlagen **LE 17-1A** und **LE 17-1B** (Spielplan für jede Kleingruppe vergrößert; die Gegenstände verschiedenfarbig ausgemalt; für jede Kleingruppe ein Set Karten)
- ggf. bunte Farbstifte
- Würfel und Spielfiguren

Beim Ausmalen helfen die TN sicher gerne, wenn Sie nicht genug Zeit haben. Die Karten werden gemischt und umgedreht auf das dafür vorgesehene Feld gelegt.
Die TN spielen in Kleingruppen. Der erste TN würfelt, setzt seine Spielfigur auf das entsprechende Feld und nimmt eine Karte. Er äußert sich zu dem Gegenstand auf dem Feld, auf das er gekommen ist, mit der Struktur auf der Karte, z. B. „Da ist ein rotes Kleid." oder „Das rote Kleid gefällt mir." Die TN fahren wie beschrieben im Uhrzeigersinn fort. Wenn ein TN einen Fehler macht, korrigieren die anderen. Beenden Sie das Spiel nach ca. 10 Minuten.

Wiederholen Sie vor dem Spiel die Konstruktionen mit *passen* und *gefallen* (vgl. → KB | LE 1), indem Sie Beispielsätze an die Tafel schreiben. Die TN suchen die Nominativergänzung und die Dativergänzung.
Es empfiehlt sich auch, vor dem Spiel das Genus der verwendeten Nomen zu wiederholen.

Wenn Ihre TN Schwierigkeiten haben, den Kasus zu erkennen, schreiben Sie den Kasus auf dem Spielplan dazu.

18 Fokus Hören

Lernziel Personen beschreiben; über andere Leute sprechen

1 „Meine Handtasche ist weg!"

Material

- Folie von Tabelle in b (Platz nach unten lassen)

0. Hier kommen Adjektive im Dativ vor. In Übung **2** wird deren Bildung systematisiert.

a.

1. Sprechen Sie mit den TN über das Foto und den Titel. Sammeln Sie an der Tafel Wortschatz zum Thema *Diebstahl*.

2. Die TN lesen still die Texte.

3. Semantisieren Sie unbekannte Wörter.

b.

4. Die TN erarbeiten zu zweit die Unterschiede und tragen Sie in die Tabelle ein. Dabei achten die TN besonders auf die Fragen: *Wie sieht der Dieb aus?, Wie hat der Dieb gestohlen?, Wohin ist der Dieb gegangen?, Wie viel Geld hatte die Dame dabei?* Eine Zweiergruppe schreibt auf die Folie.

5. Die Ergebnisse werden anhand der Folie besprochen.

c. und d.

6. Die TN hören den Hörtext zweimal.

7. Die Lösungen von den Teilen c und d werden nach dem zweiten Hören besprochen.

Binnendifferenzierung Im Hörverstehen ungeübtere TN lassen Aufgabe d weg. Geübtere TN achten auf weitere Informationen: *Wo wohnt die alte Dame?, Was hat sie gemacht?, Hat sie eine Scheckkarte?*

e.

8. Verfahren Sie wie auf ❖ S. 212 bei „Gespräch über ein Thema" in den Schritten 4 – 6 beschrieben. Bei der Vorbereitung orientieren sich die TN an den Fragen: Was? Wo? Wie? Was haben Sie dann gemacht?

2 „Das ist die Person!"

0. Hier wird die Geschichte aus Übung **1** weitergesponnen. Es kommt zur Gegenüberstellung mit dem Täter.

a.

1. Verfahren Sie wie auf ❖ S. 211 bei „Variationsdialoge" in den Schritten 1 – 3 beschrieben.

2. Die TN suchen die Beispiele mit der Präposition *mit* im Dialog. Fragen Sie nach dem Kasus und nach den Endungen der Adjektive. Verweisen Sie auf die Adjektivendungen auf dem Grammatikzettel. Fragen Sie die TN, welche Endung die Adjektive im Dativ haben. Die TN stellen fest, dass sowohl nach dem definiten als auch nach dem indefiniten Artikel die Adjektive in jedem Kasus die Endung *–en* haben.

b.

3. Verfahren Sie wie auf ❖ S. 211 bei „Variationsdialoge" in den Schritten 4 – 7 beschrieben.

Stillarbeit → AB S. 102 | **1** | **2** | **3** und S. 103 | **4**

3 „Ich kenne ihn doch gar nicht!"

a.

1. Verfahren Sie wie auf ❖ S. 209 bei „Hörverstehen" in den Schritten 1–7 beschrieben.

b.

2. Die TN überlegen zu zweit, wo einer der Partner eine Person abholen soll (vom Flughafen, vom Bahnhof, vom Bus) und wann die Person ankommt. Für die zuhörenden TN ist es lustiger, wenn die abzuholende Person jemand aus dem Kurs ist. Die TN schreiben einen Dialog.
3. Die TN üben den Dialog ein.
4. Einige Dialoge werden präsentiert.

Stillarbeit → AB S. 103 | **5**

4 „Das muss ich unbedingt mitnehmen!"

0. In diesem Hörtext geht es um Urlaubsvorbereitungen. In Übung **5** äußern die TN ihre Urlaubsvorlieben.

a. und b.

1. Verfahren Sie wie auf ❖ S. 209 bei „Hörverstehen" in den Schritten 1–7 beschrieben. Fortgeschrittenere TN können darauf achten, ob im Hörtext auf die Fragen geantwortet wird und wenn ja, was geantwortet wird.

c.

2. Diskutieren Sie mit den TN über die unterschiedlichen Urlaubsvorstellungen des Mannes und der Frau.
3. Erklären Sie die Bedeutung von *welcher*. Zeigen Sie den TN ein paar verschiedenfarbige Tafelstifte oder Kreiden. Fragen Sie: **„Welchen Stift / Welche Kreide soll ich benutzen?"** Wiederholen und ergänzen Sie ggf. die Antwort der TN, z. B. **„den roten Stift"**. Schreiben Sie die Frage und die Antwort wie auf dem Grammatikzettel in Kurzform an die Tafel. Mit *welcher* fragt man, wenn man wissen möchte, wer oder was von einer begrenzten Auswahl von Dingen oder Personen gemeint ist. Die Antwort ist mit definitem Artikel.

   Um die Bedeutung von *was für ein* zu erklären, fragen Sie die TN: **„Sie möchten Wörter nachschlagen. Was für ein Buch benutzen Sie?"** Wiederholen und ergänzen Sie ggf. die Antwort **„ein Wörterbuch, kein Arbeitsbuch, kein Kursbuch"**. Wenn verschiedene Wörterbücher vorhanden sind, zeigen Sie auf die einzelnen Wörterbücher. Schreiben Sie die Frage und Antwort wieder in Kurzform an die Tafel. Mit *was für ein* fragt man allgemein nach der Qualität einer Sache oder einer Person. Die Antwort ist mit indefinitem Artikel.
4. Machen Sie ein Tafelbild zu den Fragen aus dem Hörtext. Die TN geben die Antworten mit definitem oder indefinitem Artikel.

Welcher? Welches? Welche?		Was für ein / eine?	
Welche Jacke?	→ die blaue (Jacke)	Was für ein Koffer?	→ ein großer (Koffer)
Welches Hemd?	→ das weiße (Hemd)	Was für eine Krawatte?	→ eine dunkle (Krawatte)
		Was für Ferien?	→ schöne (Ferien)

Machen Sie die TN durch Unterstreichen auf die den TN schon bekannten Artikel- und Adjektivendungen aufmerksam. Verweisen Sie darauf, dass die Fragewörter nicht nur im Nominativ, sondern auch in anderen Kasus vorkommen. Schreiben Sie Sätze an die Tafel, z.B. *Was für einen Rock kaufst du?/Welchen Rock kaufst du?, Was für einem Kind hilft er?/Welchem Kind hilft er?*

Stillarbeit → AB S. 103 | **6** und S. 104 | **7** | **8**

5 Und Ihr Urlaub?

a. und b.

1. Verfahren Sie wie auf ❖ S. 212 bei „Gespräch über ein Thema" in den Schritten 1–6 beschrieben.

Zusatzübung

Kofferpacken

Sagen Sie z.B. „**Ich fahre in Urlaub und nehme ein großes Handtuch mit.**" In Reihenübung wird nun von jedem TN jeweils ein Gegenstand mit Adjektiv ergänzt. Dabei muss aber immer alles, was vorher genannt wurde, wiederholt werden. Der letzte TN muss also alle Gegenstände aufzählen, z.B. „Ich nehme ein großes Handtuch, einen roten Badeanzug, hohe Schuhe … mit." Die anderen TN helfen dabei.

6 „Das ist ein schrecklicher Typ!"

0. In dieser Übung hören die TN, wie über einen Kollegen gesprochen wird. In Übung **7** sprechen die TN über Eigenschaften von anderen, die ihnen (nicht) gefallen.

a.

1. Sprechen Sie mit den TN über das Foto und den Titel.
2. Die TN kombinieren in Partnerarbeit die Satzhälften.

b.

3. Die TN hören die CD und überprüfen dabei ihre Zuordnung.
4. Verfahren Sie wie auf ❖ S. 209 bei „Hörverstehen" in den Schritten 4–7 beschrieben.

c.

5. Sprechen Sie mit den TN über Astrids Kritik an ihrem Kollegen.

Stillarbeit → AB S. 104 | **9**

7 Was gefällt Ihnen bei anderen Menschen? Was gefällt Ihnen nicht?

1. Verfahren Sie wie auf ❖ S. 212 bei „Gespräch über ein Thema" in den Schritten 1–6 beschrieben. Nehmen Sie zur Semantisierung des Wortschatzes die Zeichnung zu Hilfe.

Zusatzübung

Auf dem Polizeirevier

Material

- Kopiervorlage **LE 18-1** (für jede Zweiergruppe eine Kopie; für jeden TN ein von der Kopiervorlage ausgeschnittenes Bild)

Die TN arbeiten zu zweit. Ein TN ist ein Polizist auf dem Polizeirevier. Er bekommt die Kopiervorlage, die als Polizeicomputer dient. Sein Partner spielt das Opfer eines Diebstahls. Er bekommt ein einzelnes Bild von einer Person, die ihn bestohlen hat. Der Bestohlene sieht sich sein Bild an, um es sich einzuprägen. Dann legt er es verdeckt auf den Tisch und beschreibt den Täter. Der Polizist darf nachfragen, z. B. „Was für eine Brille hat er getragen?“ Der Bestohlene darf die Bilder auf dem Polizeicomputer (Kopiervorlage) nicht sehen. Wenn der Polizist meint, den Täter gefunden zu haben, wird die Person aus dem Polizeicomputer mit der Person auf dem Bild des Bestohlenen verglichen. Danach werden die Rollen getauscht.

Führen Sie die TN vor dem Spiel in die Situation ein. Regen Sie die TN dazu an, auch eine Einleitung zu spielen. Der „Bestohlene“ erklärt, was passiert ist.

Zur Vorbereitung zeichnen Sie einen schematischen Kopf an die Tafel. Wiederholen Sie damit den Wortschatz (*Gesicht, Hals, Brille, schmal* usw.), insbesondere auch das Genus der Nomen sowie Fragen mit *Was für ein …?*

19 Fokus Sprechen

Lernziel Dinge genau beschreiben; reimen

1 Ein schlauer Bauer …

a.

1. Sprechen Sie mit den TN über den Titel und die Zeichnung.
2. Verfahren Sie wie auf ❖ S. 210 bei „Nachsprechen“ in den Schritten 2–6 beschrieben.

b.

3. Die TN ersetzen die attributiven Adjektive und sprechen die Verse in Partnerarbeit einander vor.
4. Ein paar Verse werden im Plenum vorgetragen.

c.

5. Besprechen Sie mit den TN das Beispiel und die Variationsmöglichkeiten im Kasten.
6. Die TN machen in zügigem Tempo das Reihenspiel wie im Beispiel vorgegeben.

Stillarbeit → AB S. 108 | **1** | **2**

2 Eine hübsche, kleine, weiche Puppe …

a.

1. Verfahren Sie wie auf ❖ S. 210 bei „Nachsprechen“ in den Schritten 2–5 beschrieben.

b.

2. Erfinden Sie mit den TN zusammen an der Tafel einen weiteren Vers.
3. Die TN schreiben in Partnerarbeit Verse. Gehen Sie herum und helfen Sie bei Schwierigkeiten.
4. Einige Beispiele werden im Kurs vorgelesen.

Stillarbeit → AB S. 109 | **3**

3 Beim Pferderennen

a. und b.

1. Verfahren Sie wie auf ❖ S. 211 bei „Gespräche hören und nachspielen" in den Schritten 1–5 beschrieben. Regen Sie die TN bei Schritt 1 dazu an, zur Personenbeschreibung Adjektive zu benutzen, z. B. *Die Frau trägt einen grünen Hut und eine schwarze Brille.* Fragen Sie nach Schritt 2, um welche Person es in dem Dialog geht.

c.

2. Verfahren Sie wie auf ❖ S. 211 bei „Variationsdialoge" in den Schritten 4–7 beschrieben.
3. Wiederholen Sie vor → AB S. 109 | **4** den Unterschied zwischen Lokaladverbien und -präpositionen anhand von Beispielsätzen an der Tafel.

Stillarbeit → AB S. 109 | **4**

4 Der große nasse Fisch ...

a.

1. Verfahren Sie wie auf ❖ S. 210 bei „Nachsprechen" in den Schritten 2–5 beschrieben.

b.

2. Die TN unterstreichen die Adjektive in den Reimen.
3. Die TN variieren die Reime in Partnerarbeit.

Stillarbeit → AB S. 101 | **5**

5 Ein Spiel mit Adjektiven

a.

1. Jeweils zwei TN lesen den Beispieldialog für Variante 1 und 2 vor. Die TN vollziehen die Beschreibung anhand der Bildkarten nach.
2. Fragen Sie nach dem Wort und dem Genus der farbigen Gegenstände auf den Bildkarten.
3. Die TN machen in Partnerarbeit das Spiel wie vorgegeben.

b.

4. Die TN spielen in der Klasse wie vorgegeben.

Stillarbeit → AB S. 110 | **6** | **7**

20 Fokus Schreiben

Lernziel Häuser und Gemälde beschreiben

1 Hören Sie zu und schreiben Sie.

1. Verfahren Sie wie auf ❖ S. 212 bei „Diktat" in den Schritten 1 – 5 beschrieben.

2 Eine dumme Geschichte!

a.

1. Semantisieren Sie *Papiere, Ausweis, Aufenthaltserlaubnis* und *Brieftasche.*
2. Die TN ergänzen zu zweit die E-Mail.
3. Zur Korrektur wird die Lösung von einigen TN vorgelesen. Erklären Sie weitere unbekannte Wörter.

b.

4. Die TN zeichnen in Partnerarbeit ein Phantombild.
5. Die Bilder werden an eine Pinnwand gehängt oder auf den Boden gelegt. Die TN beurteilen die Bilder.
6. Fragen Sie die TN, was sie über Phantombilder denken.

Binnendifferenzierung Wenn Sie sehr geübte TN in Ihrem Kurs haben, schreiben Sie die einzusetzenden Angaben wie im Kasten in der Übung auf einen Papierstreifen. Benutzen Sie aber bei den Verben den Infinitiv. Die TN decken den Kasten im Buch ab und ergänzen die Formen. Weisen Sie auf das Beispiel hin, damit die TN erkennen, dass sie auf die korrekte Verbform achten müssen.

Stillarbeit → AB S. 112 | 1

3 Ein modernes Bild

0. Hier und in Übung 4 wird die Bildbeschreibung, die in einfacher Form in → KB | LE 16 vorkam, vertieft.

a.

1. Die TN sagen, was sie auf dem Bild erkennen. Die Nomen im Kasten dienen als Anhaltspunkte.

b.

2. Die TN sagen, was sie ungewöhnlich finden.

c.

3. Die TN ergänzen in der Bildbeschreibung die Adjektive.
4. Zur Korrektur wird die Beschreibung vorgelesen. Verweisen Sie darauf, dass Adjektive nach Zahlen genauso dekliniert werden wie nach indefinitem Artikel. Erklären Sie den TN, dass der Artikel *ein* eigentlich ja auch eine Zahl ist. Zeigen Sie den TN die Übersicht im → AB S. 115 | 9. Sammeln Sie an der Tafel weitere Ausdrücke mit Präpositionen zur Bildbeschreibung wie *im Hintergrund/Vordergrund, in der Mitte, auf dem Bild, am rechten/linken Rand, links/rechts oben/unten.*

3. Erklären Sie die Präpositionalpronomen mit dem Tafelbild.

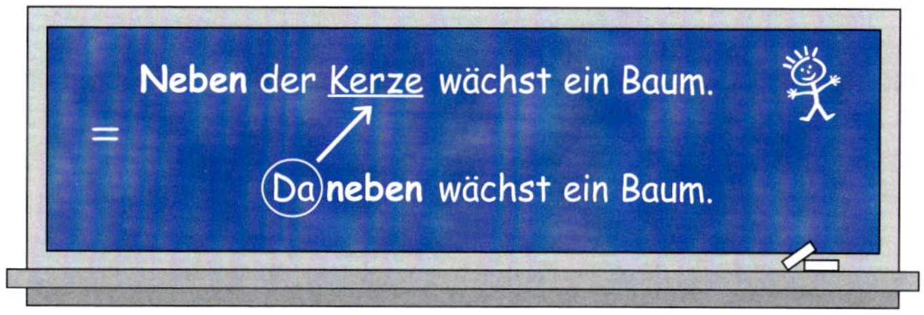

4. Die TN unterstreichen in der Bildbeschreibung weitere Präpositionalpronomen.

5. Besprechen Sie die Lösung. Die TN sagen wie in den Beispielen an der Tafel und auf dem Grammatikzettel, was jeweils mit den Präpositionalpronomen gemeint ist. Verweisen Sie auch auf die Übersicht im → AB S. 115 | **8**.

Stillarbeit → AB S. 112 | **2**

4 Ein schönes Geburtstagsgeschenk

Material

- → KB S. 98 auf Folie
- Folienstift

a.

1. Die TN decken den Text ab. Sie schreiben zu zweit stichpunktartig auf, was auf den Bildern zu sehen ist, z. B. Bild 1: ein gelber Vogel, ein grüner Stern usw.

2. Die TN vergleichen ihre Liste mit einer anderen Zweiergruppe.

b.

3. Die TN lesen die E-Mail und ergänzen.

4. Die TN vergleichen ihre Lösung mit ihrem Nachbarn. Zwei TN übertragen ihre Lösung auf die Folie.

5. Die E-Mail wird mithilfe der Folie korrigiert.

Stillarbeit → AB S. 112 | **3** und S. 113 | **4** | **5**

5 „Ich habe das ideale Haus gefunden."

Material

- → KB S. 99 c vergrößert auf Folie kopiert
- Folienstift

0. Hier wird thematisch auf die Wohnungssuche in → KB | LE 14 und 15 zurückgegriffen.

a.

1. Verfahren Sie wie auf ❖ S. 209 bei „Hörverstehen" in den Schritten 1 und 3 beschrieben.

2. Besprechen Sie die Lösung im Kurs.

b.

3. Gehen Sie mit den TN die Nomen und Adjektive im Kasten durch. Weisen Sie darauf hin, dass nicht alle Wörter im Hörtext vorkommen.

4. Verfahren Sie wie auf ❖ S. 209 bei „Hörverstehen" in den Schritten 3, 4, 5 und 7 beschrieben.

c.

5. Die TN schreiben zusammen einen Text über das Haus. Zwei TN schreiben auf der Folie.
6. Der Text auf der Folie wird besprochen.

d.

7. Die TN beschreiben in Partnerarbeit mithilfe der Wörter im Kasten und der passenden Satzanfänge aus c eines der zwei anderen Häuser.
8. Ein paar Beschreibungen werden vorgelesen. Die anderen TN raten, um welches Haus es sich handelt.
9. Sprechen Sie mit den TN darüber, welches Haus ihnen am besten gefällt.

Stillarbeit → AB S. 114 | 6 | 7

6 Unser Traumhaus

Material

- Folien / Plakate
- (Folien)stifte

1. Erklären Sie den TN die Aufgabe und die vorgegebenen Kriterien.
2. Die TN diskutieren in Kleingruppen über „ihr“ Traumhaus.
3. Zusammen schreiben Sie einen Text über „ihr“ Haus und machen eine Zeichnung davon auf Folie oder einem Plakat.
4. Jede Gruppe stellt „ihr“ Haus mithilfe der Zeichnung und des Textes vor.
5. Das fantasievollste Haus wird prämiert (vgl. ❖ S. 33 | 5 | Schritte 6 und 7). Dazu wird jedes Haus auf den Zeichnungen mit einer Nummer versehen.

Zusatzübung

Material

- einige Kunstpostkarten mit ähnlichen Motiven, z. B. von Franz Marc gemalte Tiere oder Häuser von Friedensreich Hundertwasser

Die TN arbeiten in Kleingruppen. Es gibt mehr Bilder als Kleingruppen. Alle Bilder werden auf einen Tisch gelegt. Die TN kommen zum Tisch und sehen sich die Bilder an. Jede Gruppe wählt ein Bild aus und beschreibt dieses schriftlich. Die Bilder werden wieder auf den Tisch zurückgelegt. Dann werden die Beschreibungen vorgelesen, ohne dass die TN die Bilder sehen. Die TN kommen nach jeder Beschreibung zum Bildertisch und sagen aus der Erinnerung, welches Bild beschrieben wurde.

Fotodoppelseite

Material

- von den TN mitgebrachte (Familien-)Fotos von ihren Großeltern, Eltern und/oder der eigenen Familie
- von den TN mitgebrachte Kinderfotos

Wortschatzwiederholung Die TN betrachten die Fotos und zählen alle Kleidungsstücke auf, die sie sehen. Wer findet am meisten?

Sprechen Die TN arbeiten zu zweit. Ein TN wählt eine Person von den beiden Fotos aus und beschreibt sie mit vielen Adjektiven und Positionsangaben. Die anderen TN raten, wer gemeint ist. Geben Sie ein Beispiel im Plenum.

Wie war es früher und wie ist es heute? Die TN vergleichen die beiden Fotos. Sammeln Sie zusammen mit ihnen die Unterschiede und Gemeinsamkeiten zwischen früher und heute an der Tafel.

Die TN sprechen in Kleingruppen über die mitgebrachten Fotos. Sie erklären, wer auf den Fotos zu sehen ist und wann die Fotos gemacht wurden. Sprechen Sie im Plenum über die Unterschiede zwischen den mitgebrachten Fotos und den Fotos von Deutschen im Buch.

Lesen: Jugend in Deutschland: Wie war das bei dir, damals...? Unter www.hueber.de finden Sie im Landeskundeteil Interviews über die Jugend von den 50ern bis zu den 90ern. Die Texte können im Internet gelesen oder ausgedruckt werden.

Zum Foto „Jugendliche"

Jugendkultur: Typen erfinden Die TN arbeiten in Gruppen. Jede Gruppe beschreibt das Aussehen eines anderen Typs wie z. B. Punk, Rapper, Gruftie, Skinhead. Als Anregung können die Fotos unter http://www.jugendszenen.com/home/index.php? dienen.

Schreiben Die TN schreiben einen Steckbrief und beschreiben die Personen auf dem Bild. Dabei können sie sich eine Geschichte dazu ausdenken, z. B. handelt es sich bei dem Paar um entflohene Verbrecher. Haben Sie diesen Mann und diese Frau gesehen? Oder: Ein Freund soll das Paar vom Flughafen abholen. Wie sehen sie aus? Ergänzen Sie die Wörter *die Tätowierung* und *tätowiert*.

Die TN beschreiben in einem Text, welche Frisuren und welche Kleidung sie als Kind getragen haben oder tragen wollten. Suchen Sie mit den TN passende Redemittel aus dem Lesetext, wie z. B. *Als kleines Kind musste ich … tragen. Das war damals so üblich./Aber ich habe … gehasst./Ich wollte lieber …anziehen/lange Haare haben/eine … Frisur haben.* Korrigieren Sie die Texte und lesen Sie einige am nächsten Kurstag vor. Die anderen TN raten, wer die beschriebene Person ist.

Die TN können auch Kinderfotos von sich mitbringen. Die Fotos werden zusammen mit den korrigierten Texten an eine Pinnwand gehängt. Die TN lesen die Texte ohne Namen, sehen sich die Fotos an und raten, wer es ist.

Weitere Spiele zu den Fotodoppelseiten unter www.lagune.de/lehren.

Augenzwinkern

Die TN spielen den Dialog nach. Die Situation lässt sich auch variieren.

- Die Mutter war beim Schneider und kommt nicht aus dem Zimmer.
- Die Mutter kommt nach Hause und die Tochter trägt den Hut. Anstatt grüner Haare trägt sie jetzt blonde Zöpfe. Sie hat sich mit Freunden gestritten und möchte „normal" sein.

Themenkreis **Ausbildung und Berufswege**

Fotocollage

Material

- Folie der Fotocollage

1. Die TN öffnen das Buch und betrachten die Fotocollage.
2. Zeichnen Sie an der Tafel zwei Wortigel. Einen zum Wortfeld „Schule" und einen zu „Berufe":
Pause, Klasse, Fächer, Mathematik, Zeugnis, Noten, Unterricht, Schüler/-in, Gymnasium, Lehrer/-in und *Ausbildung, Azubi, Arbeitsamt, Mechaniker, Tischler/-in, Handwerker/-in, Nachrichtensprecher/-in.*
3. Die TN erzählen kurz und ohne viele Details über ihre eigene Schulzeit. Wie lange sind sie zur Schule gegangen? Welchen Abschluss haben sie gemacht?
4. Die TN betrachten das Zeugnis. Welche Schulfächer gibt es noch? Helfen Sie bei der Wörtersuche. Was war das Lieblingsfach der TN? Welche Fächer mochten sie überhaupt nicht?

   Fragen Sie, ob das ein gutes Zeugnis ist. Welche Noten gibt es in Deutschland. Ergänzen Sie noch ausreichend, mangelhaft und ungenügend. Dazu die Noten von 1–6. Fragen Sie die TN nach dem Notensystem in ihrem Land.
5. Fragen Sie, was die Personen auf den Fotos machen. Die TN sammeln zu zweit Tätigkeiten.
6. Was ist der Beruf des Mannes am Schreibtisch? Ist das ein „Chef" (z.B. Schuldirektor)? Warum (nicht)?
7. Was sagen oder denken die Leute? Die TN erfinden Sprech- oder Denkblasen zu den einzelnen Fotos

HO **Zusatzübung** Die TN zählen alle Berufe auf, die ihnen einfallen. Lassen sich die Berufe kategorisieren (z.B. Dienstleistung, Handwerk oder akademische Berufe)?

Der Themenkreis schließt sich

Ideen

- Welche Gefühle haben die Prüfungskandidaten auf dem Foto in der Mitte? Worüber freuen oder ärgern sie sich? Wovor haben sie Angst?
- Was macht der Junge auf dem zweiten Bild? Wie sieht sein normaler Tagesablauf aus?
- HO Die TN schreiben einen Lebenslauf zu den einzelnen Personen auf der Fotocollage.
- Welche Schulabschlüsse haben die einzelnen Personen? Auf welche Schule sind sie gegangen?
- HO Die TN recherchieren im Internet unter http://www.arbeitsagentur.de → Berufnet zu ihrem Traumberuf. Welche Ausbildung braucht man? Was muss man tun? Ggf. suchen Sie eine Stellenanzeige dazu.
- HO Interviewprojekt: Die TN machen ein Interview mit einem Deutschen, z.B. Angestellter der Institution, Brieffreund, Sprachpartner, über dessen Beruf.
- Die TN lesen unter http://www.kaleidos.de → Eindrücke → Schule, wie Schüler aus anderen Ländern deutsche Schulen empfinden. Sie vergleichen mit dem eigenen Land.

21 Fokus Strukturen

Lernziel über den Arbeitstag berichten

1 Er rasiert ihn. Er rasiert sich.

1. Verfahren Sie wie auf ❖ S. 209 bei „Bild-Textzuordnung“ in den Schritten 1–2 beschrieben.
2. Spielen Sie den TN pantomimisch z.B. *sich kämmen* und *jemand anderen kämmen* vor, um das Verständnis zu sichern. Fragen Sie die TN, wie viele Personen in den Zeichnungen o und p zu sehen sind und wer „es“ und wer „sich“ ist. Erklären Sie, dass das Verb *kämmen* wie auch die anderen in den Zeichnungen dargestellten Verben einen Akkusativ fordern. Wenn es aber keine zweite Person oder Sache gibt, weil jemand etwas selbst macht, benutzt man *sich*. Machen Sie das Tafelbild, um den TN zu zeigen, dass das Reflexivpronomen in der 3. Person immer *sich* ist.

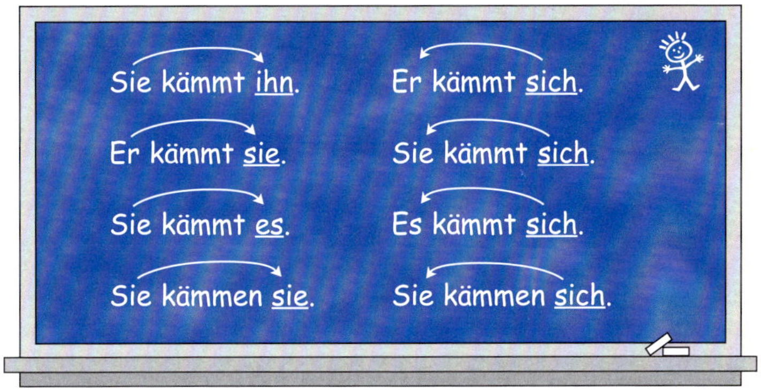

Zeigen Sie den TN dann das Beispiel auf dem Grammatikzettel.

Stillarbeit → AB S. 118 | **1**

2 Der Mann schaut den Hund an.

1. Die TN betrachten die Zeichnung und lesen still das Beispiel.
2. Sie schreiben in Partnerarbeit Sätze. Klären Sie währenddessen bei Bedarf Wortschatzfragen.
3. Zu jeder Person aus dem Kasten links werden ein paar Varianten vorgelesen.

Stillarbeit → AB 118 | **2**

3 „Komm, wir verstecken uns!“

Material
- ggf. 2 Plakate
- ggf. dicke Stifte

1. Verfahren Sie wie auf ❖ S. 209 bei „Bild-Textzuordnung“ in den Schritten 1–2 beschrieben.
2. Die TN suchen, in welchen Sätzen die Verben reflexiv benutzt werden.

3. Schreiben Sie das Paradigma für das reflexiv und nicht reflexiv gebrauchte *kämmen* an die Tafel oder auf zwei Poster. Fragen Sie die TN, bei welchen Personen die Reflexivpronomen gleich lauten wie die Personalpronomen. Die TN sehen, dass nur die in Übung **1** und **2** trainierte Form *sich* anders ist.

Du Ich	kämmst kämme	mich. dich.	Ich Du	kämme kämmst	mich. dich.
Die Mutter	kämmt	ihn. sie. es.	Er Sie Es	kämmt	<u>sich</u>.
Ihr Wir Der Vater	kämmt kämmen kämmt	uns. euch. sie.	Wir Ihr Sie	kämmen kämmt kämmen	uns. euch <u>sich</u>.

Stillarbeit → AB S. 119 | **3** | **4** | **5**

Zusatzübungen

Formentraining

Damit sich die Formen des Reflexivpronomens einschleifen, können Sie die reflexiven Verben mit einem Ball üben (vgl. ❖ S. 81).

Pantomime

Die TN werden in 2 Großgruppen eingeteilt. Von jeder Gruppe kommt ein TN nach vorne und stellt sich mit dem Rücken zur Tafel. Schreiben Sie einen Ausdruck mit einem reflexiven Verb an die Tafel, z. B. *sich im Spiegel anschauen, sich auf den Stuhl setzen*. Die TN, die an ihren Plätzen geblieben sind, spielen die Tätigkeit „ihrem Kandidaten" pantomimisch vor. Die beiden TN an der Tafel müssen erraten, was gespielt wurde. Die Gruppe des TN, der die Tätigkeit zuerst erraten und grammatikalisch richtig formuliert hat (z. B. „Ihr setzt euch auf einen Stuhl.") bekommt einen Punkt. Danach kommen zwei andere TN nach vorne usw. Weisen Sie die TN vor dem Raten darauf hin, dass es darauf ankommt, grammatikalisch korrekt zu antworten.
Wenn die TN bei den Reflexivpronomen schon sicher sind, raten sie im Perfekt, was die Klasse vorgespielt hat.

4 Die Arbeiter demonstrieren ...

1. Verfahren Sie wie auf ❖ S. 209 bei „Bild-Textzuordnung" in den Schritten 1–2 beschrieben.
2. Schreiben Sie, während die TN die Zuordnung machen, ein paar Beispielsätze mit Lücken an die Tafel.

Die Sekretärin denkt ________ ihren Mann.
Der Mann wartet __________ den Bus.
Der Lehrer fragt __________ dem Wort.
Ich nehme ________ einem Deutschkurs teil.

Fragen Sie die TN, was fehlt. Erklären Sie den TN, dass es nicht nur Verben gibt, die eine Akkusativ- oder Dativergänzung fordern, sondern auch Verben, die eine Ergänzung mit einer Präposition fordern. Unterstreichen Sie an der Tafel jeweils das Verb und die dazu gehörende Präposition. Weisen Sie anhand des Grammatikzettels darauf hin, dass die Präpositionen nicht beliebig sind. Deshalb müssen sie auswendig gelernt werden. Bei den Wechselpräpositionen muss auch der Kasus mitgelernt werden. Es kann – wie in den Beispielen mit *an* an der Tafel – Dativ oder Akkusativ sein. Die Wechselpräpositionen *auf* und *über* stehen allerdings (fast) immer mit Akkusativ.

Stillarbeit → AB S. 120 | **6** | **7**

5 „Wie war Ihr Arbeitstag?"

Material

- farbige Blätter jeweils mit einer Präposition (*über* + Akk, *auf* + Akk, *nach*, *um*, *für*, *an* + Akk, *an* + Dat, *bei*, *mit*) beschriftet
- Verben aus Übung **4** und **5** im Infinitiv ggf. mit Reflexivpronomen auf Papierstreifen geschrieben
- Pinnwand
- Pinnnadeln oder Klebestreifen

0. In dieser Übung kommen viele neue reflexive Verben mit Präpositionen vor.

1. Verfahren Sie wie auf ❖ S. 209 bei „Hörverstehen" in den Schritten 1–7 beschrieben.

2. Weisen Sie die TN darauf hin, dass viele Verben mit Präpositionen – wie hier in der Übung – reflexiv sind.

3. Verteilen Sie die Papierstreifen mit den Verben an die TN. Weisen Sie darauf hin, dass alle Verben aus Übung **4** oder **5** sind. Heften Sie die Blätter mit Präpositionen so an eine Pinnwand, dass darunter Platz bleibt. Die TN kommen zur Pinnwand und heften ihr Verb unter die passende Präposition. Zu manchen Präpositionen gibt es nur ein Verb. Immer wenn ein neues Verb mit Präposition gelernt wird, kann die Pinnwand ergänzt werden.

4. Zeigen Sie den TN die Grammatikzettel auf der Kursbuchseite unten.

Variante Wenn Ihnen keine Pinnwand zur Verfügung steht, können die TN die Verben auch nach Präpositionen sortiert auf Poster schreiben. Eine andere Möglichkeit statt der Pinnwand wäre, die Verben nach Präpositionen sortiert auf den Boden zu legen.

Stillarbeit → AB S. 121 | **8** | **9**

6 Ich freue mich, ärgere mich, interessiere mich ...

0. Hier wenden die TN die Verben aus Übung **5** in einem persönlichen Kontext an. So prägen sie sich besser ein.

1. Sagen Sie den TN, wofür Sie sich interessieren, worüber Sie sich freuen und ärgern.

2. Besprechen Sie mit den TN die vorgegebenen Wörter. Die TN geben ein paar weitere Beispiele.

3. Die TN schreiben Sätze.

4. Die TN sprechen in Kleingruppen, worüber sie sich freuen, ärgern und wofür sie sich interessieren.

5. Fragen Sie die Gruppen, ob es Gemeinsamkeiten gibt. Sammeln Sie zu jeder Kategorie die drei häufigsten Nennungen, um eine „Hitliste" über Ärger, Freude und Interessen an der Tafel zu erstellen.

Zusatzübung

Domino

Material

- ausgeschnittenen Kärtchen von Kopiervorlage **LE 21-1** (für jede Kleingruppe einmal)

Die TN arbeiten in Kleingruppen. In jeder Gruppe werden die Kärtchen möglichst gleichmäßig auf die Spieler verteilt. Ziel des Spieles ist, seine Kärtchen durch Anlegen loszuwerden. Der Spieler mit den meisten Kärtchen fängt an und legt ein Kärtchen in die Mitte. Dann ist der im Uhrzeigersinn am nächsten sitzende TN dran. Er legt so viele passende Kärtchen wie möglich an. Dabei wird immer ein passendes Verb an eine Präposition oder eine Präposition an ein passendes Verb gelegt. Es darf nach links und nach rechts angelegt werden. Danach ist der nächste Spieler an der Reihe. Wenn ein Spieler keine passende Karte hat, muss er aussetzen bis er wieder an die Reihe kommt. Wer als erster keine Kärtchen mehr hat, hat gewonnen. Die TN achten beim Spiel darauf, dass keine falschen Kombinationen gebildet werden.

22 Fokus Lesen

Lernziel eine Einladung schreiben; absagen; über Berufswege diskutieren

1 „Ich bin dabei, unser Treffen zu organisieren."

0. Die Übungen **1–4** beschäftigen sich mit der Organisation eines Klassentreffens. Der hier eingeführte Genitiv muss auf dem Niveau A2 noch nicht aktiv beherrscht werden.

1. Verfahren Sie wie auf ❖ S. 209 bei „Hörverstehen" in den Schritten 1–7 beschrieben.

2. Schreiben Sie das Tafelbild an. Fragen Sie zum Tafelbild: „**Was für ein Haus?**" Die TN antworten „das Haus der Großeltern". Erklären Sie den TN, dass *der Großeltern* das Haus genauer charakterisiert und im Genitiv steht. Der Genitiv hat besitzanzeigende Funktion, das Haus gehört den Großeltern. Unterstreichen Sie an der Tafel die Signalendungen des Artikels und das *-s* am Wortende bei Maskulinum und Neutrum. Sagen Sie den TN, dass der Genitiv immer rechts von dem Nomen steht, zu dem er gehört.

3. Die TN unterstreichen in den Sätzen zum Hörtext die Genitivformen.

4. Zur Korrektur werden die Nomen mit Genitiv vorgelesen. Fragen Sie nach dem Genus des Wortes im Genitiv.

5. Erinnern Sie die TN an den Genitiv von Eigennamen (*Lagune 1* KB | LE 8).

Bei Eigennamen steht der Genitiv links von dem Wort, zu dem er gehört. Eigennamen haben im Genitiv immer ein *-s* am Ende (Ausnahme: z. B. Hans'). Oft wird bei Eigennamen aber auch statt Genitiv *von* + Dativ rechts vom Nomen benutzt.

Stillarbeit → AB S. 123 | **1**

2 Eine Einladung zum Abiturtreffen

0. Hier lesen die TN die in Übung **1** angekündigte Einladung.

a. und b.

1. Verfahren Sie wie auf ❖ S. 209 bei „Leseverstehen" in den Schritten 2–5 beschrieben. Gehen Sie auf die Bedeutung der temporalen Präposition *vor* ein. Fragen Sie die TN, wann die Schüler das Abitur gemacht haben (Foto: 1996; *vor zehn Jahren*) und in welchem Jahr die Einladung geschrieben wurde (also 2006).

2. Sagen Sie den TN, dass es den Genitiv auch beim indefiniten Artikel und beim Possessivartikel gibt. Zeigen Sie den TN die Formen auf den Grammatikzetteln. Die TN stellen fest, dass auch hier die Signalendungen verwendet werden. Verweisen Sie darauf, dass beim indefiniten Artikel im Plural immer und auch sonst oft *von* + Dativ statt Genitiv verwendet wird, z. B. *Chefs von Konzernen; der Manager von einem Konzern.*

3. Die TN unterstreichen in a und b in Partnerarbeit die Genitivformen.

4. Zur Korrektur werden die die Nomen mit dem Genitivattribut vorgelesen. Fragen Sie nach dem Genus des Wortes im Genitiv.

5. Weisen Sie am Beispiel von *unseres Kindes* auf dem Grammatikzettel darauf hin, dass bei einsilbigen Nomen statt der Endung *-s* oft *-es* steht.

6. Die Funktion und Bedeutung von Possessivartikel und Genitiv sind für manche TN verwirrend, insbesondere wenn der Possessivartikel im Genitiv steht. Veranschaulichen Sie deshalb Possessivartikel und Genitiv mit einem Tafelbild.

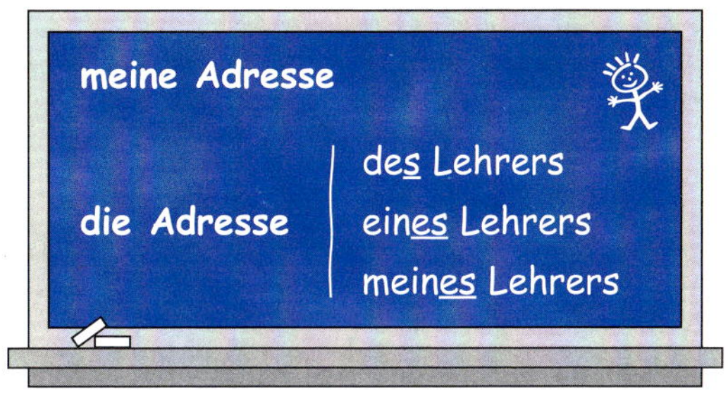

Stillarbeit → AB S. 123 | **2** und S. 124 | **3** | **4**

3 „Leider kann ich nicht kommen."

0. Die erste Absage, die Birgit ins Haus flattert, dient als Vorlage für Übung **4**.

a.

1. Die TN lesen die Absage und unterstreichen wichtige Informationen.

2. Semantisieren Sie *sich bedanken, untersuchen, Wissenschaft* und *anbei*. Schreiben Sie das Tafelbild an. Schreiben Sie unter den Pfeil auf die Jahreszahlenskala die aktuelle Jahreszahl. Erklären Sie, dass die temporale Präposition *seit* bedeutet, dass etwas in der Vergangenheit begonnen hat und immer noch gilt.

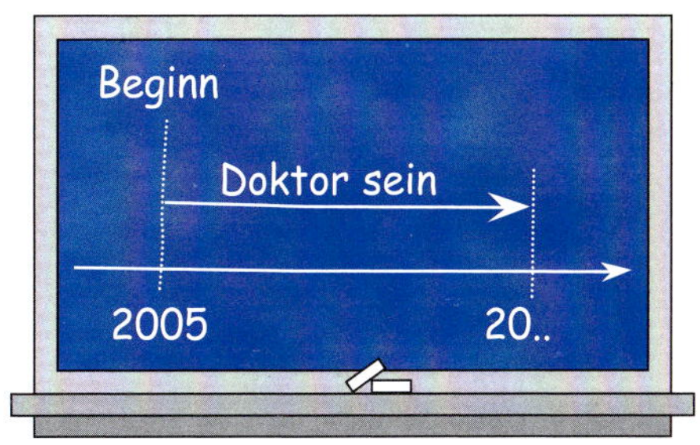

b.

4. Fragen Sie die TN, warum Kevin nicht kommen kann und was er macht.

Stillarbeit → AB S. 124 | 5

4 Schreiben Sie ähnliche Entschuldigungen.

Material

- Folie von der Mitteilung (→ KB S. 109 | 3) und der E-Mail (→ AB S. 124 | 5)
- zwei unbeschriftete Folien
- Folienstifte

1. Die TN unterstreichen zu zweit in der Mitteilung (→ KB S. 109 | 3) und der E-Mail (→ AB S. 124 | 5) die für eine Absage typischen Redemittel. Zwei TN arbeiten auf Folie.
2. Die Lösung wird anhand der Folie besprochen.
3. Die TN lesen die Angaben im Buch.
4. Erklären Sie unbekannte Wörter. Fragen Sie nach passenden Formulierungen für die Angaben *sich für die Einladung bedanken* und *um ein Foto bitten* aus der Mitteilung und der E-Mail.
5. Die TN wählen eine Situation aus und schreiben eine Entschuldigung. Zu jeder Situation schreibt eine Zweiergruppe mit geübteren TN auf Folie.
6. Die Beispiele auf der Folie werden gemeinsam korrigiert. Sammeln Sie die anderen Beispiele ein und korrigieren Sie diese.

Binnendifferenzierung

Material

- Kopiervorlage LE 22-1

TN, denen es noch zu schwer fällt selbstständig einen Text zu verfassen, ergänzen die Entschuldigung von Angelika Huber auf der Kopiervorlage.

5 Abiturtreffen (Teil 1)

Material

- Foto mit den drei ehemaligen Abiturienten von → KB S. 110 auf Folie

0. Die Übungen 5–7 beschäftigen sich mit einer Reportage über das Abiturtreffen, das im ersten Teil dieser LE geplant wurde.

a.

1. Verfahren Sie wie auf ❖ S. 209 bei „Leseverstehen" in den Schritten 2, 4 und 5 beschrieben. Achten Sie darauf, dass die TN noch nicht weiterlesen.
2. Projizieren Sie das Foto der drei Personen. Die TN stellen Vermutungen zu Ausbildung, Beruf und Familie an. Geben Sie dazu an der Tafel verschiedene Möglichkeiten vor, aus denen die TN wählen können (siehe Tafelbild). Semantisieren Sie die unbekannten Wörter, um den Lesetext vorzuentlasten. Die TN entscheiden sich, was auf welche Person zutrifft.

Ausbildung	Beruf	Familie
gute Noten haben	Richter / -in	verheiratet sein
ein Stipendium haben	Rechtsanwalt / -anwältin	bald ein Kind bekommen
eine Lehre machen	Arzt / Ärztin	Kinder haben
das Jurastudium	Geschäftsführer / -in einer Restaurantfiliale	geschieden sein
das Psychologiestudium	Assistent / -in an der Universität	
	eine Werbeagentur haben	
	eine Stelle in der Auslandsabteilung einer Bank haben	
	selbstständig sein	
	eine Stelle bei einer Importfirma haben	
	Manager / -in eines Hotels sein	
	Chef / -in eines Konzerns sein	

b.

3. Verfahren Sie wie auf ❖ S. 209 bei „Leseverstehen" in den Schritten 2–5 beschrieben.

4. Die TN überprüfen, ob ihre Vermutungen zutreffend waren.

Binnendifferenzierung TN, die mit dem Lesen schneller fertig sind, beginnen mit Übung **6** aus der Stillarbeit. Die Lösung wir im Anschluss an Schritt 4 im Plenum korrigiert.

Stillarbeit → AB S. 125 | **6** | **7** | **8**

6 Abiturtreffen (Teil 2)

1. Erklären Sie den TN, dass die meisten Männer in Deutschland dazu verpflichtet sind, ein knappes Jahr lang entweder *Zivildienst* zu machen oder zur *Bundeswehr* zu gehen. Die TN raten, was Jens Zuchgarn und Richard Schmitt gemacht haben.

2. Verfahren Sie wie auf ❖ S. 209 bei „Leseverstehen" in den Schritten 2–5 beschrieben. Dabei wird arbeitsteilig vorgegangen. Die TN lesen jeweils nur einen Textabschnitt und lösen in Partnerarbeit entweder die Aufgaben a und b (Jens Zuchgarn) oder c und d (Richard Schmitt). Überprüfen Sie mit den TN nach Schritt 4, ob ihre Vermutungen zutreffend waren. Gehen Sie bei Schritt 5 auch auf die Bedeutung der temporalen Präposition *in* ein. *In* verweist hier auf die Zukunft. Zeigen Sie den TN die Übersicht der temporalen Präpositionen im → AB S. 128 | **15**.

Binnendifferenzierung

Geübtere TN erfinden weitere richtige oder falsche Aussagen zum Text wie in der Übung. Nach der Besprechung der Sätze a–d werden diese Aufgaben der Klasse vorgelesen und im Plenum gelöst.

Stillarbeit → AB S. 126 | **9** | **10** | **11** und S. 127 | **12** | **13**

7 Diskutieren Sie die Berufswege der Personen.

1. Diskutieren Sie mit den TN über die Biografien. Regen Sie die Diskussion darüber hinaus durch Fragen an, z. B. **„Passen zu Claudia von Bornfeld wirklich kein Ehemann und kein Kind?", „Ist es für Frauen schwerer, Karriere zu machen als für Männer?", „Ist es gut, in einem Beruf zu arbeiten, obwohl man für einen anderen Beruf eine Ausbildung hat?", „Wie finden Sie es, wenn man selbstständig ist?", „Ist es wichtig zu studieren?", „Welche Berufwege sind für ihr Land typisch?"**

Zusatzübungen

Interview

Die TN bereiten zu zweit ein Interview mit einer der Figuren aus dem Lesetext vor. Sammeln Sie mit den TN an der Tafel ein paar Fragen als Anregung, z. B. für Claudia von Bornfeld: Warum mussten Sie neben dem Studium nicht arbeiten? Jens Zuchgarn: Warum sind sie nicht Arzt geworden? Richard Schmitt: Warum haben Sie nicht studiert? Die TN üben das Interview ein. Ein Partner ist dabei der ehemalige Abiturient der andere ein Journalist. Je ein Interview zu einer Person wird vorgespielt.

Zeitungsartikel über ein Klassentreffen

Die TN schreiben wie im Kursbuch einen Zeitungsartikel über ein fiktives Klassentreffen, bei dem sie selbst die Teilnehmer sind. Dafür bereitet jeder TN Fragen für ein Interview über den Berufsweg von einem Partner aus der Klasse vor. Sammeln Sie mit den TN ein paar Beispiele für Fragen an der Tafel, z. B. *Wann hast du die Schule beendet?, Was hast du nach dem Schulabschluss gemacht?, Gefällt dir dein Beruf?, Bist du verheiratet?* Die TN führen das Interview durch und machen Notizen. Die TN schreiben – als Hausaufgabe – einen Text über ihren Partner. Korrigieren Sie die Texte. Die Reportagen werden im Kursraum zum Lesen aufgehängt, teilweise vorgelesen und / oder in die Kurszeitung (vgl. ❖ S. 65) übernommen.

23 Fokus Hören

Lernziel über Männerberufe / Frauenberufe diskutieren; über Berufschancen sprechen

1 Schule in Deutschland

0. Die Übungen **1–3** beschäftigen sich mit Schule und Ausbildung.

a.

1. Fragen Sie die TN, was Sie über das deutsche Schulsystem wissen. Sammeln Sie die Antworten der TN stichpunktartig an der Tafel.

2. Die TN machen in Partnerarbeit Teil a wie angegeben.

b.

3. Verfahren Sie wie auf ❖ S. 209 bei „Hörverstehen" in den Schritten 1, 3–6 beschrieben. Da der Hörtext relativ lang und komplex ist, empfiehlt es sich, die TN darauf hinzuweisen, dass sie sich nur auf die Überprüfung ihrer Hypothesen konzentrieren sollen.

2 Das deutsche Schulsystem

Material

- Kopiervorlage **LE 23-1** (einmal auf Folie und in Kursstärke auf Papier)
- unbeschriftete Folien
- Folienstifte

1. Die TN ergänzen bei geschlossenem Buch in Partnerarbeit die Kopiervorlage. Zwei TN schreiben auf die Kopiervorlage auf der Folie.
2. Besprechen Sie die Lösung anhand der Folie.
3. Sprechen Sie mit den TN über das deutsche Schulsystem. Stellen Sie Fragen wie z. B. **„Welche Schule besuchen alle Kinder?", „In welcher Klasse kann man zwischen verschiedenen Schulen wählen?", „Welchen Schulabschluss braucht man, wenn man studieren will?", „Was kann man nach dem Hauptschulabschluss machen?"**
4. Die TN erarbeiten in multinationalen Kursen in Kleingruppen die Unterschiede ihres jeweiligen Schulsystems zum deutschen System. Sie machen eine Skizze auf Folie.
5. Die Gruppen erzählen über ihr Schulsystem.

Variante für Schritt 4 und 5 In national homogenen Kursen sprechen Sie im Kurs über die Unterschiede zwischen dem jeweiligen Schulsystem und dem deutschen.

6. Diskutieren Sie mit den TN über die Schulsysteme. Fragen Sie, wie sie es finden, dass man schon nach der 4. Klasse, also im Alter von ungefähr 10 Jahren, wählen muss, welche Sekundarschule man besucht.

Stillarbeit → AB S. 130 | **1**

3 Klasse 10b vor dem Realschulabschluss

a.

1. Verfahren Sie wie auf ❖ S. 209 bei „Hörverstehen" in den Schritten 1–6 beschrieben.

b.

2. Die TN lesen still die Texte.
3. Erklären Sie unbekannte Wörter.
4. Verfahren Sie wie auf ❖ S. 209 bei „Hörverstehen" in den Schritten 3–7 beschrieben.

c. und d.

5. Verfahren Sie bei c und d jeweils wie auf ❖ S. 209 bei „Hörverstehen" in den Schritten 2–7 beschrieben.

e.

6. Verfahren Sie wie auf ❖ S. 212 bei „Gespräch über ein Thema" in den Schritten 4–6 beschrieben.
7. Schreiben Sie die beiden Sätze vom Grammatikzettel an die Tafel. Lassen Sie anstelle der Präpositionen eine Lücke. Fragen Sie die TN, welche Präposition fehlt. Dadurch werden die TN darauf aufmerksam, dass *freuen* mit der Präposition *auf* und *über* stehen kann. Erklären Sie, dass man *auf* benutzt, wenn es um die Zukunft geht. Schreiben Sie weitere Beispielsätze mit Lücken an. Die TN ergänzen die Lücken, z. B. *Ich freue mich ________ die Ferien im [Monat]. Wir freuen uns immer ________ gute Noten.*

Stillarbeit → AB S. 130 | **2** und S. 131 | **3** | **4** | **5**

4 Helga Schneider, 27, Kellnerin

0. In den Übungen **4** und **5** werden Personen über ihre Zufriedenheit im Beruf befragt. Hier werden die Präpositionalpronomen eingeführt.

a.

1. Die TN stellen Vermutungen darüber an, was der Kellnerin an ihrem Beruf (nicht) gefällt. Notieren Sie die Äußerungen stichpunktartig an der Tafel. Führen Sie als Vorentlastung für b *Gehalt* ein.

b.

2. Verfahren Sie wie auf ❖ S. 209 bei „Hörverstehen" in den Schritten 3–7 beschrieben. Nach dem Hören fragen die TN ggf. nach unbekannten Wörtern in den vorgegeben Sätzen.

c.

3. Die TN vergleichen die Aussagen mit ihren Vermutungen an der Tafel.

4. Verdeutlichen Sie mit dem Tafelbild, dass man Präpositionalpronomen auch benutzt, um auf einen Infinitiv- oder *dass*-Satz hinzuweisen. Lokale Präpositionalpronomen sind aus ➔ KB | LE 20 bekannt.

Sie wartet [auf] ihren Mann.	Sie wartet [**darauf**], dass ihr Mann sie abholt.
Sie bereitet sich [auf] die Prüfung vor.	Sie bereitet sich [**darauf**] vor, die Prüfung zu machen.

Stillarbeit ➔ AB S. 131 | **6**

5 Martina Harms, 28, Fernfahrerin

a.

1. Verfahren Sie wie auf ❖ S. 209 bei „Hörverstehen" in den Schritten 1–7 beschrieben. Die TN lesen vor dem Hören (Schritt 2) nur die Fragen A–E. Wenn die TN Schwierigkeiten haben, die Fragen wegen der neuen Fragewörter wie z. B. *worauf* zu verstehen, formulieren Sie die Fragen als Aussagesätze, z. B. *Sie freut sich auf ...* und deuten am Ende des Satzes mimisch und gestisch an, dass Sie die Lösung nicht kennen. Die Antworten 1–5 werden erst nach dem ersten Hören (Schritt 3) gelesen.

2. Fragen Sie die TN, auf welche Fragen A–E die Antwort eine Person und auf welche eine Sache ist. Machen Sie das Tafelbild, um den Unterschiede zu visualisieren.

[Wo(r)] + [PRÄPOSITION]	[SACHE]
Woran nimmt sie nicht teil?	am Tennisspiel
Wofür interessiert sie sich?	für Tennis
[PRÄPOSITION] + [PERSONALPRONOMEN]	[PERSON]
Um wen kümmert sie sich?	um die Mutter
Vor wem hat sie keine Angst?	vor den Kollegen

Fragen Sie die TN, in welchen Fällen das *r* bei *wo(r)* + Präposition ausfällt. Das Prinzip ist den TN von den Präpositionalpronomen bekannt. Geben Sie den TN Beispiele (*wofür* ➔ *dafür*; *woran* ➔ *daran*). Fragen Sie nach dem Kasus von *wen* und *wem*, um darauf aufmerksam zu machen, dass der Kasus des Frageworts bei Personen von der Präposition abhängt.

b.

3. Die TN machen sich in Partnerarbeit Notizen zu den Problemen von Martina Harms.
4. Sprechen Sie im Kurs darüber.

c.

5. Diskutieren Sie mit den TN über Martina Harm und ihren Beruf. Regen Sie die Diskussion darüber hinaus durch Fragen an, z. B.: **„Ist Fernfahrer nur ein Beruf für Männer?", „Würden Sie gern viel unterwegs sein?"**

Stillarbeit ➔ AB S. 132 | **7** | **8**

Zusatzübung

Material

- Plakat mit der Überschrift: *Worüber haben Sie sich / hast du dich diese Woche gefreut?*
- Plakat mit der Überschrift: *Worüber haben Sie sich / hast du dich diese Woche geärgert?*
- Papierstreifen
- dicke Stifte

Jeder TN schreibt auf einen Streifen, worüber er sich geärgert, und auf den anderen, worüber er sich gefreut hat. Geben Sie jeweils ein Beispiel vor (*Ich habe mich über das gute Wetter gefreut. Ich habe mich darüber geärgert, dass ich immer noch nicht alles verstehe.*). Die Streifen werden vorgelesen und auf das Plakat geheftet. Die anderen TN äußern sich dazu, wenn sie Lust haben. Diese Aktivität kann z. B. in den letzten 15 Minuten am Ende einer Kurswoche durchgeführt werden. Die Streifen können auch als Hausaufgabe geschrieben werden.

6 Frauenberufe / Männerberufe

a.

1. Verfahren Sie wie auf ❖ S. 212 bei „Gespräch über ein Thema" in den Schritten 1–2 beschrieben. Wenn Sie die Zusatzübung zu ➔ KB S. 85 | **4** (❖ S. 82) gemacht haben, können Sie auch auf die in dieser Übung beschriebenen Berufe zurückgreifen.
2. Sprechen Sie im Plenum über typische Frauen- und Männerberufe.

b.

3. Verfahren Sie wie auf ❖ S. 212 bei „Gespräch über ein Thema" in den Schritten 2–5 beschrieben.
4. Diskutieren Sie über ein paar der Berufe in der Gruppe.

Zusatzübung

Berufe raten

Material

- je nach Teilnehmerzahl Zettel jeweils mit einem Beruf aus Übung **6** beschriftet
- Klebeband

Wenn Sie mehr als 18 TN haben, erweitern Sie die Auswahl mit weiteren Berufen an der Tafel, z. B. *Museumsdirektor/-in, Manager/-in, Bürgermeister/-in, Pfarrer/-in*. Auch die Berufe von der Tafel werden auf Zettel geschrieben.

Kleben Sie jedem TN einen beschrifteten Zettel auf den Rücken, ohne dass ihn der TN vorher sehen konnte. Sagen Sie den TN, dass jeder einen Beruf aus dem Kasten von Übung **6** oder ggf. von der Tafel hat. Die TN müssen „ihren" Beruf erraten. Alle TN stehen auf, gehen herum und lesen dabei die Berufe der anderen. Jeder TN darf anderen TN Satzfragen wie z. B. „Arbeite ich in einem Büro?", „Trage ich eine Uniform?" stellen. Sammeln Sie, bevor die TN aufstehen und zu raten beginnen, Beispiele für Fragen an der Tafel. Die Fragen werden nur mit „ja" oder „nein" beantwortet. Wenn ein TN seinen Beruf erraten hat, wird der Zettel abgenommen. Der TN beantwortet weiterhin Fragen der anderen. Falls ein TN sehr lange braucht, um seinen Beruf zu erraten, werden Tipps gegeben.

7 „Vielleicht bekomme ich diese Chance nie wieder."

a.

1. Verfahren Sie wie auf ❖ S. 209 bei „Hörverstehen" in den Schritten 1–7 beschrieben. Möglicherweise erinnern sich einige TN noch an Jan und Sara aus *Lagune 1* KB | LE 2.

b.

2. Die TN sprechen im Kurs über das Problem.

c.

3. Fragen Sie die TN: **„Soll Sara das Angebot annehmen oder ablehnen?"**
4. Drei TN lesen die Beispiele vor.
5. Diskutieren Sie mit den TN im Kurs.

Stillarbeit → AB S. 133 | **9** | **10**

Zusatzübung

Eine fiktive Person

Biografien erfinden

Die TN erfinden in Kleingruppen eine erwachsene Person (Name, Alter, Wohnort, Beruf) und beschreiben deren Schul- und Ausbildungsweg. Die Biografie wird steckbriefartig notiert. Dazu kann auch ein kleines Foto gezeichnet werden. Die TN können in späteren Lerneinheiten die Biografie dieser Person erweitern (❖ S. 110).

Interview

Die TN tauschen ihre Biografie mit einer anderen Gruppe. Diese Gruppe bereitet Interviewfragen mit der fiktiven Person vor. Im Interview geht es vor allem um Schule und Ausbildung sowie die Zufriedenheit im Beruf (wie in den Übungen **4** und **5**).

Die Gruppe, die die Person erfunden hat, bekommt die Interviewfragen. Die TN bereiten sich in der Gruppe auf das Interview vor. Sie machen sich Stichpunkte zu den Fragen.
Ein TN der Gruppe, die die Fragen erstellt hat, spielt mit einem TN der Gruppe, die die Person erfunden hat, das Interview. Mit jeder fiktiven Person wird ein Interview durchgeführt. Wenn es wenige Gruppen sind, können alle Interviews im Plenum vorgespielt werden. Sonst werden alle Interviews gleichzeitig gemacht und danach ein paar im Plenum präsentiert.
Die Interviews können auch auf Video oder mit einem Audioaufnahmegerät aufgenommen werden.

Ein perfekter Angestellter

Material

- Kopiervorlage **LE 23-2**

Schneiden Sie die Kärtchen der Kopiervorlage aus und verteilen Sie die Kärtchen in der Klasse.
Ein TN, der ein Kärtchen mit einem Satzanfang hat, liest ihn vor. Der TN, der die passende Ergänzung hat, liest diese vor. Zu manchen Satzanfängen passen mehrere Lösungen. Die anderen hören gut zu und überlegen, ob die Kombination richtig ist. Wenn die Kombination falsch war, oder ein anderer TN glaubt, auch ein passendes Satzende zu haben, wird dieses vorgelesen. Danach liest ein anderer TN einen Satzanfang vor usw.
Die TN können auch selbst in Kleingruppen Sätze mit Verben mit Präpositionen, z. B. zum Thema „im Deutschkurs", analog zur Kopiervorlage entwerfen. Danach bekommt eine andere Gruppe die Kärtchen und legt die passenden Satzteile aneinander.

24 Fokus Sprechen

Lernziel sich über den alten und neuen Arbeitsplatz unterhalten; Wünsche für den Beruf äußern

1 Der Enkel singt, der Junge winkt.

a.

1. Verfahren Sie wie auf ❖ S. 210 bei „Nachsprechen" in den Schritten 1–5 beschrieben. Achten Sie auf die Aussprache von [ŋ]. Korrigieren Sie die TN gestisch, indem Sie bei [ŋ] mit dem Finger gegen den Unterkiefer drücken (vgl. Tipp).

b.

2. Die TN ergänzen die Infinitive.

3. Jeder TN liest ein Wortpaar vor. Wenn alle Wortpaare gelesen wurden, wird von vorne angefangen, bis jeder TN an der Reihe war. Korrigieren Sie gestisch wie beschrieben.

c. und d.

4. Die TN konjugieren reihum. Drücken Sie bei [ŋ] zur Erinnerung mit dem Finger gegen den Unterkiefer. Die TN können hier auch mit dem Ball konjugieren (vgl. ❖ S. 81 Zusatzübung zu Übung 1).

Tipp Im Deutschen wird *n* vor *k* und *g* [ŋ] gesprochen. Bei Silbengrenzen, z. B. An|gebot wird *n* jedoch als [n] gesprochen.

[ŋ] bildet man, indem man [n] spricht und dabei mit dem Zeigefinger fest gegen den weichen Teil des Unterkiefers drückt.

2 Er winkt langsam.

Material

- Teil b auf Folie kopiert
- Folienstift

a.

1. Die TN hören die Sätze bei geschlossenem Buch und sprechen nach. Auf der Aufnahme ist nach jedem Satz eine Pause. Wenn es den TN zu schwer fällt, einen ganzen Satz nachzusprechen, machen Sie an passender Stelle eine Pause.

b.

2. Die TN ergänzen die fehlenden Buchstaben. Ein geübterer TN schreibt die Lösung auf Folie.

3. Die TN kontrollieren mithilfe des Hörtextes ihre Lösung.

4. Anhand der Folie wird die Lösung besprochen.

c.

5. Verfahren Sie wie auf ❖ S. 210 bei „Sätze erfinden“ in den Schritten 1–5 beschrieben.

Stillarbeit → AB S. 136 | **1**

3 Der Wagen ihres Vaters ...

0. Hier wird der Genitiv wiederholt.

a.

1. Die TN hören die CD und verfolgen dabei die Bilder mit, ohne den Text zu lesen.

2. Verfahren Sie wie auf ❖ S. 210 bei „Nachsprechen“ in den Schritten 2–5 beschrieben.

b.

3. Die TN sehen sich die Vorgaben im Kasten an und vergleichen, wie die Vorgaben in den Beispielsätzen verwendet wurden (erstes Wort = Subjekt; zweites Wort = Genitiv).

4. Die TN schreiben Sätze.

5. Die Sätze werden im Kurs vorgelesen.

Stillarbeit → AB S. 136 | **2** | **3**

4 Er sitzt auf dem Boden des Bootes.

0. Diese Übung richtet das Augenmerk auf die Genitivendung *-es*.

a.

1. Die TN ergänzen in Partnerarbeit die Reime. Regen Sie die TN dazu an, die Bilder zu Hilfe zu nehmen.

b.

2. Die TN hören zur Korrektur die Aufnahme.

3. Klären Sie unbekannte Wörter.

4. Weisen Sie anhand des Grammatikzettels daraufhin, dass Wörter (maskulinum oder neutrum) mit der Endung *-ss* und *-sch* im Genitiv auf *-es* enden. Dieses Phänomen ist von einsilbigen Wörtern bekannt (➔ KB | LE 22). Schreiben Sie die Kategorien (einsilbig: / *-ss*: / *-sch*:) an die Tafel. Die TN suchen Beispiele aus dem Kasten, die nicht schon auf dem Grammatikzettel stehen. Zeigen Sie den TN die Übersicht mit weiteren Regeln im ➔ AB S. 140 | **11**.
5. Die TN hören die Aufnahme noch einmal und sprechen die Sätze nach.

Stillarbeit ➔ AB S. 137 | **4** | **5**

5 „Arbeitest du jetzt hier?"

0. Hier kommen Reflexivpronomen im Akkusativ und Dativ vor. In Übung **6** wird das komplette Paradigma präsentiert.

a. und b.

1. Verfahren Sie wie auf ❖ S. 211 bei „Gespräche hören und nachspielen" in den Schritten 1–5 beschrieben. Bei Schritt 2 lesen die TN den Text still statt ihn zu hören.

c.

2. Verfahren Sie wie auf ❖ S. 211 bei „Gespräche hören und nachspielen" in den Schritten 6–9 beschrieben.

d.

3. Verfahren Sie wie auf ❖ S. 211 bei „Gespräche hören und nachspielen" in den Schritten 6–9 beschrieben.

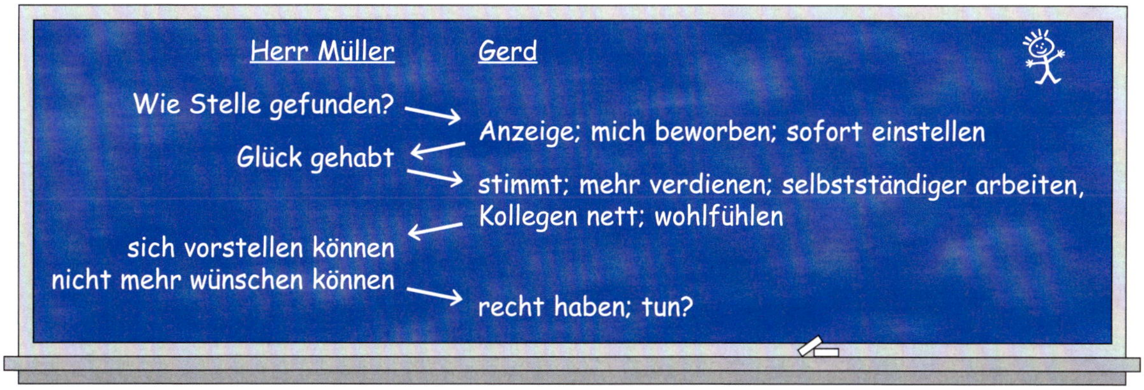

4. Die TN suchen in Partnerarbeit die Reflexivpronomen.
5. Zur Korrektur werden die Pronomen und die dazugehörenden Verben vorgelesen.
6. Schreiben Sie ein paar verkürzte Sätze aus dem Dialog an die Tafel und analysieren Sie sie gemeinsam mit den TN.

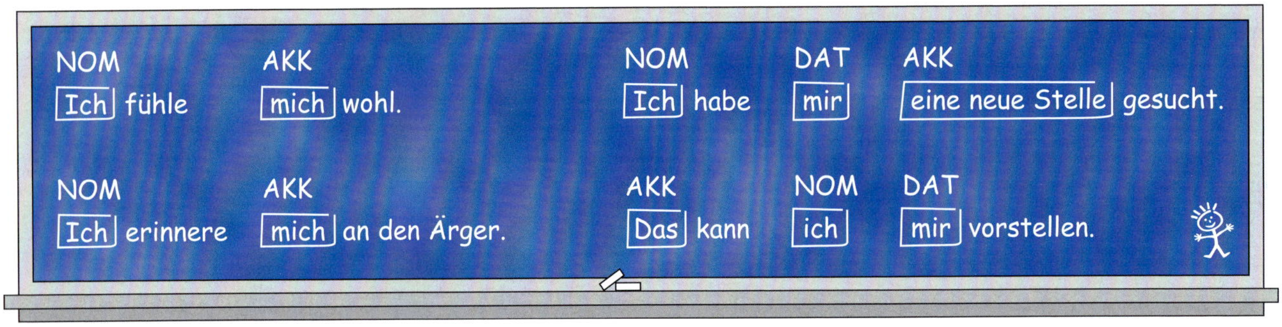

Die TN stellen fest, dass das Reflexivpronomen im Dativ steht, wenn es schon eine Akkusativergänzung gibt. Weisen Sie darauf hin, dass ein Akkusativ, der von einer Präposition regiert wird, z. B. *Ich erinnere mich <u>an den Ärger</u>*, dabei keine Rolle spielt.

6 Variieren Sie das Gespräch.

1. Zeigen Sie den TN die Deklination der Reflexivpronomen auf dem Grammatikzettel. Fragen Sie die TN nach den Unterschieden. Regen Sie die TN dazu an, die unterschiedlichen Formen (*mir, dir*) zu markieren.
2. Verfahren Sie wie auf ❖ S. 211 bei „Gespräche variieren" in den Schritten 1–3 beschrieben. Fragen Sie bei der Besprechung der Formulierungen (Schritt 1), welche Reflexivpronomen im Akkusativ und welche im Dativ stehen. Es empfiehlt sich hier, dass die TN die Dialoge zunächst schreiben und dann einüben (Schritt 2).

Stillarbeit → AB S. 137 | 6 und S. 138 | 7 | 8 und S. 139 | 9

7 Was wünschen Sie sich für Ihren Beruf?

1. Verfahren Sie wie auf ❖ S. 212 bei „Gespräch über ein Thema" in den Schritten 1–6 beschrieben.

Zusatzübung

Eine fiktive Person (2. Teil)

Wenn die TN die Zusatzübung nach Übung 7 ❖ S. 106 gemacht haben, spinnen sie ihre fiktive Person in derselben Kleingruppe weiter. Die TN machen sich in der Kleingruppe Gedanken darüber, was ihrer fiktiven Person im Beruf wichtig ist. Sie stellen im Plenum ihre Person zur Erinnerung kurz vor und äußern deren Wünsche für den Beruf.

25 Fokus Schreiben

Lernziel einen Lebenslauf ergänzen; über ungewöhnliche Lebenswege sprechen; Stellenangebote verstehen; ein Bewerbungsschreiben ergänzen

1 Hören Sie zu und schreiben Sie.

1. Verfahren Sie wie auf ❖ S. 212 bei „Diktat“ in den Schritten 1–5 beschrieben.

2 Eine steile Karriere

0. In den Übungen **2** und **3** geht es um Lebenswege.

a.

1. Die TN ergänzen in Partnerarbeit den Lebenslauf. Geben Sie den TN den Tipp, die Bilder genau anzusehen.

b.

2. Zur Korrektur tragen verschiedene TN die Lösung in ganzen Sätzen vor.
3. Klären Sie den Wortschatz zum Thema Unternehmen und Mitarbeiter.
4. Schreiben Sie Beispiele für Genitivattribute mit Adjektiven nach definiten und indefiniten Artikeln wie auf dem Grammatikzettel an die Tafel. Regen Sie die TN dazu an, die Regeln für die Endungen zu finden. Die TN erkennen, dass die Endung nach definitem und indefinitem Artikel *-en* ist. Eine Ausnahme stellt der Plural nach indefinitem Artikel dar.

Stillarbeit → AB S. 141 | **1** | **2** und S. 142 | **3**

3 Ein ungewöhnlicher Lebensweg

Material

- → KB S. 121 auf Folie kopiert
- Folienstift

0. Für Tim Töpfer, dessen Lebensweg hier präsentiert wird, wird später in Übung **5** ein Bewerbungsschreiben verfasst.

a.

1. Die TN ergänzen in Partnerarbeit den Lebensweg. Zwei geübtere TN schreiben auf Folie.
2. Die Übung wird mithilfe der Folie korrigiert.
3. Klären Sie unbekannte Wörter.

b.

3. Die TN notieren Fragen zum Lebenslauf von Tim Töpfer.
4. Ein TN stellt eine Frage, wer die Frage richtig beantwortet, stellt die nächste Frage usw.

c.

5. Sprechen Sie über den Lebenslauf von Tim Töpfer.

Stillarbeit → AB S. 143 | **6** | **7** und S. 144 | **8**

6. Führen Sie die *n*-Deklination ein. Schreiben Sie an die Tafel *Da ist ein Junge.* und darunter *Ich kenne einen Jungen.* Fragen Sie die TN, ob *Junge(n)* jeweils Singular oder Plural ist. Weisen Sie auf die Form des indefiniten Artikels hin, damit die TN Numerus und Kasus erkennen. Erklären Sie den TN, dass maskuline Nomen, die auf *-e* enden, außer im Nominativ immer ein *-n* anhängen. Zeigen Sie den TN in der Grammatikübersicht ➔ AB S. 145 | **11** weitere Regeln.

Stillarbeit ➔ AB S. 142 | **4** | **5**

Zusatzübung

- Plakate oder Folien
- dicke Stifte oder Folienstifte

Sammeln Sie zunächst mit den TN an der Tafel Strukturen für einen Lebenslauf aus Übung **3** *(Am ... des Jahres ... ist ... als Sohn ... geboren. Zunächst ... / Nach ... / Danach ... / Anfang / Ende 2005 / Zurzeit ...)* und auch Redemittel darüber hinaus *(Mit ... Jahren / Als Kind / Jugendlicher / Lehrling ..., Von ... bis ...).*

Beschriften Sie für jede Kleingruppe ein Plakat / eine Folie mit der Überschrift *Der Lebensweg eines / einer ...* Ergänzen Sie jeweils einen Beruf, z. B. Bestseller-Autorin / Managerin eines Computerkonzerns/Pfarrer/ Bürgermeisterin / Nobelpreisträger für Physik / Lehrer / berühmter Maler / Popstar / Schauspielerin / Direktor einer Bank.

Zeigen Sie die Plakate, erklären Sie ggf. die Berufe und geben Sie den TN ein paar Anregungen vor, z. B. für die Bestseller-Autorin: *Mit zwei Jahren konnte sie schon lesen.*

Die TN erfinden typische Lebenswege für Personen mit einem interessanten Beruf.

Die TN arbeiten in Kleingruppen zusammen. Jede Gruppe schreibt einen Abschnitt. Dann gibt sie das Plakat / die Folie an eine andere Gruppe weiter. Wenn die TN lesen, was die vorige Gruppe geschrieben hat, wird die Fantasie angeregt.

Nach sechs bis acht Abschnitten, also Gruppenwechseln, beenden Sie die Schreibphase.

Hängen Sie die Plakate auf / projizieren Sie die Folien und präsentieren Sie die Lebensläufe.

4 Stellenangebote

Material

- Anzeige von ➔ KB S. 122 für jeden TN auf Folie kopiert

0. Das Bewerbungsschreiben in Übung **5** bezieht sich auf ein Stellenangebot in dieser Übung.

1. Sprechen Sie zur Vorentlastung bei geschlossenen Büchern über die vier in den Anzeigen gesuchten Berufe. Fragen Sie die TN, was man in diesen Berufen vermutlich machen muss und welche Voraussetzungen man für eine Tätigkeit in diesen Berufen erfüllen muss.

a.

2. Teilen Sie den Kurs in vier Gruppen. Alle TN einer Gruppe erhalten dieselbe Anzeige. Geben Sie an der Tafel die Informationen vor, auf die sich die TN konzentrieren sollen (*Firma, Aufgaben, Voraussetzungen*). Die TN lesen die Anzeige und tragen gemeinsam die wichtigsten Informationen zusammen. Jeder TN macht sich Notizen. Helfen Sie bei Wortschatzfragen.

Binnendifferenzierung Die Anzeige Reiseführer / -in ist am einfachsten. Die Anzeigen Einkäufer / -in und Leiter/-in der Exportabteilung eignen sich für die geübteren TN.

b.

3. Bilden Sie neue Gruppen im Idealfall mit je vier TN, die alle unterschiedliche Anzeigen gelesen haben. Wenn sich die Anzahl der TN nicht durch vier teilen lässt, sind in manchen Gruppen mehr als vier TN. Jeder TN berichtet über seine Anzeige.

5 Tim Töpfer sucht eine neue Aufgabe

Material

- Bewerbungsschreiben von → KB S. 123 auf Folie kopiert

a.

1. Fragen Sie die TN, welche Anzeige für Tim Töpfer nach seiner Rückkehr nach Europa in Frage kommt. Die TN öffnen das Buch und lesen die Anzeigen, deren Inhalt sie aus Übung **4** kennen, selektiv, um passende Anzeigen zu finden.
2. Die TN diskutieren über ihre Vorschläge.

b.

3. Die TN ergänzen in Partnerarbeit das Bewerbungsschreiben. Eine Zweiergruppe schreibt auf Folie.
4. Die Lösung wird anhand der Folie besprochen.

Stillarbeit → AB S. 144 | **9**

Zusatzübung

Eine fiktive Person (3. Teil)

Material

- Stellenangebote

Wenn die TN die Zusatzübung nach Übung **7** ❖ S. 106 und möglicherweise auch Zusatzübung nach Übung **7** ❖ S. 110 gemacht haben, beschäftigen sie sich in derselben Kleingruppe mit „ihrer“ fiktiven Person.

Sie suchen in einer deutschsprachigen Zeitung oder im Internet, z. B. unter www.monster.de, ein paar passende Stellenangebote. Die TN berichten im Kurs über die Stellenangebote und fragen die anderen TN, welches Angebot am interessantesten ist. Wenn die TN Lust dazu haben, setzen sie ein Bewerbungsschreiben auf.

Die Bewerbungsschreiben werden korrigiert und aufgehängt.

Variante TN, die in einem deutschsprachigen Land arbeiten wollen, suchen für sich selbst Stellenangebote und berichten im Kurs darüber. Auch sie können ein Anschreiben verfassen. Korrigieren Sie die Anschreiben.

Fotodoppelseite

Sprechen Die TN diskutieren über den Beruf der Schornsteinfegerin. Ist es ein typischer Frauenberuf (in ihrem Land)? Was sind die Gründe dafür, dass es nur wenige/viele Frauen in diesem Beruf gibt?
Was ist ihr Traumberuf? Ist das eher ein Männer- oder eher ein Frauenberuf?

Interview mit der Schornsteinfegerin: Die TN überlegen sich zu zweit Fragen zu Kollegen, Chef, Gehalt, Aufstiegsmöglichkeiten, Verantwortung. Wie sieht ein typischer Arbeitstag aus? Wann steht sie auf, wann geht sie ins Bett? Gibt es Probleme in ihrem Beruf? Macht der Beruf Spaß? Warum macht er Spaß? Wofür interessiert sie sich? Worüber freut sie sich? Anschließend tauschen sie ihre Fragen mit einer anderen Zweiergruppe, die sich dann die Antworten überlegt. Im Anschluss spielen die Zweiergruppen dann das Interview.

Erklären Sie den TN, dass deutsche Abiturienten ihren Schulabschluss gewöhnlich mit ein paar Streichen, Partys und einem Abschlussball feiern. Anschließend erzählen die TN von ihrem eigenen Schul- oder Universitätsabschluss. Wie feiert man das in den verschiedenen Ländern? Die TN halten kurze Referate.

Lesen Material zum Schulsystem in Österreich finden Sie im Landeskunde-Überblick unter www.hueber.de
→ 7. Themenkreis: Ausbildung und Schulsystem.

Internet Die TN lesen, sehen oder hören unter http://www.schellingstrasse60.de/, was die Bewohner eines Münchner Mietshauses über ihre Arbeit erzählen. Sie wählen eine Person aus und berichten darüber im Kurs.

Schreiben Die TN schreiben eine Einladung für ein Klassentreffen des Abiturjahrgangs 2006.

Die Schornsteinfegerin ist ebenfalls zu einem Klassentreffen eingeladen. Leider kann sie nicht kommen. Die TN schreiben einen Entschuldigungsbrief mit Begründung, z. B. der Winter kommt und die Schornsteinfegerin hat sehr viel zu tun. Oder: Sie macht eine Hochzeitsreise und hat deswegen keine Zeit usw. Als Vorlage dient → KB S. 109.

Die TN fertigen einen ausführlichen Lebenslauf nach dem Vorbild von → KB S. 120 an.

Weitere Spiele zu den Fotodoppelseiten unter www.lagune.de/lehren.

Augenzwinkern

Die TN spielen den Dialog nach. Sie können die Situation auch variieren:
Dabei können sie z. B. folgende Dinge „austauschen":

Tier:	Hund, Katze, Kaninchen
Tätigkeit:	Zähne putzen, Haare waschen, Ohren ausputzen, rasieren
Schmerzen:	Ohrenschmerzen, Haarausfall, Kopfschmerzen
Womit normalerweise?	Zahnbürste, Shampoo, Föhn, Rasierer
Womit hier?	Marmelade, Orangensaft, Schlagsahne

Themenkreis **Nachrichten und Berichte**

Fotocollage

Material

- Folie der Fotocollage
- Folienstreifen mit Schlagzeilen:
  Kinder finden seltene Pilze im Wald
  Mann im Fahrstuhl für 48 Stunden eingeschlossen
  Sensation: Hochzeit unter Wasser
  Polizei verhaftet Mörder
  Mann wegen Autounfall vor Gericht
  Ein Schwein wäscht seine Wäsche selbst
  Alfred Hitchcocks Meisterwerk wieder im Kino

1. Die TN öffnen das Buch und betrachten die Fotocollage.
2. Jeweils zwei TN überlegen in Partnerarbeit, was auf den einzelnen Fotos passiert und formulieren Vermutungen. „Wir glauben / vermuten, dass …“ oder „Es ist möglich, dass …“. Helfen Sie, indem Sie fragen: **„Wen fotografieren die Fotografen?“, „Wie kommt die Katze wieder vom Baum herunter?“**
3. Legen Sie die Folienstreifen auf. Klären Sie unbekannte Wörter. Die TN ordnen die Schlagzeilen den Fotos zu.
4. Die TN suchen sich ein Foto aus und schreiben in Partnerarbeit einen Text im Perfekt. Gehen Sie herum und helfen Sie. Ein paar Texte werden anschließend vorgelesen.
5. Fragen Sie die TN, ob sie Situationen wie auf den Fotos kennen. Die TN erzählen einige ähnliche eigene Erlebnisse.

Der Themenkreis schließt sich

Ideen

- Die TN erfinden neue Schlagzeilen zu den Bildern, z. B. *Mann überfiel eine Bank* oder *Hochzeitspaar ertrinkt bei Hochzeit.*
- Die TN schreiben kurze Zeitungsmeldungen zu den Fotos.
- Die TN erzählen, was sie in den Nachrichten gehört haben. Dabei dürfen Sie auch Lügen einbauen. Die anderen raten, was wahr und was erfunden ist.
- Die TN planen einen Kino- oder Videoabend. Die TN arbeiten in Kleingruppen und stellen einen deutschen Film kurz vor. Eventuell zeigen sie Fotos oder Plakate davon. Im Plenum wird diskutiert und abgestimmt, welcher Film angeschaut werden soll. Wenn möglich, werden ein paar Szenen aus dem Film ggf. mit Untertiteln gezeigt. (Filmplakate und Filmfotos können unter www.filmportal.de oder von der Website des jeweiligen Films auch aus dem Internet heruntergeladen werden.)

26 Fokus Strukturen

Lernziel Schlagzeilen und kurze Artikel lesen und verstehen; über Glücksbringer sprechen

1 Nachrichten aus der Zeitung

Material

- Fotos vergrößert als Kopie
- Schlagzeilen auf Folie kopiert

0. Die Übungen **1–3** beziehen sich auf die Schlagzeilen und Fotos aus Übung **1**.

a.

1. Schneiden Sie die Bilder jeweils in zwei Teile, z. B. Foto F so, dass der Mann und die Frau getrennt sind, Foto G so, dass man auf einem Teil die Tüte und auf dem anderen die Frau sieht usw.

2. Verteilen Sie die Bildhälften in der Klasse. Achten Sie darauf, dass nicht zwei nebeneinandersitzende TN zwei zusammenpassende Bildhälften haben. Wenn Sie mehr als 16 TN im Kurs haben, können Sie auch zwei TN zusammen eine Bildhälfte geben.

3. Ein TN beschreibt seinen Teil des Fotos. Wer meint die dazupassende Bildhälfte zu haben, beschreibt diese. Die TN treffen sich und kontrollieren ob sie zusammenpassen.

4. Wenn alle TN auf diese Weise ihren Partner/ihre Partnerin gefunden haben, werden die Bücher geöffnet. Jede Zweiergruppe äußert Vermutungen zu „ihrem" Foto.

b.

5. Die Zweiergruppen bleiben bestehen. Verfahren Sie wie auf ❖ S. 209 bei „Bild-Textzuordnung" in den Schritten 1–2 beschrieben.

6. Die TN schließen die Bücher. Zeigen Sie die Folie. Fragen Sie die TN nach dem Infinitiv und der 3. Person Präsens des Verbs in Schlagzeile 1. Fragen Sie die TN, welches Tempus hier benutzt wurde. Die TN kennen das *-t-* als Signal für das Präteritum der Modalverben. Sagen Sie den TN, dass alle Verben hier im Präteritum stehen.
Die TN suchen jeweils den Infinitiv zu den Verbformen. Schreiben Sie die Infinitive und Präteritumformen der Verben aus den Schlagzeilen wie auf dem Grammatikzettel im Buch in zwei Gruppen an die Tafel, links die schwachen, rechts die starken Verben. Markieren Sie bei den schwachen Verben die Endung *-te* und bei den starken Verben die Stammvokale. Erklären Sie, dass es schwache und starke Verben gibt. Verben, die im Perfekt auf *-en* enden und ggf. den Stammvokal ändern, sind stark. Diese Verben haben im Präteritum (3. Person) keine Endung und ändern den Stammvokal.
Machen Sie die TN darauf aufmerksam, dass die Formen der starken Verben auswendig gelernt werden müssen. Visualisieren Sie an der Tafel, dass an die Verben, deren Stamm auf *-t* (heiraten, arbeiten) oder *-d* (baden) endet, *-ete* angehängt wird.

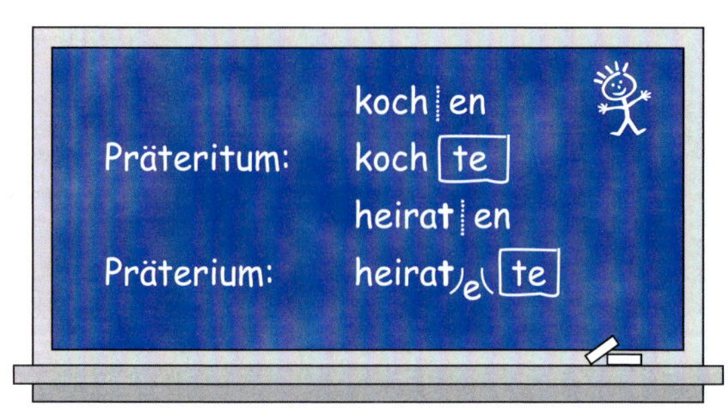

Stillarbeit → AB S. 149 | **1** | **2** und S. 150 | **3** und S. 151 | **5**

2 „Was steht denn in der Zeitung? Erzähl doch mal!“

1. Die TN ergänzen in Partnerarbeit die Verben.
2. Zur Korrektur lesen die TN die Sätze vor.
3. Erklären Sie den TN anhand der Schlagzeilen aus der Zeitung (Übung 1) und dem Gespräch über das, was in der Zeitung steht (Übung 2), dass Präteritum schriftlich und Perfekt mündlich verwendet wird. Mit beiden Zeiten wird die Vergangenheit beschrieben. (In Norddeutschland wird Präteritum auch beim Sprechen verwendet.) Besprechen Sie mit den TN den Grammatikzettel. Verweisen Sie hier noch einmal auf die Partizipform der starken Verben (Endung *-en*).

Stillarbeit → AB S. 150 | **4** und S. 151 | **6**

3 Welche Nachricht finden Sie interessant?

1. Sagen Sie den TN, welche Nachricht Sie interessant finden, und begründen Sie ihre Meinung.
2. Die TN sprechen im Kurs darüber, welche Nachricht für sie interessant ist.

Zusatzübung für Inlandskurse

Material

- Schlagzeilen aus aktuellen Zeitungen

Wählen Sie aus aktuellen Zeitungen Schlagzeilen aus, die nicht zu schwer zu verstehen sind. Schneiden Sie Schlagzeilen aus, kleben Sie sie auf ein Blatt und kopieren Sie dieses für jeden TN.

Sprechen Sie mit den TN über die aktuellen Ereignisse. Erarbeiten Sie dafür notwendigen Wortschatz.

Wenn den TN dann Wörter aus diesen Schlagzeilen in den Nachrichten oder in Zeitungen wieder begegnen, verstehen sie, worum es geht. Diese Erfahrung kann sehr motivierend sein.

4 Kleiner Pilzratgeber für unsere Leser

0. Diese Übung bereitet thematisch auf die Zeitungsmeldung in Übung 5 vor.
1. Zeichnen Sie einen Fliegenpilz an die Tafel. Regen Sie die TN dazu an, über Pilze zu sprechen. Führen Sie das Wort *giftig* ein. Erklären Sie den TN, dass der Fliegenpilz auch ein Glückssymbol ist.
2. Die TN sehen sich die Abbildungen an. Fragen Sie die TN, ob sie schon selbst Pilze gesucht und auch gegessen haben.
3. Fragen Sie, wo man sich über Pilze informieren kann.

5 Nie mehr Pilze aus dem Wald

a.

1. Die TN lesen still den Text.
2. Klären Sie wichtige unbekannte Wörter wie *Plastiktüte*, *Bauchweh*, *Bauchschmerzen*, *Notdienst*, *Vergiftung*.

b.

3. Die TN tragen in Partnerarbeit die Verben im Präteritum ein.

4. Zur Korrektur werden die Sätze im Präteritum vorgelesen. Fragen Sie jeweils, ob es sich um ein starkes oder schwaches Verb handelt.

5. Fragen Sie, was passiert ist. Die TN erzählen, indem sie die Sätze ins Perfekt umformen. Bei *haben* und dem Modalverb *dürfen* benutzen die TN Präteritum.

c.

6. Sprechen Sie mit den TN über das Pilzesammeln.

Stillarbeit → AB S. 152 | 7

6 Ein vierblättriges Kleeblatt bringt Glück.

0. In den Übungen 6 und 7 geht es um Glückssymbole.

a.

1. Zeichnen Sie ein vierblättriges Kleeblatt an. Fragen Sie die TN, ob sie wissen, dass es ein Glückssymbol ist. Kommen Sie noch einmal auf den Fliegenpilz zu sprechen, der ebenfalls ein Glückssymbol ist.

2. Die TN betrachten die Zeichnung und stellen Vermutungen darüber an, was passiert ist. Führen Sie dazu notwendige Wörter wie *pflanzen*, *Metalldose* ein.

3. Die TN lesen still den Text.

4. Klären Sie ggf. unbekannten Wortschatz.

5. Die TN vergleichen ihre Vermutungen mit dem Text.

b.

6. Die TN ergänzen in Partnerarbeit die Verben. Der Grammatikzettel dient als Hilfe.

7. Zur Korrektur werden die Sätze von den TN vorgelesen.

8. Zeigen Sie den TN die Liste der starken und unregelmäßigen Verben am Ende des Kursbuches auf S. 215. Erklären Sie den TN, dass jeweils die 3. Person Singular genannt wird. Auf dieser alphabetischen Liste können die TN bei Unsicherheiten nachschauen.

Binnendifferenzierung Geübtere TN notieren sich zu a die Perfektformen der Verben. Sie erzählen die Geschichte nach Schritt 7 im Perfekt.

Stillarbeit → AB S. 152 | 8 | 9

7 Was bringt wohl Glück, was bringt wohl Pech?

Material

- Glückssymbole (Gegenstände, Glücksbringer auf Glückwunschkarten usw.)

0. Diese Übung bereitet auf LE 27 vor, in der sich die TN mit Glücks- und Unglücksfällen befassen werden.

a.

1. Zeigen Sie den TN die mitgebrachten Glückssymbole. Fragen Sie, was diese Gegenstände oder Zeichnungen bedeuten.

2. Sprechen Sie mit den TN über die Symbole im Buch.

b.

3. Fragen Sie die TN, welche Symbole es in ihrem Land gibt. Fragen Sie die TN auch, ob sie an diese Symbole glauben und ob ihnen schon einmal etwas Glück oder Pech gebracht hat.

Zusatzübung

Material

- Kopiervorlage **LE 26-1** in Streifen geschnitten

Verfahren Sie wie auf ❖ S. 46 in der Zusatzübung zum Trainieren der Komparativformen beschrieben.

27 Fokus Lesen

Lernziel Zeitungsartikel lesen; über Glück und Pech sprechen

1 „Da hatte der Vogel aber Glück!"

0. Durch die Übungen **1–4** werden die Erlebnisse des Pechvogels aus dem Lesetext → KB S. 134 und 135 vorentlastet.

1. Gehen Sie vom Titel aus und sprechen Sie mit den TN über die Lebensbedingungen eines Vogels. Erklären Sie dabei Wörter wie *Ast, Nest, Wurm, füttern,* um die Lesetexte vorzuentlasten.

2. Die TN lesen still die Texte.

3. Semantisieren Sie ggf. weitere unbekannte Wörter. Gehen Sie auf die Verbformen im Kasten ein.

Binnendifferenzierung Während die TN lesen, entwerfen Sie ein Schema an der Tafel mit Fragen zu den Texten A, B, C. Tragen Sie aber nur eine Antwort als Beispiel in die Tabelle ein. TN, die schneller lesen, notieren die übrigen Antworten auf einem Blatt.

	Text A	Text B	Text C
Was machte die Frau?	Spaziergang im Wald	ging im Wald spazieren	war im Wald
Wo war der Vogel und was machte er?	saß unter einem Baum	saß auf einem Baum und fiel hinunter	fiel der Frau vor die Füße
Wohin setzte die Frau den Vogel?	auf einen Ast	in sein Nest	in sein Nest
Wer fütterte den Vogel?	Vogelmutter	Vogelmutter	Frau

4. Nach dem Lesen ergänzen Sie das Schema (siehe Tafelbild) mithilfe der TN.

5. Die TN hören den Text ein- oder zweimal.

6. Besprechen Sie die Lösung mithilfe des Schemas an der Tafel.

b.

7. Erinnern Sie die TN mithilfe des Grammatikzettels an den Gebrauch von Perfekt und Präteritum. Gehen Sie darauf ein, dass bei Modalverben sowie *haben* und *sein* auch mündlich das Präteritum benutzt wird.
8. Die TN erzählen die Geschichte in Partnerarbeit im Perfekt nach. Das Schema zu Text B an der Tafel dient als Gedächtnisstütze. Ungeübtere TN nehmen den Text als Grundlage und setzen die Geschichte ins Perfekt.
9. Führen Sie mit dem Tafelbild den temporalen Junktor *als* ein.
   Schreiben Sie den ersten Satz des Tafelbildes an. Fragen Sie die TN, mit welchem Satz diese Information in Text B ausgedrückt wird. Die TN lesen den *als*-Satz aus dem Text vor. Schreiben Sie die Kurzversion des *als*-Satzes in zwei Versionen an.

Die Frau ging gestern spazieren. Da sah sie ein Vogelnest.
= Als die Frau gestern spazieren ging, sah sie ein Vogelnest.
= Die Frau sah ein Vogelnest, als sie gestern spazieren ging.

Erklären Sie den TN, dass die in den beiden Sätzen beschriebenen Vorgänge zum gleichen Zeitpunkt passiert sind. Markieren Sie auf Zuruf der TN die Verben. Die TN erkennen, dass *als* einen Nebensatz einleitet. Fragen Sie die TN, nach welchen Junktoren Nebensätze stehen. Bekannt sind bisher *weil, wenn, damit* und *dass*.

Fragen Sie nach dem Tempus des *als*-Satzes und weisen Sie darauf hin, dass bei *als* nur die Vergangenheit benutzt wird.

Stillarbeit → AB S. 155 | 1

2 Aus der Presse

a. und b.

1. Schreiben Sie die Schlagzeilen an die Tafel. Die TN stellen Vermutungen an, ohne die Texte zu lesen.
2. Verfahren Sie wie auf ❖ S. 209 bei „Leseverstehen“ in den Schritten 2, 4 und 5 beschrieben. Gehen Sie bei Schritt 5 auf die Verbformen im Kasten ein.
3. Erklären Sie anhand des Tafelbildes die Bedeutung des temporalen Junktors *während*. Mit *während* verbindet man zwei Handlungen, die andauern. Schreiben Sie die beiden ersten Sätze des Tafelbildes an. Fragen Sie die TN, wann die beschriebenen Vorgänge passiert sind. Schreiben Sie *gestern* an. Fordern Sie die TN zu Hypothesen auf, von wann bis wann es gedauert haben könnte. Schreiben Sie die hypothetische Zeitdauer an. Fragen Sie die TN anschließend nach dem entsprechenden Satz aus Text B und schreiben Sie diesen verkürzt an. Markieren Sie die Verben und den Junktor am Tafelbild.

Ein Ehepaar las im Wohnzimmer die Zeitung.
Wann? gestern, 10.00 - 10.15 Uhr

Ein Kabel in der Küche fing an zu brennen.
Wann? gestern, 10.00 - 10.15 Uhr

Während ein Ehepaar im Wohnzimmer die Zeitung las, fing ein Kabel in der Küche an zu brennen.
Ein Kabel in der Küche fing an zu brennen, während ein Ehepaar im Wohnzimmer die Zeitung las.

4. Geben Sie an der Tafel ein paar Satzanfänge vor, z.B. *Während der Lehrer die Grammatik erklärt, ...; Während ich meine Hausaufgabe mache, ...; Während es regnet, ...* Die TN ergänzen die Sätze in Partnerarbeit.
5. Zur Korrektur werden die Sätze vorgelesen und ein paar Beispiele an die Tafel geschrieben.

Stillarbeit → AB S. 155 | **2**

3 Glück und Pech

1. Sprechen Sie mit den TN, was auf den Bildern zu sehen ist, und was vermutlich passiert ist/passieren wird.
2. Die TN suchen in Partnerarbeit zu jedem Bild die passenden Sätze und schreiben drei Texte.
3. Zur Korrektur werden die Texte vorgelesen.
4. Erklären Sie unbekannte Wörter. Gehen Sie auf die Verbformen im Kasten ein.

Varianten

Arbeitsteilung

Jede Zweiergruppe wählt eines der Bilder aus. Die TN suchen die passenden Sätze zu diesem Bild und schreiben den Text nur für ihr ausgewähltes Bild.

Texte erstellen ohne zu schreiben

Material

- → KB S. 133| **3** auf Folie kopiert

Vergrößern Sie nach Möglichkeit die Übung beim Kopieren und schneiden Sie die Bilder und die Sätze einzeln aus. Die TN arbeiten in Kleingruppen. Sie brauchen für jede Kleingruppe ein Set mit Einzelsätzen und Bildern. Die TN ordnen die Sätze. Zur Korrektur werden die so entstandenen Texte vorgelesen.
Auch hier kann wie oben beschrieben arbeitsteilig vorgegangen werden.
Die TN können die Texte auch auf Plakate kleben.

4 Da hatte ich Glück. / Da hatte ich Pech.

1. Verfahren Sie wie auf ❖ S. 212 bei „Gespräch über ein Thema“ in den Schritten 1, 4, 5 und 6 beschrieben.

Variante Die TN arbeiten in Kleingruppen. Jeder TN zeichnet eine kleine Skizze mit Symbolen und ggf. Wörtern, die sein Erlebnis ausdrücken. Die anderen raten, was passiert ist. Danach erzählt der TN sein Erlebnis. Die interessantesten Geschichten werden später im Plenum erzählt.

Um den TN den Ablauf der Übung näherzubringen, zeichnen Sie zunächst eine Skizze über ein Erlebnis an die Tafel (vgl. Beispiel). Die TN raten. Danach erzählen Sie z.B. folgende Geschichte: *Ich habe einmal den Schlüssel in meiner Wohnung vergessen. Das Problem dabei war, dass niemand zu Hause war, und die Tür von außen nur mit einem Schlüssel geöffnet werden kann. Zwar war ein Fenster offen, aber ich wohne im 2. Stock. Doch ich hatte Glück. Denn mein Nachbar hat eine große Leiter. Ich habe die Leiter genommen und bin in meine Wohnung gestiegen. Als ich in der Wohnung war, konnte ich ohne Probleme die Tür von innen öffnen. Meinen Schlüssel nehme ich jetzt natürlich immer mit.*

5 Ein Mann sägt an einem Ast.

Material

- Foto von → KB S. 134 auf Folie kopiert

0. Die Übungen **5–8** beziehen sich auf den Lesetext. Diese Übung sorgt für einen sanften Einstieg in den Text.

1. Projizieren Sie bei geschlossenen Büchern die Folie. Stellen Sie den Mann kurz vor. Führen Sie dabei die Wörter *Glückspilz* und *Pechvogel* ein, wiederholen Sie *Unfall*, *Unglück*, *Panne*. Fragen Sie die TN nach ihren Vermutungen darüber, was passieren wird. Schreiben Sie zum Thema passende Wörter wie *absägen* an.

2. Die TN schreiben in Partnerarbeit kleine Geschichten.

3. Ein paar Geschichten werden vorgelesen.

6 Lesen Sie den Text auf dieser Seite.

1. **Stillarbeit** → AB S. 156 | **3** zur weiteren Vorentlastung des Wortschatzes.

2. Verfahren Sie wie auf ❖ S. 209 bei „Leseverstehen“ in den Schritten 1–5 beschrieben.

Stillarbeit → AB S. 156 | **4** | **5**

7 Lesen Sie den Text auf dieser Seite weiter.

1. **Stillarbeit** → AB S. 157 | **6** zur Vorentlastung des Wortschatzes.

2. Verfahren Sie wie auf ❖ S. 209 bei „Leseverstehen“ in den Schritten 1–5 beschrieben.

Binnendifferenzierung für die Übungen 6 und 7

Material

- Zeichnungen der Kopiervorlage **LE 27-1** ausgeschnitten

Jeder der ungeübteren TN bekommt einen Satz Bilder, die die einzelnen Episoden illustrieren. Die TN suchen während des Lesens zu jedem Bild den passenden Textabschnitt. Dadurch wird das Textverständnis erleichtert.

TN, die mit dem Lesen schneller fertig sind, erfinden für jedes Erlebnis von Peter eine Schlagzeile. Verweisen Sie auf → KB | LE 27 | **2** und → KB | LE 26 | **1**, um den TN Beispiele zur Veranschaulichung zu geben. Es muss nicht unbedingt von allen zu jeder Episode eine Überschrift gefunden werden. Die Schlagzeilen werden später dann in Übung **8** verwendet.

3. Führen Sie die Konjugation der Verben im Präteritum ein. Schreiben Sie dazu jeweils die 3. Person Singular Präteritum der Verben *unterhalten*, *warten*, *treffen* nebeneinander an die Tafel. Ergänzen Sie auf Zuruf der TN die Konjugation. Verben in der 3. Person Plural haben die TN in der Episode mit dem Lenkrad (S. 135) gelesen. Beispiele für die 1. Person Plural kommen in dem Abschnitt übers Kennenlernen (S. 135) vor. Markieren Sie die Endungen und weisen Sie dabei darauf hin, dass im Singular und im Plural die erste Person und die 3. Person gleich sind. Die 2. Person, in der man jemanden anredet, kommt im Präteritum nicht so häufig vor, da in der Schriftsprache keine Dialoge geführt werden.

Stillarbeit → AB S. 157 | **7** | **8** und S. 158 | **9** | **10** | **11** und S. 159 | **12** | **13**

8 Was ist Peter Ertl alles passiert? Wobei hatte er mehr Glück als Pech?

1. Fragen Sie die TN, wer eine Schlagzeile zum Erlebnis im Keller hat (❖ Binnendifferenzierung zu Übung 7). Schreiben Sie aussagekräftige Schlagzeilen der TN an die Tafel. Wenn Sie keine Binnendifferenzierung durchgeführt haben, erfinden Sie gemeinsam mit den TN Schlagzeilen.
2. Zeigen Sie auf die Schlagzeile zur Episode im Keller. Fragen Sie die TN, ob Peter Ertl hier mehr Glück oder Pech hatte. Ein TN liest die Beispieläußerung im Buch vor. Die TN kommentieren diese Äußerung.
3. Sprechen Sie anhand der von den TN gefundenen Schlagzeilen über die einzelnen Erlebnisse.

Zusatzübungen

Buchstabensalat

Material

- Kopiervorlage **LE 27-2** (einmal für je zwei TN und zweimal auf Folie)
- zwei Folienstifte

Die TN werden in zwei Großgruppen geteilt.

Jeweils zwei TN bekommen zusammen eine Kopie. Die TN suchen nach den 12 übrigen Präteritumformen (3. Person Singular) und markieren sie. Weisen Sie die TN darauf hin, dass die Formen waagrecht, senkrecht und diagonal von links nach rechts stehen können. Erinnern Sie die TN daran, dass die Verben wie im Beispiel auch trennbar sein können.

Nach maximal 5 Minuten setzen sich die TN jeder Großgruppe zusammen. Sie vergleichen ihre gefundenen Verben. Ein TN markiert diese auf der Folie und schreibt die Infinitive sowie die Präteritumform in die Liste. Die Gruppe, die zuerst alle 10 Verben mit Infinitiv markiert und die Formen korrekt auf die Folie geschrieben hat, ist Sieger.

Lösung: *horizontal:* half; *vertikal:* stand auf, bekam, kam, fuhr, kam, fing an; *diagonal:* saß, aß, ging

Verben abfragen

Material

- Kopiervorlage **LE 27-3A** und **LE 27-3B**
  Schneiden Sie die Kärtchen der Kopiervorlage aus und falten Sie sie in der Mitte zusammen. Sie brauchen für jede Kleingruppe einen Satz Kärtchen

Die TN fragen sich in Kleingruppen mithilfe der Kärtchen gegenseitig die Verbformen ab. Ein TN zeigt einem anderen die Seite mit dem Infinitiv. Dieser TN nennt die Stammformen. Der fragende TN liest den Beispielsatz im Präteritum vor. Ein anderer TN muss den Satz im Perfekt sagen. Die TN wechseln sich beim Fragen und Antworten bei jeder Karte ab.

Diese Übung kann immer wieder zur Wiederholung gemacht werden. Sie können auch selbst Kärtchen mit neuen Verben nach diesem Muster erstellen.

28 Fokus Hören

Lernziel Kurzmeldungen hören und verstehen; selbst eine Nachricht verfassen

1 Eine Meldung im Lokalfunk

a.

1. Die TN äußern ihre Vermutungen zu der Frau auf dem Foto.

b.

2. Die TN lesen sich still das Beispiel und die Vorgaben durch.
3. In Partnerarbeit erfinden Sie eine Geschichte und schreiben Sie im Präteritum auf.
4. Jede Gruppe erzählt ihre Geschichte im Perfekt. Wenn in Ihrem Kurs sehr viele TN sind, bilden Sie zwei Großgruppen. Die Geschichten werden in den zwei Großgruppen gleichzeitig erzählt.

c.

5. Verfahren Sie wie auf ❖ S. 209 bei „Hörverstehen" in den Schritten 2–7 beschrieben.
6. Veranschaulichen Sie an der Tafel anhand der neuen Form *dachte* die Unterschiede zwischen starken, schwachen und gemischten Verben. Fragen Sie die TN nach Unterschieden und Gemeinsamkeiten. Gemischte Verben haben eine Präteritumendung wie die schwachen Verben (1. und 3. Person Singular) und ändern zudem den Stammvokal.

	Infinitiv	Präteritum
schwaches Verb	machen	sie mach te
gemischtes Verb	denken	sie dach te
starkes Verb	bekommen	sie bekam

Stillarbeit → AB S. 162 | 1

2 Eine Kurznachricht im Radio

a. und b.

1. Verfahren Sie wie auf ❖ S. 209 bei „Hörverstehen" in den Schritten 1–2 beschrieben. Die TN vermuten, welche Angaben richtig sind.

b.

2. Verfahren Sie wie auf ❖ S. 209 bei „Hörverstehen" in den Schritten 3–6 beschrieben.
3. Machen Sie auf den Grammatikzettel aufmerksam. Fragen Sie die TN, welches andere Verb das Präteritum nach diesem Muster bildet (*denken*).

Stillarbeit → AB S. 162 | 2

3 Eine aktuelle Meldung in den Abendnachrichten

a.

1. Verfahren Sie wie auf ❖ S. 209 bei „Hörverstehen" in den Schritten 1–7 beschrieben.
2. Verweisen Sie auf die gemischten Verben auf dem Grammatikzettel.

b.

3. Um den TN zu zeigen, welche Informationen in einer Nachricht enthalten sind, suchen die TN in der Lösung von a nach den Antworten auf die Fragen *wann, wer, was, wo* sowie *Welche Waffe hatte der Verbrecher?* und *Was passierte nach dem Überfall?* Schreiben Sie die Fragewörter und Fragen an die Tafel.
4. Die TN überlegen sich zu zweit anhand der Fragen an der Tafel die Handlung und schreiben eine Nachricht. Sie können auch – wie bei Nachrichten üblich – mit dem Ort, in dem der Überfall begangen wurde, z. B. *Berlin. Gestern Abend …*, beginnen. Gehen Sie herum und korrigieren Sie Fehler.
5. Die TN üben das laute Lesen ihrer selbst geschriebenen Nachrichten.
6. Die TN können auch eine kleine Nachrichtensendung inszenieren. Ein TN jeder Gruppe liest den Text seiner Gruppe wie ein Nachrichtensprecher laut vor. Schreiben Sie Einleitungssätze an die Tafel, mit denen die TN ihren Vortrag je nach Reihenfolge beginnen können: … *und nun die Nachrichten; … und nun weitere Nachrichten; Hier noch eine Nachricht.*

Stillarbeit → AB S. 162 | **3** und S. 163 | **4** | **5**

4 Ein Verkehrsunfall vor Gericht

a. und b.

1. Verfahren Sie jeweils wie auf ❖ S. 209 bei „Hörverstehen" in den Schritten 1–7 beschrieben.

c.

2. Die TN überlegen zu zweit, welche Lösung passt.
3. Besprechen Sie die Lösung im Plenum.

Stillarbeit → AB S. 164 | **6** | **7**

Zusatzübung

Die TN spielen in Partnerarbeit die Gerichtsszene nach. Sie lesen die Lösung zum Hörtext noch einmal und überlegen dabei, welche Fragen der Richter gestellt hat. Die Fragen werden notiert.

Ein TN spielt den Richter, der fragt, der andere TN antwortet. Dabei darf das Buch zu Hilfe genommen werden. Regen Sie die TN dazu an, zu Beginn nach Namen, Adresse und Geburtstag zu fragen.

Ein paar Szenen werden im Plenum vorgespielt.

5 Kuriose Meldungen aus dem ganzen Land

a.

1. Die TN lesen still die Angaben. Klären Sie unbekannte Wörter.
2. Die TN überlegen zu zweit, welche Teile zu den Sätzen passen.

b.

3. Zur Korrektur hören die TN die Aufnahme.
4. Fragen Sie, welche Meldung am interessantesten ist.

5. Erklären Sie die Bedeutung der Präpositionen mithilfe des Tafelbildes. Fragen Sie die TN, welcher Kasus von *wegen*, *während* und *trotz* regiert wird und markieren Sie die Genitivendungen.

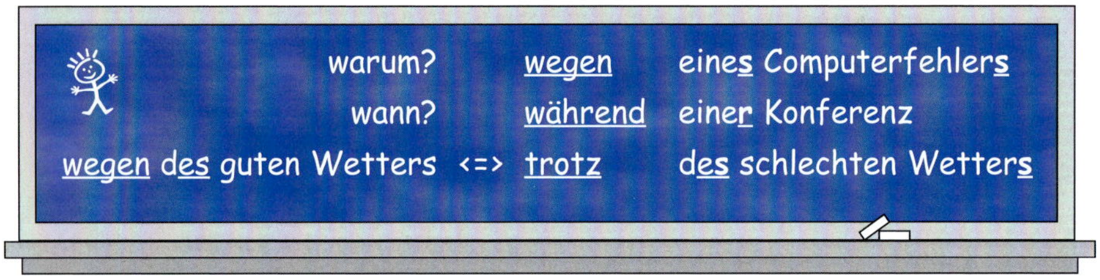

6 Noch vier kuriose Meldungen

a.

1. Die TN lesen still die Angaben.

2. Klären Sie unbekannte Wörter.

3. Die TN kombinieren in Kleingruppen die Sätze. Dabei können lustige Varianten entstehen.

4. Die TN lesen ihre Vorschläge im Plenum vor.

b.

5. Die TN hören die CD und vergleichen ihre Sätze mit der Lösung.

c.

6. Die TN bilden vier Gruppen. Jede Gruppe bekommt den Auftrag, eine der Geschichten aus b auszuschmücken und dann zu erzählen. Die TN bereiten sich vor. Sie machen sich Notizen. Kündigen Sie an, dass nachher jeder TN einen Teil der von seiner Gruppe vorbereiteten Geschichte erzählen muss.

7. Jede Gruppe erzählt ihre Geschichte.

Stillarbeit → AB S. 165 | **8** | **9** | **10**

7 Erfinden Sie selbst Kurzmeldungen.

1. Die TN sehen sich die Bilder an und lesen die Vorgaben. Klären Sie unbekannte Wörter.

2. Sammeln Sie als Beispiel im Plenum Ideen zu einem der Bilder.

3. Die TN schreiben in Kleingruppen Nachrichten zu mindestens einem der Bilder. Gehen Sie herum und helfen Sie bei Unsicherheiten.

4. Die TN üben das Lesen ihres Textes.

5. Jede Kurzmeldung wird von einem TN vorgelesen.

Variante Die TN arbeiten zu zweit. Sie erfinden eine kleine kuriose Geschichte, die ihnen angeblich passiert ist. Dazu machen sie sich ein paar Notizen.
Journalisten (eine andere Zweiergruppe) haben gehört, dass etwas Ungewöhnliches passiert ist. Sie kommen zu einer Gruppe, die eine Geschichte erfunden hat, und fragen, was passiert ist. Die Geschichte wird erzählt. Die Journalisten-Gruppe macht sich Notizen. Anschließend werden die Rollen getauscht.
Die Zweiergruppen schreiben eine Meldung mit Schlagzeile und ggf. einer kleinen Zeichnung über das Erlebnis ihrer Partnergruppe. Damit die anderen TN erahnen können, um wen es sich in der Geschichte handelt, werden Personenangaben wie z.B. *eine junge Frau aus Tunesien* oder *ein Verkäufer (28 Jahre)* benutzt. Sammeln Sie, bevor die Meldungen geschrieben werden, verschiedene Möglichkeiten an der Tafel.
Die Geschichten werden auf einer Wandzeitung und/oder in der Kurszeitung (❖ S. 65) präsentiert.

29 Fokus Sprechen

Lernziel Inhalte von Filmen wiedergeben

1 Er saß. Er aß.

a.

0. In den Übungen **1–5** prägen sich die TN die Präteritumformen mit Reimen ein.
1. Die TN hören den Text einmal bei geschlossenem Buch.
2. Verfahren Sie wie auf ❖ S. 210 bei „Nachsprechen" in den Schritten 4–6 beschrieben. Bei Schritt 6 spielen Sie jeweils nur die erste Zeile vor. Die TN sprechen jeder für sich halblaut aus dem Gedächtnis die zweite Zeile. Danach hören die TN von der Aufnahme, ob ihre Ergänzung richtig war.

b.

3. In Reihenübung variieren die TN die Sätze wie im Beispiel angegeben. Achten Sie auf das Tempo. Da alle Verben in a im Präteritum benutzt wurden, dürfte die Übung nicht zu schwer fallen.

2 Sie saß auf dem Sofa.

a.

1. Die TN lesen die Verbformen im Kasten und nennen den Infinitiv.
2. Die TN hören die CD und ergänzen die Lücken. Machen Sie nach jedem Reim eine kleine Pause, damit die TN Zeit zum Schreiben haben.

b.

3. Die TN hören noch einmal, um zu kontrollieren.
4. Die TN lesen die Sätze reihum im Kurs vor.

Stillarbeit → AB S. 167 | **1**

3 Hören Sie und sprechen Sie nach. Achten Sie auf die Verben am Ende.

1. Sprechen Sie mit den TN über das Bild oben. Die TN hören den ersten Text ohne mitzulesen. Sie betrachten dabei das Bild.
2. Verfahren Sie wie auf ❖ S. 210 bei „Nachsprechen" in den Schritten 2–6 beschrieben oder führen Sie ab Schritt 6 die „Variante für Reime" auf ❖ S. 210 durch.
3. Arbeiten Sie mit dem zweiten Text wie in den Schritten 1 und 2 beschrieben.

4 Wie heißen die Sätze?

a.

1. Sprechen Sie mit den TN darüber, was die Personen auf den Bildern machen.
2. Die TN ergänzen in Partnerarbeit die Lücken.
3. Klären Sie ggf. unbekannte Wörter.

b.

4. Die TN hören zur Kontrolle die CD.
5. Die TN hören die CD noch einmal und lesen halblaut mit.
6. Die TN üben für sich halblaut das Lesen der Reime.
7. Jeder TN liest einen Reim im Kurs laut vor. Statt Schritt 7 können Sie auch die „Variante für Reime" auf ❖ S. 210 durchführen.

Stillarbeit → AB S. 167 | **2** | **3**

5 Eine Szene am See

a.

1. Die TN hören den Text und betrachten das Bild.
2. Klären Sie unbekannte Wörter.

b.

3. Die TN betrachten das Bild und finden Unterschiede zum Bild oben.
4. Die TN lesen still die Variation. Sie unterstreichen dabei die Elemente, die ausgetauscht wurden.
5. In Partnerarbeit schreiben die TN mithilfe der Elemente im grünen Kasten eine Variation der Szene. Natürlich können die TN auch Elemente ergänzen, die nicht vorgegeben sind.
6. Die TN lernen ihre Variation auswendig.
7. Einige TN tragen ihren Text auswendig vor.

Stillarbeit → AB S. 168 | **4**

6 „Den Film fand ich wirklich spannend."

Material

- → KB S. 142 a für jede Zweiergruppe einmal kopiert; Repliken des Dialogs, auseinandergeschnitten
- → KB S. 142, d auf Folie kopiert
- ggf. Scheren für die Binnendifferenzierung
- ggf. Video / DVD „Das Fenster zum Hof" von Alfred Hitchcock

0. In den Übungen **6** und **7** werden Filmhandlungen nacherzählt. Da aus der Distanz erzählt wird, benutzen die Sprecher das Präteritum.

a., b. und c.

1. Erzählen Sie den TN von einem spannenden Film. Animieren Sie die TN, über Filme zu berichten, die sie in letzter Zeit gesehen haben.
2. Verfahren Sie wie auf ❖ S. 210 bei „Gespräche hören und nachspielen" in den Schritten 1 – 5 beschrieben.
3. Ein paar Zweiergruppen lesen den Dialog laut vor.
4. Fragen Sie die TN, ob sie den Film kennen. Es handelt sich um „Das Fenster zum Hof" von Alfred Hitchcock mit James Stuart und Grace Kelly. Im Anschluss an die Übung können Sie – falls die Möglichkeit besteht – auch ein paar Schlüsselszenen aus dem Film zeigen.

d.

5. Jede Zweiergruppe bekommt die Streifen mit den Dialogteilen und rekonstruiert bei geschlossenem Buch den Dialog. Die TN kontrollieren ihre Rekonstruktion mit dem Buch.

6. Die TN üben in Partnerarbeit den Dialog mithilfe der Fragen und Antworten im Kasten ein.

7. Ein paar TN spielen den Dialog vor. Projizieren Sie Teil d, sodass geübtere TN das Buch schließen können.

8. Sprechen Sie mit den TN darüber, ob man das Ende eines Filmes verraten soll oder nicht.

Binnendifferenzierung Ungeübtere TN behalten die Streifen (Schritt 5) mit den für sie schwierigen Repliken und lesen diese beim Nachspielen ab. Die TN können auch Teile, die sie gut beherrschen, von den Streifen abschneiden. Jeder TN entscheidet selbst, wie viel Hilfestellung er durch die Dialogstreifen braucht.

Stillarbeit → AB S. 168 | 5

7 „Wie fandest du den Film?"

a.

1. Die TN stellen anhand des Bildes Vermutungen zur Handlung des Films an.

2. Die TN lesen still den Lückentext und die Verben im Kasten. Klären Sie ggf. unbekannte Wörter.

3. Die TN hören die Erzählung zweimal und ergänzen die fehlenden Verben aus dem Kasten.

4. Zur Korrektur lesen einige TN die Sätze vor.

b.

5. Die TN üben mithilfe der Fragen und Teil a das Gespräch in Partnerarbeit ein.

6. Ein paar Dialoge werden im Plenum nachgespielt.

7. Sprechen Sie mit den TN darüber, was sie tun würden, wenn sie einen Koffer finden würden.

Binnendifferenzierung

Material

- Sätze (Teil a) und Fragen (Teil b) aus Übung 7 kopiert und ausgeschnitten

Jeweils zwei ungeübtere TN arbeiten zusammen. Sie bekommen einen Satz der Textstreifen. Sie ergänzen bei den Sätzen die Verben. Dann legen sie aus den Streifen einen Dialog. Gehen Sie den Dialog zur Kontrolle durch. Mithilfe der Streifen üben die TN den Dialog ein. Dabei werden immer mehr Streifen umgedreht und die TN ergänzen die Fragen oder Antworten aus dem Gedächtnis.

8 Ein junges Ehepaar verirrt sich.

0. Hier spinnen die TN die Handlung eines Films weiter.

a.

1. Sagen Sie den TN, dass Sie eine Idee zu einem Film haben und den Beginn schon aufgeschrieben haben. Lesen Sie den TN den Text vor, versuchen sie dabei eine gruslige Stimmung zu erzeugen. Machen Sie Pausen nach *einsame Gegend*, *ein Haus*, *Telefon*, *ein Zimmer*. Fragen Sie die TN in den Pausen an den entsprechenden Stellen wie die Gegend, das Haus, der alte Mann und das Zimmer aussehen. Sagen Sie am Ende des Textes, dass Sie nicht mehr weiter wissen und die TN ihnen helfen sollen den Film weiter zu entwickeln. Die TN nennen spontan ihre Einfälle.

b.

2. Die TN lesen das Beispiel im Buch. Erklären Sie den TN, dass das Präsens (narratives Präsens) hier ein Mittel ist, um die Inhaltsangabe spannend zu machen.
3. Gehen Sie mit den TN das Wortmaterial durch und semantisieren Sie unbekannte Wörter.
4. Die TN schreiben in Partnerarbeit die Handlung weiter. Begrenzen Sie die Zeit auf 15–20 Minuten.
5. Jede Gruppe stellt ihre Geschichte vor.
6. Die beste Geschichte wird prämiert (Prämierung vgl. ❖ S. 33 | 5 | Schritt 6 und 7). Die Geschichten können auch in der Kurszeitung (vgl. ❖ S. 65) abgedruckt werden.

Variante zu Schritt 5 Sammeln Sie die Texte ein und korrigieren Sie sie. Die TN schreiben die korrigierte Version auf ein Blatt und illustrieren die Geschichte, wenn sie Lust dazu haben. Die Geschichten werden für alle kopiert. Die TN lesen die Geschichten und prämieren sie.

Stillarbeit → AB S. 169 | 6 | 7

Zusatzübungen

Szenen aus „Ein junges Ehepaar verirrt sich"

Der Film von Übung 8 wird in Szenen eingeteilt, z.B. 1. Szene: Mann und Frau im Auto; 2. Szene: Auf dem Weg vom Auto zum Haus; 3. Szene: An der Haustür des alten Mannes; 4. Szene: Mann und Frau liegen im Haus des alten Mannes im Bett. Weitere Szenen können aus der prämierten Geschichte aus Übung 8 entnommen werden.

Zu jeder Szene schreibt eine Kleingruppe einen Dialog. Die Dialoge werden eingeübt und vorgespielt.

Noch lustiger ist es, wenn die Dialoge zur Synchronisation dienen. Jeweils zwei oder drei TN spielen eine Szene pantomimisch vor. Dazu bekommen sie vorher von den TN, die den Dialog dazu erfunden haben, kurze Anweisungen, was sie genau machen sollen. Die Dialogschreiber lesen ihren Text mit verteilten Rollen aus dem Off vor. Denkbar wäre auch, dass die TN die Szenen üben und dann mit einer Videokamera aufnehmen.

Mein Lieblingsfilm

Die TN machen sich Notizen zur Handlung ihres Lieblingsfilms. Helfen Sie bei Wortschatzfragen.

Die TN erzählen sich in Partnerarbeit gegenseitig ihren Lieblingsfilm. Der zuhörende TN regt das Gespräch durch Fragen (vgl. Übung 7 Teil b) an.

30 Fokus Schreiben

Lernziel eine Geschichte fertig erzählen; Zeitungsartikel zu Schlagzeilen schreiben

1 Hören Sie zu und schreiben Sie.

Verfahren Sie wie auf ❖ S. 212 bei „Diktat“ in den Schritten 1–5 beschrieben.

2 Ein Schwein hatte Glück. (Teil 1)

Material

- Zeichnungen aus → KB S.144 vergrößert und ausgeschnitten

a.

1. Jede Kleingruppe bekommt einen Satz Zeichnungen (bei geschlossenen Büchern). Die TN versuchen die Reihenfolge zu rekonstruieren.
2. Die TN erzählen, was ihrer Meinung nach passiert ist. Helfen Sie bei neuen Wörtern.
3. Die TN schlagen nun die Bücher auf und vergleichen ihre Version mit den Bildern im Kursbuch.
4. Verfahren Sie wie auf ❖ S. 209 bei „Bild-Textzuordnung“ in den Schritten 1–2 beschrieben.

b.

5. Fragen Sie die TN nach ihren Vermutungen zum Fortgang der Geschichte.

3 Ein Schwein hatte Glück. (Teil 2)

Material

- für a und c: Zeichnungen aus → KB S.145 vergrößert und ausgeschnitten
- für c: ausgeschnittene Zeichnungen von Übung 2

a.

1. Die TN ordnen die Bilder wie bei Übung 2 in den Schritten 1–3 beschrieben.
2. Die TN ordnen in Partnerarbeit die Textteile den Bildern im Buch zu.
3. Zur Korrektur vergleichen sie die Zuordnung mit einer anderen Zweiergruppe.
4. Besprechen Sie unbekannte Wörter.
5. Die TN schreiben die Geschichte im Präteritum.
6. Zur Korrektur wird die Geschichte vorgelesen. Schreiben Sie die Präteritumformen der Verben an die Tafel.

b.

7. Sprechen Sie mit den TN über die Geschichte.

c.

8. **Stillarbeit** → AB S. 171 | 1 | 2
9. Die TN legen in Partnerarbeit die Bilder in der richtigen Reihenfolge vor sich auf den Tisch.
10. Ein TN beginnt und erzählt im Präteritum den Beginn der Geschichte aus der Perspektive von Heino. Achten Sie darauf, dass die Perspektive, z.B. durch *mein Vater*, realisiert wird.
11. Die TN erzählen zu zweit abwechselnd weiter. Bei Teil 2 dienen die Präteritumformen der Verben an der Tafel als Unterstützung.

4 Schlagzeilen

Material
- 6 Folien und 6 Folienstifte

0. Die Textsorte „Zeitungsmeldung" schließt den Themenkreis.

a.

1. Sprechen Sie mit den TN über die Fotos. Führen Sie dazu notwendige Wörter ein.

b.

2. Verfahren Sie wie auf ❖ S. 209 bei „Bild-Textzuordnung" in den Schritten 1–2 beschrieben.

c.

3. Die TN schreiben in Partnerarbeit Sätze. Zu jeder Schlagzeile schreibt eine andere Gruppe einen Satz auf eine Folie.

4. Als Musterlösungen werden die von den TN beschrifteten Folien präsentiert.

5 Noch mehr Schlagzeilen

Material
- Kopie Schlagzeilen (ggf. mit Fotos) vergrößert und ausgeschnitten
- großes Plakat mit der Überschrift *Nachrichten*
- Klebstoff

a.

1. Die TN ordnen in Partnerarbeit die Schlagzeilen den Untertiteln 1–8 zu.

2. Besprechen Sie die Zuordnung. Klären Sie unbekannte Wörter.

b.

3. Teilen Sie Ihren Kurs in acht Kleingruppen. Jede Gruppe wählt jeweils eine Nachricht aus.

4. Die TN überlegen sich zu ihrem Titel in ihrer Gruppe die Antworten auf die vorgegeben Fragen.

5. Die TN schreiben einen Zeitungsartikel zu „ihrem" Titel. Verfahren Sie wie auf ❖ S. 212 bei „Texte schreiben" in den Schritten 1–2 beschrieben.

c.

6. Jede Kleingruppe bekommt die zu ihrem Text passende Schlagzeile als Kopie. Die TN erstellen aus den Texten, Schlagzeilen und Fotos auf dem Plakat eine Wandzeitung.

Variante Statt der Schlagzeilen aus dem Buch können Sie den TN auch Schlagzeilen aus aktuellen Zeitungen geben. Die TN schreiben dann die Meldung dazu und vergleichen den Originaltext mit ihrer Meldung.

Zusatzübung TN aus verschiednen Arbeitsgruppen von Übung **5** treffen sich zu einer Art Stammtisch. Die Arbeitsgruppen, die in Übung **5** die Zeitungsartikel geschrieben haben, bereiten sich gemeinsam auf das Erzählen vor. Sie wählen eine Perspektive und machen sich Notizen. Dann geht jeder TN möglichst zu einem anderen Stammtisch, um zu erzählen. Jeder erzählt als Betroffener, also z.B. Katzenbesitzer, Kioskbesitzer, U-Bahn-Fahrgast usw., was ihm passiert ist. Geben Sie den TN einen Einleitungssatz vor, z.B. *Wisst ihr was mir gestern passiert ist?*

Stillarbeit → AB S. 172 | **3** | **4** und S. 174 | **5** | **6**

Fotodoppelseite

Zum Foto „Zeitungsleser"

Sprechen Sprechen Sie mit den TN über die Leute auf dem Foto.
Woher kommen die Leute, wohin fahren sie? Welche Berufe haben sie? Was lesen sie? Was machen sie in der U-Bahn oder im Bus, wenn sie keine Zeitung haben?
Wie sehen öffentliche Verkehrsmittel im Heimatland aus? Was machen die Leute in den öffentlichen Verkehrsmitteln?

Diskutieren Sie im Kurs: Welche Form von Medium (Zeitung, Radio, Fernsehen) benutzen die TN und warum? Wie oft lesen, hören, schauen die TN Nachrichten? Ist es wichtig, sich zu informieren?

Zum Foto „Zeitungskiosk"

Sprechen Welche Zeitungen kennen die TN (auf dem Foto)? Welche lesen die TN regelmäßig und wo? (U-Bahn, Bus, zu Hause beim Frühstück, in der Mittagspause)

Projekt: Meine Lieblingszeitung/-zeitschrift Die TN bereiten eine kurze Präsentation ihrer Lieblingszeitschrift/-zeitung vor. Es dürfen dabei natürlich auch muttersprachliche Zeitungen benutzt werden. Die TN erzählen, wie oft die Zeitung/Zeitschrift erscheint, ob es viele Bilder gibt, über welche Themen in der Zeitung berichtet wird, warum ihnen die Zeitung/Zeitschrift gefällt. Im Inland (oder wenn die TN Zugang zu einer deutschsprachigen Bibliothek haben) suchen die TN ggf., welche deutsche Zeitung/Zeitschrift vergleichbar wäre.

Schreiben Der Kioskbesitzer ist verschwunden. Die TN schreiben eine kurze Geschichte im Präteritum oder eine Meldung für den Lokalfunk.

Lesen Unter www.hueber.de finden Sie unter Landeskunde, im Landeskunde-Überblick, Themenkreis: 15. Medien und Kommunikation den Text „1956 – Na, BRAVO! Die größte deutschsprachige Jugendzeitschrift". Der Text kann als PDF-Datei heruntergeladen oder im Internet gelesen werden.

Wie funktionieren Zeitungskästen? Die TN lesen Informationen unter http://www.kaleidos.de/alltag/suche/zeit01.htm.

Weitere Spiele zu den Fotodoppelseiten unter www.lagune.de/lehren.

Augenzwinkern

Jeweils drei TN üben das Lesen des Dialogs. Zwei TN spielen die Mädchen, der dritte spricht den Krimi. Die TN überlegen sich, welche Geräusche die Situation illustrieren können, und nehmen den Dialog als Minihörspiel auf. Welche Gruppe hat das beste Hörspiel?
Wenn die TN Lust dazu haben, können sie auch den Krimi weiterschreiben.

Themenkreis **Länder und Leute**

Fotocollage

Material

- Folie der Fotocollage

Material für die Zusatzübung

- Fotos → KB S. 151 auf Postkartenformat vergrößert und ausgeschnitten

1. Die TN öffnen das Buch und betrachten die Fotocollage.
2. Fragen Sie die TN, wo die Fotos aufgenommen worden sind: *am Brandenburger Tor, irgendwo auf dem Land, Fiaker in Wien, irgendwo in den Bergen, am Herzogstand (Berg in den Bayerischen Alpen), in der Schweiz, Kreidefelsen auf Rügen (Gemälde von C. D. Friedrich), Luftaufnahme vom Bodensee, Robben am Strand.* Fragen Sie auch wo die Orte ungefähr liegen. Verweisen Sie auf die Landkarte in der Einbandinnenseite.
3. Fragen Sie nach der Jahreszeit und dem Wetter.
4. Welche Orte oder Dinge auf der Fotocollage haben die TN schon gesehen?
5. Schreiben Sie das Wort *Urlaub* an die Tafel. Sammeln Sie zusammen mit den TN Wörter, die ihnen zum Thema Urlaub einfallen, und notieren Sie sie in Form eines Wortigels an der Tafel.
6. Welches Foto würden die TN als ihren Idealurlaub wählen und warum? Fragen Sie die TN, was ihrer Meinung nach ein schöner Urlaub ist.

Zusatzübung Die TN arbeiten in Kleingruppen. Jede Gruppe bekommt eine „Ansichtskarte“ aus der Collage. Jede Gruppe schreibt eine kurze Urlaubskarte aus dem Ort auf ihrem Bild an eine andere Gruppe. Die TN schreiben, wo sie sind, was sie den ganzen Tag machen und wie das Wetter ist. Helfen Sie bei Schwierigkeiten. Wiederholen Sie ggf. die Anrede- und Grußformeln.

Der Themenkreis schließt sich

Ideen

- Meine schönste Reise: Die TN bereiten eine Plakat mit Fotos/Zeichnungen und eine kleine Präsentation vor.
- Die TN schreiben zu einem der Fotos einen Brief wie im → KB S. 171. Die TN geben Informationen zu folgenden Punkten: wo sie sind, wie das Wetter ist, wie die Leute sind, wie das Essen ist, wie lange sie schon dort sind und wie lange sie bleiben wollen. Gibt es Sehenswürdigkeiten? Ist etwas Interessantes passiert? Warum sind sie dorthin gefahren?
- Web-Recherche: Die TN wählen unter http://www.dw-world.de/ → Deutschland-Info → Deutschland entdecken → Impressionen aus Deutschland ein interessantes Reiseziel aus. Sie suchen ggf. unter http://maps.google.de/maps, wo der Ort liegt. Die TN zeigen ein Foto, beschreiben die Lage und begründen, warum sie gerne dorthin fahren würden.

31 Fokus Strukturen

Lernziel über eine Reise berichten; geografische Lagen angeben

1 Stefanie zeigt Fotos von ihrer Reise.

Material

- Fotos von → KB S. 152 vergrößert auf Folie kopiert

Material für die Variante

- Kopiervorlage **LE 31-1** (Fotos vergrößert und ausgeschnitten)
- Sätze von 1–8 vergrößert und auseinander geschnitten
- große Landkarte (D-A-CH)
- Klebeband

0. In den Übungen **1–4** geht es um die Reise von Stefanie.

1. Fragen Sie die TN, ob sie schon einmal eine Reise nach Deutschland, Österreich oder in die Schweiz gemacht haben. In Inlandskursen können Sie fragen, in welchen deutschsprachigen Orten die TN – außer im Kursort – schon gewesen sind.

a.

2. Zeigen Sie, den TN bei geschlossenem Buch das Foto von Stefanie (in der Mitte) auf dem Overheadprojektor. Decken Sie dabei den Rest der Folie ab. Fragen Sie die TN, was auf dem Foto zu sehen ist. Erzählen Sie den TN schließlich, dass Stefanie eine Reise durch Österreich, Deutschland und die Schweiz gemacht hat und hier einem Freund Fotos zeigt. Schmücken Sie die Biographie und die Umstände der Reise ein bisschen aus, z. B. Stefanie ist Studentin und lebt in England. Sie ist 4 Wochen lang gereist. Fragen Sie die TN, was Stefanie vermutlich gesehen hat.

3. Decken Sie die Fotos von Stefanie auf. Sprechen Sie mit den TN darüber. Semantisieren Sie dabei *Seilbahn* (falls nicht bei der Fotocollage geschehen), *Rind* und *Käsefondue*, um das Verständnis der Sätze in b zu erleichtern.

b.

4. Die TN öffnen das Buch. Verfahren Sie wie auf ❖ S. 209 bei „Bild-Textzuordnung“ in den Schritten 1–2 beschrieben.

Variante zu den Schritten 3 und 4

Verteilen Sie die kopierten und ausgeschnittenen Fotos von der Kopiervorlage **LE 31-1** mit den jeweils dazu passenden Sätzen, sodass je nach Kursstärke zwei oder drei TN zusammen ein Foto mit dem dazugehörenden Satz bekommen. Sagen Sie den TN, dass das die Fotos von Stefanie sind.

Die TN lesen ihren Satz und erschließen unbekannten Wortschatz mithilfe des Fotos.

Die TN versammeln sich an der Landkarte. Jede Gruppe sagt, wo ihr Bild aufgenommen wurde und was darauf zu sehen ist. Dann heftet jede Gruppe ihr Bild an die entsprechende Stadt oder Region auf der Landkarte.

Schreiben Sie die Wörter *Seilbahn*, *Rind* und *Käsefondue* an die Tafel, wenn die TN die entsprechenden Bilder zeigen.

Die TN gehen auf ihre Plätze zurück und ordnen die Bilder im Buch den Sätzen zu. Erklären Sie weitere unbekannte Wörter.

5. Veranschaulichen Sie mit dem Tafelbild die Struktur von Relativsätzen. Schreiben Sie jeweils zwei Hauptsätze nebeneinander. Fragen Sie die TN, wie man die Sätze besser verbinden kann. Verweisen Sie auf die Sätze im Buch. Schreiben Sie auf Zuruf der TN jeweils die Relativsätze an. Fragen Sie die TN, wo die Verben stehen und markieren Sie sie. Die TN werden darauf aufmerksam, dass ein Relativsatz ein Nebensatz ist. Zeigen Sie den TN, dass das Relativpronomen die gleiche Form wie der definite Artikel hat. Verweisen Sie auf die Beispiele auf dem Grammatikzettel.

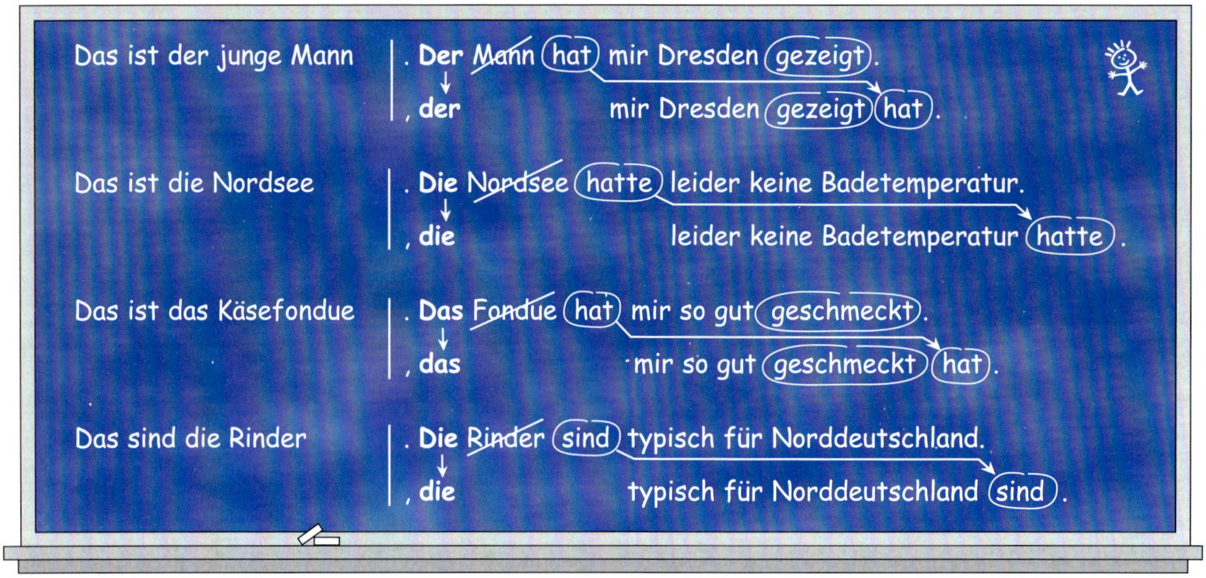

Stillarbeit → AB S. 177 | 1 | 2

2 Das hat Stefanie auch gesehen.

a.

1. Die TN betrachten die Fotos und sprechen darüber.

b.

2. Verfahren Sie wie auf ❖ S. 209 bei „Bild-Textzuordnung" in den Schritten 1–2 beschrieben.
3. Machen Sie aus den Satzteilen I und 1 ein Tafelbild, das wie der Grammatikzettel aufgebaut ist (vgl. auch Tafelbild zu Übung 1). Die TN suchen in den Sätzen nach der Nominativ- und Akkusativergänzung. Weisen Sie darauf hin, dass der Relativsatz genauso wie der gleich lautende Hauptsatz ein vollständiger, selbstständiger Satz mit Subjekt und anderen Ergänzungen ist. Das Bezugswort im Hauptsatz (hier: *Bär*) muss nicht im gleichen Kasus stehen wie das Relativpronomen. Allerdings müssen Numerus (hier: Singular) und Genus (hier: maskulin) des Bezugsworts mit dem Relativpronomen übereinstimmen.

Stillarbeit → AB S. 178 | 3 | 4

3 Eine Reise von Süden nach Norden

1. Die TN ergänzen zu zweit die Relativpronomen.
2. Zur Korrektur lesen die TN die Sätze vor. Bei Schwierigkeiten werden Sätze aus der Übung an der Tafel analysiert.

4 Stefanies Reiseroute

Material

- Folie von der Karte → KB S. 155
- Folienstift

a.

1. Die TN suchen in Partnerübung die in Übung **3** erwähnten Orte und markieren sie auf der Karte rechts.

b.

2. Die TN erzählen wie im Buch vorgegeben reihum, wo Stefanie war und was sie gemacht hat. Projizieren Sie die Folie und zeigen Sie jeweils die besprochenen Orte auf der Folie. Diese Aufgabe kann auch von einem oder mehreren TN übernommen werden.

Stillarbeit → AB S. 179 | **5**

5 Fragen zur Geografie

Material

- leeres Plakat

a.

1. Semantisieren Sie *Bucht* und *Gebirge* mithilfe der Landkarte.
2. Die TN ergänzen in Kleingruppen die Antworten. Sie können diese Aufgabe auch als Wettbewerb gestalten: Welche Gruppe findet die Lösungen am schnellsten?
3. Zur Korrektur lesen die TN die Fragen mit den Antworten vor.
4. Die TN unterstreichen in Partnerarbeit in den Fragen die Relativpronomen und bestimmen deren Kasus.
5. Vergleichen Sie die Ergebnisse im Plenum.
6. Machen Sie an der Tafel oder auf einem Plakat eine Übersicht über die Formen der Relativpronomen im Nominativ, Akkusativ und Dativ. Ordnen Sie die Formen wie im → AB S. 181 | **10** a an. Regen Sie die TN dazu an, Ihnen die Formen zu nennen. Fragen Sie die TN, welche Form von den Formen des definiten Artikels abweicht (Dativ Plural). Markieren Sie diese farbig. Auf dieser Übersicht können Sie später in LE 32 nach Übung **3** (❖ S. 140) die Genitivformen ergänzen.
7. Veranschaulichen Sie an der Tafel, dass diese Relativsätze mit einer Präposition beginnen. Die Präposition bestimmt den Kasus des Relativpronomens.

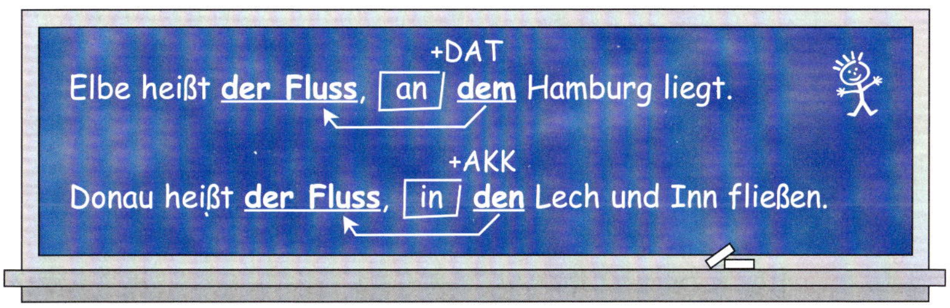

8. **Stillarbeit** → AB S. 180 | **8**

b.

9. Die TN schreiben in Kleingruppen mithilfe der Redemittel → KB S. 155 vier bis sechs Fragen auf ein Blatt.

10. Die Blätter werden mit einer anderen Gruppe ausgetauscht. Diese Gruppe sucht die Antworten auf die Frage und notiert sie auf dem Blatt. Gruppen, die schneller fertig sind, schreiben die Antworten in Form von vollständigen Relativsätzen auf.

11. Jede Gruppe bekommt ihre eigenen Fragen zurück und kontrolliert die Antworten.

Stillarbeit → AB S. 179 | **6** | **7** und S. 180 | **9**

Zusatzübungen

Geografiequiz

Material

• Karte vom Heimatland der TN

Für national homogene Kurse Die TN arbeiten in zwei Großgruppen. Sie schreiben fünf Fragen zur Geografie ihres Heimatlandes auf. Die TN können sich an den Fragen in → KB | **5** orientieren.

Über eigene Fotos sprechen

Material

• von den TN mitgebrachte Urlaubsfotos

Die TN sprechen in Kleingruppen über ihre eigenen Urlaubsfotos. Den meisten TN macht es großen Spaß, ihre Bilder zu zeigen. Sammeln Sie dazu Redemittel an der Tafel, wie z. B.:

Hier seht ihr…

Das ist …

So sieht … aus.

Das Foto habe ich in … gemacht/aufgenommen.

Eine Reise durch Deutschland, Österreich und die Schweiz

Material

• Kopiervorlagen **LE 31-2A**, **-2B** und **-2C**

Die TN arbeiten in Partnerarbeit. Ein TN bekommt Blatt A, der andere Blatt B von der Kopiervorlage. Jeder TN erhält eine Landkarte.

Partner A beginnt und schildert seinem Partner B Satz für Satz seine Reiseroute, indem er die auf der Vorlage gegebenen Sätze wie im Beispiel in Relativsätze umformt. Partner B zeichnet die Route auf der Karte ein. Wichtig ist dabei, dass TN B das Blatt von A nicht sieht. Am Ende wird die auf die Landkarte gezeichnete Route mit der auf Blatt A vorgegebenen Route verglichen. Danach werden die Rollen getauscht.

Wiederholen Sie ggf. vor der Übung das Genus der Bezugswörter.

32 Fokus Lesen

Lernziel Reisevorbereitungen erläutern; sagen was man interessant findet

1 Berühmte Sehenswürdigkeiten

Material

- → KB S. 156 auf Folie

0. In den Übungen **1–3** geht es um die Sehenswürdigkeiten auf den Fotos.

a.

1. Sprechen Sie mit den TN bei geschlossenen Büchern über die Fotos auf der Folie. Führen Sie dabei einige Wörter aus dem Lernwortschatz ein, wie z.B. *Gebäude*, *Kutsche*, *Küste*, *Felsen* und *Wasserfall*.

b.

2. Verfahren Sie wie auf ❖ S. 200 bei „Leseverstehen“ in den Schritten 2–5 beschrieben. Erinnern Sie die TN an Caspar David Friedrichs Gemälde „Kreidefelsen auf Rügen“, das auf der Einstiegsseite → KB S. 151 unten in der Mitte abgebildet ist.

Stillarbeit → AB S. 182 | **1** | **2**

Binnendifferenzierung Ungeübtere TN lesen nur die Text 1, 2 und 4 und suchen die dazu passenden Fotos. Geübtere TN machen sich Notizen zu einzelnen Sehenswürdigkeiten, um später eine Sehenswürdigkeit mit eigenen Worten beschreiben zu können. Geben Sie ein paar stichwortartige Fragen an der Tafel vor: *Name? Wo? Rekorde? Besonderes? Was kann der Tourist machen?*.

2 Was passt?

Material

- DIN-A4-Blätter in zwei Farben, folgendermaßen beschriftet:

Der	Maler	heißt	C. D. Friedrich		
Er	hat	die	Kreidefelsen	gemalt	der

1. Die TN ergänzen in die Lücken die passenden Relativsätze.

2. Besprechen Sie die Lösung im Kurs.

3. Geben Sie vier TN die „blauen“ Blätter mit dem Hauptsatz. Fordern Sie die TN dazu auf, die Blätter gut sichtbar vor den Körper zu halten und sich so aufzustellen, dass aus den Wörtern ein Satz entsteht. Die anderen TN dirigieren. Die TN bleiben als lebender Satz stehen.

4. Fünf andere TN bekommen die „weißen“ Blätter, ohne das Blatt mit dem Relativpronomen *der*. Sie bilden daraus wie oben beschrieben einen weiteren Hauptsatz.

5. Stellen Sie den TN die Aufgabe, die beiden Sätze zu verbinden. Fragen Sie, ob ein Element ausgetauscht werden muss, und geben Sie den TN das Blatt mit dem Relativpronomen. Die TN bilden einen Relativsatz.

   Weisen Sie darauf hin, dass der Relativsatz nach seinem Bezugswort steht und deshalb oft in einen Hauptsatz eingeschoben werden muss. Beziehen Sie auch die TN mit in die Übung ein, die kein Satzelement haben. Sie dürfen Anweisungen geben.

6. Wenn alle TN wieder auf ihren Plätzen sitzen, veranschaulichen Sie mithilfe des Tafelbildes ein weiteres Beispiel. Schreiben Sie zunächst zwei Hauptsätze an. Fragen Sie die TN, welches Element in beiden Sätzen vorkommt und unterstreichen Sie diese. Fordern Sie die TN dazu auf, den Relativsatz zu bilden und schreiben sie ihn an die Tafel.

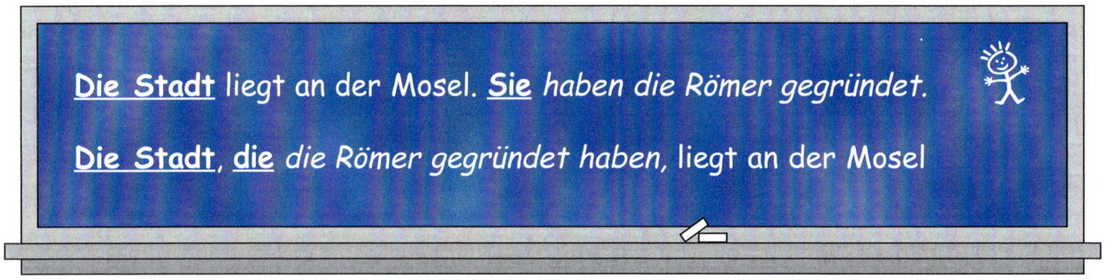

Verweisen Sie auch auf den Grammatikzettel im Buch.

Stillarbeit → AB S. 183 | **3**

3 Wie gehen die Sätze weiter?

Material

- → KB S. 156 auf Folie (von Übung **1**)

1. Die TN suchen zu den Hauptsätzen die passenden Relativsätze.
2. Zur Korrektur lesen die TN die Sätze vor.
3. Schreiben Sie die Sätze aus der Übung wie auf dem Grammatikzettel zuerst in Form von zwei Hauptsätzen an die Tafel. Fragen Sie die TN, wie jeweils der Relativsatz heißt und schreiben Sie ihn darunter. Um weniger schreiben zu müssen, können Sie dabei den (ersten) Hauptsatz jeweils abkürzen und nur das Bezugswort *ein Berg*, *die Kaiserin* usw. anschreiben.
   Erklären Sie den TN, dass im Relativsatz statt eines Possessivartikels das Relativpronomen im Genitiv steht. Erinnern Sie daran, dass das Bezugswort und das Relativpronomen in Genus und Numerus gleich sind. Fragen Sie jeweils nach dem Genus des Bezugswortes und des Relativpronomens und unterstreichen Sie beide jeweils in derselben Farbe. Auf dieser Stufe müssen die TN Relativpronomen im Genitiv zwar erkennen, aber nicht selbst bilden. Ergänzen Sie deshalb die Formen auf dem Plakat in Klammern (❖ S. 137 | LE 31 | **5**).
4. Zeigen Sie den TN die Fotos auf der Folie. Nachdem sich die TN in Übung **2** und **3** noch einmal mit Sätzen zu den Sehenswürdigkeiten beschäftigt haben, fassen sie in eigenen Worten zusammen, was sie über die Sehenswürdigkeiten wissen. TN, die als Binnendifferenzierung Notizen gemacht haben (vgl. ❖ LE 32 | **1**), sprechen jetzt mithilfe ihrer Notizen über die Fotos.

Stillarbeit → AB S. 183 | **4**

4 Reisevorbereitungen

Material

- Plakate, bunte Stifte, Klebstoff

soweit vorhanden:

- Landkarten
- Bildbände über Deutschland, Österreich und die Schweiz
- Reiseführer
- Prospekte
- Internetseiten wie z. B.
  http://www.deutschland-tourismus.de/
  http://www.kaleidos.de/alltag/webcam/menue/findex.htm
  http://www.myswitzerland.com/de.cfm/home
  http://www.austria.info/xxl/_site/de/_area/414539/home.html

a.

Zusatzübung als Einstieg Wenn Ihnen ein Computer mit Internetanschluss und Beamer zur Verfügung steht, zeigen Sie den TN zur Einstimmung Bilder von Deutschland auf http://www.deutschland-einfach-hinundweg.de/.

1. Erklären Sie den TN die Aufgabenstellung. Besprechen Sie den Wortschatz im grünen Kasten.
2. Die TN bereiten in Kleingruppen eine Reise vor. Dazu zeichnen sie eine Landkarte und markieren ihre Ziele. Wenn vorhanden kleben sie Bilder von ihren Zielen an die entsprechende Stelle auf der Landkarte und beschriften die Bilder. Natürlich kann auch gezeichnet werden. Die TN überlegen sich, welche Vorbereitungen noch getroffen werden sollten.
   Wenn Sie die Aufgabe ausweiten wollen, recherchieren die TN im Internet oder in Reiseführern über Preise, Fahrpläne, Unterkünfte usw.

Variante Die TN können auch als Hausaufgabe recherchieren oder Bilder in Bibliotheken oder im Internet suchen. In diesem Fall wird im Kurs die Route festgelegt und auf die Landkarte gezeichnet. Die TN überlegen gemeinsam, welche praktischen Reisevorbereitungen notwendig sind. Dann werden die Aufgaben arbeitsteilig an die einzelnen TN der Gruppe vergeben, die anschließend zu Hause erledigt werden.

b.

3. Die TN präsentieren ihre Reise mithilfe ihres Posters. Das kann – wenn die TN die Reise intensiv vorbereiten – auch am nächsten Kurstag geschehen. Die Poster können auch verkleinert in die Kurszeitung (❖ S. 65) aufgenommen werden.

5 Welche Fotos passen?

0. Die Übungen **5–7** beschäftigen sich mit dem Lesetext auf Seite 159 im Kursbuch.
1. Sprechen Sie mit den TN über die Fotos und die Überschriften. Zeigen Sie den TN Westfalen auf der Landkarte in der Innenseite des Kursbucheinbandes.
2. Die TN lesen die Texte und ordnen die Fotos zu. Begrenzen Sie die Zeit, denn die TN müssen die Texte nur global verstehen.
3. Besprechen Sie die Zuordnung und suchen Sie die übrigen Orte auf der Karte im → KB S. 155 oder im Einband.

6 Lesen Sie den Text Abschnitt für Abschnitt genau durch.

Material für die Binnendifferenzierung

- Kopiervorlage **LE 32-1** (auf Folie und für alle geübteren TN auf Papier kopiert)

1. Verfahren Sie wie auf ❖ S. 209 bei „Leseverstehen“ in den Schritten 1–5 beschrieben.

Binnendifferenzierung Ungeübtere TN lesen je nach Geschwindigkeit nur einen oder zwei Texte und beantworten die Fragen dazu. Der Text *Das Meer ohne Wasser* ist leichter als die beiden anderen.

Geübtere TN bekommen zusätzlich den Text von der Kopiervorlage und beantworten dazu die Fragen. Im Anschluss an Schritt 5 (siehe oben) wird die Folie mit dem Foto (Kopiervorlage) aufgelegt und die TN, die den Text gelesen haben, berichten anhand der Fragen darüber.

Stillarbeit → AB S. 184 | **5** | **6** | **7** und S. 185 | **8** | **9** |**10**

7 Welche Orte oder Ereignisse finden Sie interessant?

1. Sprechen Sie mit den TN darüber, was sie interessant finden. Regen Sie die TN durch Fragen zum Gespräch an, z. B.: **„Möchten Sie gerne Gold suchen?“, „Möchten Sie Wildpferde sehen?“**

Variante Die TN haben eine Reise zu einer der drei Attraktionen gewonnen. Sie können das Reiseziel selbst auswählen. In Kleingruppen diskutieren sie über das Reiseziel und einigen sich. Jede Gruppe erklärt im Plenum, wohin sie aus welchen Gründen fährt.

Zusatzübung für multinationale Kurse

Sehenswürdigkeiten präsentieren

Material

- großes Plakat oder Landkarte/n (je nach Herkunftsländer der TN)
- Klebestreifen
- von den TN mitgebrachte Bilder

Jeder TN sucht eine Sehenswürdigkeit aus seinem Land aus und bereitet zu Hause oder im Kurs eine Minipräsentation vor. Die TN bringen ein Bild von der Sehenswürdigkeit mit. Geben Sie den TN zur Orientierung für die Präsentation die Fragen:

Wie heißt die Sehenswürdigkeit?
Wo liegt sie?
Was kann man da machen?
Was ist besonders?

Die Sehenswürdigkeiten werden im Kurs vorgestellt und die Bilder davon mit Beschriftung auf das Plakat oder die Landkarte geheftet. So lernen die TN die Heimatländer der anderen Kursteilnehmer kennen.

33 Fokus Hören

Lernziel über das Wetter sprechen; Wetterberichte hören und verstehen; Grüße aus dem Urlaub per Telefon; verschiedene Dialekte kennenlernen

1 Wie ist das Wetter?

0. In den Übungen **1–4** geht es um das Wetter.

a.

1. Verfahren Sie wie auf ❖ S. 209 bei „Bild-Textzuordnung“ in den Schritten 1–2 beschrieben.

b.

2. Die TN sprechen mithilfe der Redemittel über das aktuelle Wetter.

Stillarbeit → AB S. 188 | **1** | **2**

2 „Ich liebe Hitze!“

a.

1. Fragen Sie die TN, wie sie das gerade herrschende Wetter finden.

2. Verfahren Sie wie auf ❖ S. 209 bei „Hörverstehen“ in den Schritten 2–6 beschrieben.

b.

3. Die TN sprechen zu zweit darüber, welches Wetter sie am liebsten mögen.

4. Ein paar TN äußern sich im Plenum.

Stillarbeit → AB S. 188/189 | **3**

3 Der Wetterbericht

1. Fragen Sie die TN, ob sie öfter den Wetterbericht hören oder sehen. Vielleicht erkennen in Inlandskursen ein paar TN auf dem Foto Jörg Kachelmann, den bekanntesten TV-Meteorologen in Deutschland.

2. Verfahren Sie mit jedem Wetterbericht für jeweils eine Region wie auf ❖ S. 209 bei „Hörverstehen“ in den Schritten 2–6 beschrieben.

Stillarbeit → AB S. 189 | **4** | **5**

Zusatzübung

Aktueller Wetterbericht

Material

- Wetterbericht aus Radio, Fernsehen, Internet oder der Tageszeitung

Nehmen Sie vom Fernsehen oder Radio einen aktuellen Wetterbericht auf oder kopieren Sie einen Wetterbericht aus der Zeitung. Sie können mit den TN auch eine Wettervorhersage im Internet ansehen, z. B. für Europa unter http://www.dw-world.de/ (bei *Deutschland-Info*) oder weltweit unter http://www.spiegel.de/ (rechts oben *Wetter* anklicken).

Fragen Sie die TN, wie das Wetter im Kursort und ggf. im Heimatland der TN ist und wie es in den nächsten Tagen wird.

4 Wie ist das Wetter in Ihrem Land?

1. Fragen Sie die TN, wie das Wetter in Deutschland in den verschiedenen Jahreszeiten ist.
2. Verfahren Sie wie auf ❖ S. 212 bei „Gespräch über ein Thema" in den Schritten 3–5 beschrieben. Achten Sie darauf, dass möglichst TN aus verschiedenen Ländern in den Kleingruppen sind.
3. Sprechen Sie im Plenum über das Wetter in ein paar Ländern.

Variante In national homogenen Gruppen sprechen Sie im Plenum über das Wetter der TN im Heimatland.

5 Telefonische Grüße aus dem Winterurlaub

0. In den Übungen **5** und **6** hören die TN Telefongespräche aus dem Urlaub.

a.

1. Die TN äußern im Plenum Assoziationen zum Begriff *Winterurlaub*. Machen Sie einen Wortigel an der Tafel.

Variante zum Einstieg in Übung 5 und 6 Diese Übung, bei der die TN in Kleingruppen zusammenarbeiten, hat Wettbewerbscharakter. Es geht darum, gemeinsam möglichst viele Wörter zu einem Thema zu sammeln. Geben Sie den TN dazu zwei Minuten Zeit. Führen Sie zwei Spielrunden durch. In der ersten Runde ist das Thema Sommerurlaub, in der zweiten Runde Winterurlaub.

Nach jeder Runde werden die Wörter vorgelesen und schwierige Wörter an die Tafel geschrieben. Für jedes Wort, das keine andere Gruppe gefunden hat, gibt es einen Punkt. Die Punkte werden an der Tafel notiert. Gewonnen hat die Gruppe mit den meisten Punkten.

b.

2. Verfahren Sie wie auf ❖ S. 209 bei „Hörverstehen" in den Schritten 1–7 beschrieben. Fragen Sie bei Schritt 1, wen die Frau anruft und was die Kinder im Urlaub wohl machen.

3. **Stillarbeit** → AB S. 190 | 6

c.

4. Jeder TN macht sich Stichpunkte zu den Themen *Fahrt, Kinder* und *Wetter*.
5. Die TN fassen das Gespräch in Dreiergruppen zusammen. Jeder TN spricht über eines der drei Themen.

Stillarbeit → AB S. 190 | 7

6 Telefonische Grüße aus dem Sommerurlaub

a.

1. Sprechen Sie mit den TN über das Foto.

b.

2. Verfahren Sie wie auf ❖ S. 209 bei „Hörverstehen“ in den Schritten 2–7 beschrieben.

c.

3. Die TN äußern Vermutungen, wie der Urlaub weitergeht.

Stillarbeit → AB S. 190 | 8

Zusatzübung Die TN sprechen eine Nachricht aus dem Urlaub auf einen Anrufbeantworter. Sammeln Sie an der Tafel ein paar Redemittel wie z. B. *Hallo … hier ist …; Ich bin jetzt in …; Die Fahrt / Anreise war anstrengend / problemlos /…, weil wir im Stau gestanden haben …; Das Wetter ist …; Das Hotel ist schön / einfach / sauber / …; Liebe Grüße (und vergiss nicht die Blumen zu gießen / den Briefkasten auszuleeren…)*

Die TN überlegen sich vorher, wen sie anrufen, z. B. die Mutter, den Ehemann/die Ehefrau, einen Freund, der sich um die Wohnung kümmert. Authentischer und auch lustiger wird es, wenn die TN dazu ein Handy benutzen, mit dem man sich aufnehmen und danach anhören kann.

7 Ein Fernsehquiz

a., b. und c.

1. Wenn Sie Dialekt sprechen können, erzählen Sie den TN etwas über ihre Heimatregion im Dialekt. Die TN raten, wo man diesen Dialekt spricht.
2. Verfahren Sie wie auf ❖ S. 209 bei „Hörverstehen“ in den Schritten 1–7 beschrieben.
3. Weisen Sie auf die österreichischen und Schweizer Varianten auf der Lernwortschatzseite dieser Lerneinheit im Arbeitsbuch hin.
4. Sprechen Sie mit den TN darüber, ob sie selbst schon Erfahrungen mit deutschen Dialekten gemacht haben oder Dialektwörter kennen.

Stillarbeit → AB S. 191 | 9 | 10

8 Region und Sprache

1. Sprechen Sie mit den TN im Kurs über Dialekte im Heimatland der TN. Notieren Sie wichtige Wörter, die sich aus dem Gespräch ergeben, an der Tafel.

34 Fokus Sprechen

Lernziel Urlaubswünsche äußern; Tipps für eine Urlaubsreise geben

1 Der Mann liest einen Brief.

0. In den Übungen **1–3** werden Relativsätze eingeübt.

1. Die TN beschreiben das Bild.

2. Verfahren Sie wie auf ❖ S. 210 bei „Nachsprechen“ in den Schritten 2–5 beschrieben. Auf der CD befinden sich Pausen zum Nachsprechen.

2 Wie heißen die Sätze?

a.

1. Die TN sehen sich das Beispiel an und ergänzen die Sätze. Wenn die TN Schwierigkeiten haben, das Muster zu erkennen, schreiben Sie die ersten beiden Sätze aus der Übung an die Tafel. Unterstreichen Sie *gerne einkauft* und *kauft gerne ein* mit einer Farbe und *vergisst manchmal seine Geldbörse* und *manchmal seine Geldbörse vergisst* mit einer anderen Farbe. Markieren Sie danach die Verben und machen Sie auf das trennbare Verb aufmerksam. Machen Sie das nächste Beispiel gemeinsam.

2. Verfahren Sie wie auf ❖ S. 210 bei „Nachsprechen“ in den Schritten 2–5 beschrieben. Schritt 2 dient hier zur Kontrolle der Lösung.

b.

3. Sprechen Sie mit den TN über das Bild. Die TN lesen still die Beispielsätze.

4. Gehen Sie mit den TN das Wortmaterial im grünen Kasten durch.

5. Die TN schreiben in Partnerarbeit Sätze. Geübterte TN erfinden eigene Beispiele.

6. Die TN lesen die Sätze vor. Lassen Sie nicht von einer Zweiergruppe alle Sätze vorlesen, sondern fragen Sie z. B.: **„Was macht das Mädchen?“** TN, die Sätze über das Mädchen gebildet haben, lesen Beispiele vor. Achten Sie darauf, dass jede Partnergruppe mindestens zwei Sätze vorlesen kann.

Binnendifferenzierung TN, die Schwierigkeiten haben, selbstständig Sätze zu formulieren, machen statt dieser Übung → AB S. 193 | 1. Vergessen Sie in diesem Falle bei der Präsentation nicht, auch nach den Personen und Dingen aus dem Arbeitsbuch zu fragen, also z. B.: **„Was macht das Kind?“**
Die anderen TN machen diese Übung dann als Hausaufgabe.

3 Ein Quiz

1. Fragen Sie die TN zur Einstimmung z. B.: **„Wie heißt das Buch, mit dem wir im Deutschkurs arbeiten?“** oder **„Wie heißt die Sprache, die wir hier lernen?“, „Wie heißt der Gegenstand, mit dem man telefonieren kann?“** Die TN antworten.

2. Erklären Sie den TN die Aufgabenstellung. Gehen Sie mit den TN die vorgegebenen Formulierungen durch.

3. Die TN schreiben in Partnerarbeit Fragen. Geübtere TN können mehr als eine Frage zum letzten Feld erfinden. Gehen Sie herum und korrigieren Sie ggf.

4. Die TN fragen sich im Kurs gegenseitig wie im Kursbuch beschrieben.

Variante Teilen Sie die TN in zwei Großgruppen. Jede Gruppe versucht, möglichst viele ihrer Fragen zu stellen. Ein TN einer Großgruppe darf aber nur dann fragen, wenn ein TN seiner Gruppe zuvor eine Frage der Gegenmannschaft beantwortet hat. Weiß keiner aus einer Mannschaft die Antwort auf eine gegnerische Frage, so darf die Gegenmannschaft sooft eine Frage stellen, bis die Antwort von der anderen Gruppe genannt wird. Sie können eine Zeit festlegen oder spielen, bis alle Fragen vorgelesen wurden. Sieger ist die Mannschaft, die zuerst alle oder mehr Fragen als die andere gestellt hat.

Stillarbeit → AB S. 193 | 2

4 „Wo fahren wir denn im Urlaub hin?“

1. Verfahren Sie wie auf ❖ S. 209 bei „Hörverstehen“ in den Schritten 1–6 beschrieben. Bei Schritt 2 vermuten die TN, was zusammenpassen könnte, um in Schritt 3 beim Hören ihre Vermutungen zu überprüfen.
2. Erklären Sie mit dem Tafelbild die generalisierenden Relativpronomen. Schreiben Sie zunächst die Fragen *Was will der Mann?* und *Wofür interessieren sich die Kinder?* an. Die TN beantworten die Fragen. Schreiben Sie die Antworten an die Tafel. Schreiben Sie danach jeweils den Beginn des Relativsatzes an. Die TN ergänzen.

Was will der Mann? wandern
Wandern ist alles, **was** der Mann will.

Wofür interessieren sich die Kinder? surfen
Surfen ist alles, **wofür** die Kinder sich interessieren.

Erklären Sie, dass nach einem Indefinitpronomen nicht die schon bekannten Relativpronomen benutzt werden, sondern *was* oder bei Verben mit Präpositionen *wo(r) + Präposition*.

3. Die TN unterstreichen in den Sätzen a–g im Buch die Indefinitpronomen.
4. Zur Korrektur werden die Pronomen vorgelesen.
5. Veranschaulichen Sie an der Tafel, dass man bei lokalen und direktionalen Angaben statt Präposition und Relativpronomen auch *wohin* und *wo* als generalisierende Relativpronomen benutzen kann.

Wohin können sie fahren? **an einen** Ort
Sie suchen einen Ort, **wohin** sie fahren können.
an den sie fahren können.

Wo können sie Urlaub machen? **an einem** Ort
Sie suchen einen Ort, **wo** sie Urlaub machen können.
an dem sie Urlaub machen können.

Stillarbeit → AB S. 194 | 3

5 „Im Urlaub möchte ich irgendwohin, wo…“

Material

- Papierstreifen

a.

1. Sagen Sie den TN mit der Formulierung aus dem Titel, wohin Sie im Urlaub fahren möchten. Semantisieren Sie *irgendwohin*. Erklären Sie den TN, dass man *irgend-* mit anderen Fragewörtern kombinieren kann, z. B. *irgendwann, irgendwie. Irgend-* zeigt an, dass etwas noch nicht festgelegt ist. *Irgendwann* kann z. B. nächstes Jahr, in 10 Jahren oder in 3 Monaten sein.
2. Jeder TN schreibt den Titel der Übung auf einen Papierstreifen und ergänzt seinen eigenen Reisewunsch.
3. Die Streifen werden eingesammelt, vermischt und beliebig wieder an die TN verteilt. Achten Sie darauf, dass kein TN seinen eigenen Streifen bekommt.
4. Die TN stehen auf, gehen herum und versuchen durch Fragen herauszufinden, wer den Satz geschrieben hat. Dazu formulieren Sie den Aussagesatz zu einer Frage in der *du*-Form um. Die TN bejahen die Frage nur dann, wenn sie den Satz wirklich geschrieben haben. Machen Sie, bevor die TN aufstehen, ein Beispiel für eine Frage an der Tafel.
5. Fragen Sie nach den Urlaubszielen von ein paar TN. Die Person, die den Papierstreifen von der Person hat, nach der gefragt wurde, antwortet.

b.

6. Verfahren Sie wie auf ❖ S. 211 bei „Gespräche hören und nachspielen“ in den Schritten 1–9 beschrieben.

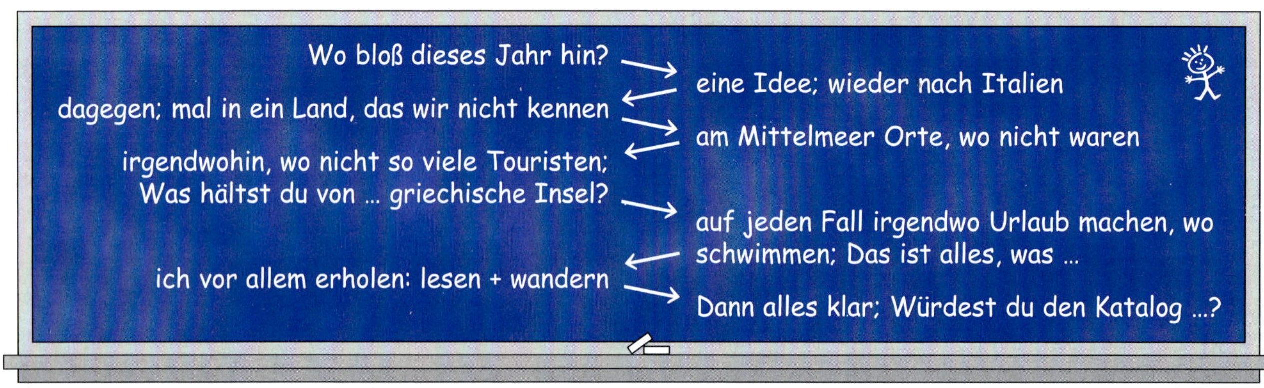

Stillarbeit → AB S. 194 | **5** und S. 195 | **6** | **7**

6 Variieren Sie das Gespräch.

1. Verfahren Sie wie auf ❖ S. 211 bei „Gespräche variieren“ in den Schritten 1–3 beschrieben. Weisen Sie in Schritt 1 darauf hin, dass das Beispiel in Übung **5** mit den Orten *Italien – Mittelmeer – griechische Insel* war. Fragen Sie die TN, welche Präpositionen man für die Orte benutzt, wenn man fragt: *Wo machst du Urlaub?* (in Italien), *Wohin fährst du?* (nach Italien). Machen Sie dazu eine Übersicht an der Tafel. Die TN können das Dialoggerüst aus Übung **5** benutzen. Fragen Sie, welche Elemente bei einer Variante ausgetauscht werden.

Stillarbeit → AB S. 194 | **4**

7 Tipps und Empfehlungen für eine Urlaubsreise in ein Land / Ihr Land

Material

- Prospekte von Fremdenverkehrsämtern
- Reisekataloge
- Plakate
- Klebstoff
- Scheren

1. Die TN entscheiden sich zu zweit, ob sie für ihr Heimatland oder ein anderes Land, das sie gut kennen, Empfehlungen geben wollen.
2. Besprechen Sie mit den TN die Vorgaben im Kasten.
3. Die TN bereiten ihre Reiseempfehlungen vor und notieren sie steckbriefartig. Jede Gruppe macht ein Plakat, auf dem der Name des Landes steht und auf das ein paar beschriftete Bilder aus den Prospekten geklebt werden. Geben Sie mindestens 20 Minuten Vorbereitungszeit, je nachdem wie viel Zeit Ihnen im Kurs zur Verfügung steht.

b.

4. Besprechen Sie mit den TN die Redemittel.
5. Die Gruppen hängen ihr Plakat als Werbung an den Tisch, an dem sie arbeiten. Je ein TN aus den Zweiergruppen geht herum und wählt anhand der Plakate ein Reiseziel aus, über das er sich informieren möchte.
6. Die TN führen Gespräche. Danach werden die Rollen getauscht. Die Partner, die Informationen gegeben haben, dürfen sich ein Ziel auswählen und beraten lassen.

35 Fokus Schreiben

Lernziel Urlaubsgrüße schreiben; über den eigenen Traumurlaub erzählen

1 Hören Sie zu und schreiben Sie.

1. Verfahren Sie wie auf ❖ S. 212 bei „Diktat“ in den Schritten 1 – 5 beschrieben.

2 Ein Brief vom Bodensee

a.

1. Sprechen Sie mit den TN über die Karte und die Fotos. Erklären Sie den TN, dass die Fotos den Brief auf der gegenüberliegenden Kursbuchseite illustrieren. Sagen Sie den TN, dass dieser Brief von Anna-Maria am Bodensee geschrieben wurde. Fragen Sie die TN, was Anna-Maria wohl am Bodensee macht.

b.

2. Die TN lesen still den Brief. Klären Sie unbekannte Wörter.
3. Erinnern Sie die TN zur Erleichterung der Aufgabe daran, dass Genus und Numerus des Relativpronomens und des Bezugsworts gleich sind. Die TN ergänzen in Partnerarbeit die Lücken.
4. Zur Korrektur wird der Brief vorgelesen.

Binnendifferenzierung TN, die schneller mit der Übung fertig sind, machen → AB S. 198 | **5**. Die anderen TN können diese Übung dann als Hausaufgabe machen.

Stillarbeit → AB S. 197 | **1** | **2** | **3** und S. 198 | **4** und S. 199 | **6**

3 Grüße aus dem Urlaub

Material

- kleine Zettelchen
- festeres Papier in Postkartengröße oder Gratispostkarten

a.

1. **Stillarbeit** → AB S. 199 | **7**
2. Sprechen Sie mit den TN über die Fotos und sammeln Sie Wortschatz dazu an der Tafel.

b.

3. Erklären Sie den TN die Aufgabe.
4. Die TN lesen still die Beispielkarte → KB S. 171 und suchen im Kartentext die Antworten auf die Fragen oben.
5. Klären Sie unbekannte Wörter.
6. Lesen Sie die Fragen vor. Die TN lesen die entsprechenden Passagen von der Karte vor.
7. Jeder TN schreibt seinen Namen auf einen kleinen Zettel und faltet ihn zusammen. Die Zettel werden mit einen Hut oder etwas Ähnlichem eingesammelt. Jeder TN zieht einen Namen aus dem Hut. Wer zufälligerweise seinen eigenen Namen erwischt hat, legt ihn zurück in den Hut und zieht noch einmal.
8. Die TN wählen ein Foto aus. Wenn Sie mehr als 12 TN haben, können die TN auch Fotos von → KB S. 153, S. 156 und S. 158 wählen. Die TN schreiben dem TN, dessen Namen sie gezogen haben, eine Karte. Teilen Sie dazu Gratispostkarten oder festeres Papier aus. Gehen Sie herum korrigieren Sie und helfen Sie beim Formulieren.
9. Jeder Empfänger bekommt seine Karte.
10. Bildern Sie drei Gruppen, in denen möglichst kein TN die Karte eines anderen geschrieben hat. Die TN lesen sich gegenseitig ihre Karten vor. Die anderen raten, zu welchem Foto die Karte passt.
11. Fragen Sie die TN, wo einzelne TN in Urlaub waren und was sie gemacht haben.

Stillarbeit → AB S. 200 | **8**

Zusatzübung

Die TN rufen den TN, von dem sie eine Karte bekommen haben, aus ihrem Urlaub an, also dem Ort, von dem sie das Foto gewählt haben.

Zur Vorbereitung gehen Sie folgendermaßen vor:

Die TN hören den Hörtext zu → KB | LE 33 | **6** (Track 3|25) noch einmal. Sie achten dabei darauf, was die angerufene Schwester fragt.

Sammeln Sie mit den TN zusammen die Fragen und Formulierungen für den Beginn und das Ende des Telefonats an der Tafel.

Anrufer	**Person, die angerufen wird**
Hallo hier ist ... Wie geht es dir?	... und dir?
Ich bin im Urlaub in	Gefällt dir dein Urlaub?
...	Was machst du denn den ganzen Tag?
	Wie ist das Wetter?
	Wo wohnst du?
	Hast du ein gutes Hotel gefunden?
	Wie ist das Essen?
	Bist du allein oder ist noch jemand dabei?
	Wie lange bleibst du noch?
	...
Tschüss bis bald.	Schön, dass du angerufen hast. Tschüss.

Um zu telefonieren setzen sich die beiden Partner Rücken an Rücken.
Ein paar Telefonate werden im Plenum vorgespielt.

4 Und Ihr Traumurlaub?

1. Verfahren Sie wie auf ❖ S. 212 bei „Gespräch über ein Thema“ in den Schritten 1–6 beschrieben.

Fotodoppelseite

Information zur Hallig Auf dem rechten Foto ist eine Hallig zu sehen. Halligen sind kleine, nicht von Deichen umgebene Inseln in der Nordsee, die bei Flut bis auf die Wohngebäude überflutet werden. Die Bewohner leben meist von Landwirtschaft oder Tourismus.

Sprechen Wie finden die TN die Urlaubsmöglichkeiten auf den beiden Fotos. Kann man auf dem rechten Foto überhaupt Urlaub machen? Die TN formulieren Urlaubswünsche zu den Fotos.

Ist Reisen wichtig? Welche Sehenswürdigkeiten sollte man in seinem Leben gesehen haben?

Bei den Deutschen waren 2006 Frankreich, Spanien, USA, China und Italien die beliebtesten Urlaubsziele. Wohin fährt man im Heimatland der TN?

Bereiten Sie Zettel mit Monatsnamen oder Jahreszeiten vor. Bilden Sie Zweiergruppen. Jede zieht einen Zettel und beschreibt das Wetter in den Alpen oder an der Nordsee in dem „gezogenen“ Monat bzw. der Jahreszeit. Dann trägt jede Zweiergruppe einen kurzen Wetterbericht vor und die anderen raten, um welchen Monat/welche Jahreszeit es sich handelt. Geben Sie Redemittel an der Tafel vor, z. B. *Heute ist es heiß/warm/kalt/mild, die Temperaturen sind hoch/niedrig, nachts/tagsüber, Windstärke, Wolken, Sonne, Regen ...*

Web-Recherchen Geben Sie den TN Wörter oder Ausdrücke aus verschiedenen Dialekten vor. Geben Sie auch an, um welchen Dialekt es sich jeweils handelt, z. B. Saarländisch: Isch han dich geere. (Ich liebe dich.), Fränkisch: Ärwet (Arbeit), Ruhrpottsprache: Käffken (Kaffee), Hessisch: Gemorje (Guten Morgen), Hamburgerisch: ankieken (ansehen), Schwäbisch: schaffen (arbeiten), Norddeutsch: Diern (Mädchen), Berlinerisch: Zaster (Geld). Die TN suchen die Bedeutung unter http://www.dw-world.de/ → Deutschland- Infos → Deutschkurse → Dialektatlas. Hier gibt es fast immer Hörbeispiele. Die TN suchen weitere interessante Dialektwörter, aus den auf der Fotodoppelseite abgebildeten Regionen, in denen man Ostfriesisch und Allgäuerisch spricht.

Unter www.hueber.de → Deutsch als Fremdsprache → Landeskunde-Überblick → Themenkreis: 4. Orte finden Sie Arbeitsblätter zu einer Web-Recherche zur Insel Mainau im Bodensee.

Schreiben Prospekte gestalten: Die Fotos sind Bestandteil eines Werbeprospekts für die Nordsee oder für die Alpen. Die TN entwerfen in Gruppen den Text zu den Prospekten. Es können auch andere Fotos gewählt werden. Die TN schreiben, wo das Urlaubsziel liegt, was die Vorteile dieses Zieles sind, was man dort machen kann, wann die beste Reisezeit ist und mit welchen Verkehrsmitteln man das Ziel erreichen kann. Wenn Sie die Fotos kopieren, können die Prospekte von den TN schön gestaltet werden.

Lesen Unter www.hueber.de → Deutsch als Fremdsprache → Landeskunde-Überblick → Themenkreis: 4. Orte finden Sie den Text „Ruinen, Ritter und Romantik“ über Burgen in D, A, CH. Der Text kann heruntergeladen oder im Internet gelesen werden.

Weitere Spiele zu den Fotodoppelseiten unter www.lagune.de/lehren.

Augenzwinkern

Anhand der Zeichnung stellen die TN Vermutungen über das Gespräch an. Evtl. können Sie auch schon einen Dialog erfinden. Anhand der Überschrift lässt sich erkennen, dass es um einen „schönen Urlaub“ geht. Nachdem Sie das Gespräch gehört haben, spielen die TN den Dialog nach und variieren. Dabei unterstreichen sie die zu variierenden Elemente im Dialog und ersetzen sie dann durch andere. Animieren Sie die TN zum freien Sprechen. Als Merkhilfe können Sie an der Tafel die Leitfragen in Kurzform sammeln: *Land? Unterkunft? zufrieden? Essen? Leute? Ausflüge? nächstes Jahr?*

Kopieren Sie die Kärtchen und schneiden Sie sie aus. In schwächeren Gruppen ergänzen Sie links auf den Kärtchen die Possessivartikel im Dativ (Personen) und die indefiniten Artikel im Akkusativ (Geschenke).

Personen		**Geschenke**	
Lehrer	Lehrerin	Blumen (f pl)	Buch (n)
Chef	Chefin	Wein (m)	Kalender (m)
Schwester	Bruder	Parfüm (n)	Uhr (f)
Mann	Frau	Krawatte (f)	Kleid (n)
Freund	Freundin	DVD (f)	Feuerzeug (n)
Großeltern	Tochter	Bild (n)	Pullover (m)
Sohn	Kollege	Rucksack (m)	Handschuhe (m pl)
Eltern	Kollegin	Theaterkarte (f)	Wörterbuch (n)

Geschenke

1. Wem schenken Sie was? Wer bekommt nichts? Schreiben Sie unter „ich“ in die Tabelle.

	ich	mein Partner/meine Partnerin
Mann/Frau		
Bruder		
Schwester		
Eltern		
Kind		
Freund/Freundin		
Chef/Chefin		
Kollegen		
Briefträger		
Nachbarn		

2. Fragen Sie Ihren Partner/Ihre Partnerin. Notieren Sie unter „mein Partner/meine Partnerin“.

Was schenkst du	deinem …?	Ich schenke	ihm	einen …
	deiner …?		ihr	eine …
	deinen …?		ihnen	ein …
				…
				nichts.
		Ich habe	keinen Chef.	
			keine …	
			kein	

⊙ Gehört dir der Rucksack?

◆ Ja, das ist | mein Rucksack. / meiner.

◆ Ja, der gehört mir.

⊙ Gehört dir die Tasche?

◆ Ja, das ist | meine Tasche. / …………………….

◆ Ja, ………… gehört mir.

⊙ Gehört dir das Buch?

◆ Ja, das ist | mein Buch. / …………………….

◆ Ja, ………… gehört mir.

⊙ Gehören dir die Geschenke?

◆ Ja, das sind | meine Geschenke. / …………………….

◆ Ja, ………… gehören mir.

Aufgabenblatt

Dir oder dich?

1. Wie geht es ....?
2. Gefällt .... die Bluse?
3. Ich habe .... gesehen.
4. Darf ich .... zu einem Kaffee einladen?
5. Ich möchte .... nicht aufhalten.

6. Schmeckt .... der Kuchen?
7. Ist .... der Kuchen zu süß?
8. Ich rufe .... an.
9. Ich schreibe .... einen Brief.
10. Ich möchte .... fotografieren.

11. Warte, ich helfe ....
12. Gehört .... der Pullover?
13. Passt .... der Pullover nicht?
14. Ich besuche .... morgen.
15. Ich habe .... eine SMS geschickt.

16. Ich finde .... nett.
17. Ist .... das wichtig?
18. Ich gebe .... mein Wörterbuch.
19. Ich habe .... nicht vergessen.
20. Ich gratuliere .... zum Geburtstag.

Lösung

1. dir
2. dir
3. dich
4. dich
5. dich

6. dir
7. dir
8. dich
9. dir
10. dich

11. dir
12. dir
13. dir
14. dich
15. dir

16. dich
17. dir
18. dir
19. dich
20. dir

Kärtchen

Sie brauchen für jeden TN jeweils ein Kärtchen mit *dir* und mit *dich*.
Kopieren Sie diese Vorlage entsprechend der Teilnehmerzahl – möglichst auf festeres Papier – und schneiden Sie die Kärtchen aus.

dir	dir	dich	dich
dir	dir	dich	dich
dir	dir	dich	dich

Partner A

Warum denn?

A: Warum mag Dörte keinen Gänsebraten?
B: Weil ...

B: Warum ...
A: Weil er kein Gemüse mag.

1.	*Warum?*	Dörte mag keinen Gänsebraten. *Weil sie Vegetarierin ist.*
2.	*Weil* →	Peter mag kein Gemüse.
3.	*Warum?*	Oma Hansen kauft vier Tafeln Schokolade. ....
4.	*Weil* →	Heute ist der dritte Advent.
5.	*Warum?*	Silvia und Thomas gehen am Samstag in die Kirche. ....
6.	*Weil* →	Theo ist sehr in Eile.
7.	*Warum?*	Herr Dick isst keine Sahne. ....
8.	*Weil* →	Herr Dick wiegt 110 Kilo.
9.	*Warum?*	Herbert gratuliert seinem Sohn. ....
10.	*Weil* →	Linda hat für eine Klausur gelernt.
11.	*Warum?*	Theo sieht wie eine Mumie aus. ....
12.	*Weil* →	Herr Roth will eine Party geben.
13.	*Warum?*	Frau Blau steht erst um 11 Uhr auf. ....
14.	*Weil* →	Herr Hilger hat ein Nikolauskostüm an.

Partner B

Warum denn?

A: Warum ...?
B: Weil sie Vegetarierin ist.

B: Warum isst Peter keinen Salat?
A: Weil ...

Weil →	Dörte ist Vegetarierin.
Warum?	Peter isst keinen Salat. *Weil er kein Gemüse mag.*
Weil →	Oma Hansen mag gern Süßigkeiten.
Warum?	Frau Hilger zündet drei Kerzen an. ....
Weil →	Silvia und Thomas heiraten.
Warum?	Theo trinkt heute keinen Kaffee mit Lilo. ....
Weil →	Herr Dick muss abnehmen.
Warum?	Herr Dick muss abnehmen. ....
Weil →	Sein Sohn hat die Führerscheinprüfung bestanden.
Warum?	Linda hatte gestern keine Zeit. ....
Weil →	Theo will auf eine Karnevalsparty gehen.
Warum?	Herr Roth kauft drei Kisten Bier. ....
Weil →	Ihr Urlaub fängt an.
Warum?	Herr Hilger macht den Kindern Angst. ....

Partner A

Was machen Sie, wenn ...? / Was machst du, wenn ...?

Erklären Sie die Situation oder lesen Sie vor.
Fragen Sie Ihren Partner/Ihre Partnerin. Notieren Sie die Antwort.

1. Situation: Du bist im Deutschkurs. Du hast nichts zu essen.
Du hast großen Hunger. → Was machst du, *wenn du großen Hunger hast*?

2. Situation: Du willst im Restaurant bezahlen.
Du hast kein Geld. → Was machst du, wenn ...?

3. Situation: Du bist in eine Kollegin/einen Kollegen frisch verliebt und sitzt mit ihr/ihm in einem Restaurant.
Du siehst plötzlich deinen Chef. → Was machst du, wenn ...?

4. Situation: Du hast Geburtstag und gibst eine große Party. Du bekommst ein Geschenk und packst es aus. Alle schauen zu.
Dir gefällt das Geschenk nicht. → Was machst du, wenn ...?

5. Ein Freund hat für dich gekocht.
Das Essen schmeckt dir nicht. → Was machst du, wenn ...?

...

Partner B

Was machen Sie, wenn ...? / Was machst du, wenn ...?

Erklären Sie die Situation oder lesen Sie vor.
Fragen Sie Ihren Partner/Ihre Partnerin. Notieren Sie die Antwort

1. Situation: Du hast keine Getränke im Haus.
Du hast Durst. → Was machst du, *wenn du Durst hast*?

2. Situation: Ein Freund/eine Freundin möchte dich zu einem Kaffee einladen.
Du hast den Freund/die Freundin sehr lange nicht gesehen.
Du hast keine Zeit. → Was machst du, wenn ...?

3. Du bist Vegetarier. Ein Freund hat für dich gekocht.
Es gibt Schweinebraten. → Was machst du, wenn ...?

4. Du hast über Weihnachten sehr viel gegessen.
Du wiegst 5 Kilo zu viel. → Was machst du, wenn ...?

5. Situation: Du wartest in einem Café auf deinen Schatz.
Er/Sie kommt nicht. → Was machst du, wenn ...?

...

Partner A **Was macht man, wenn ...?**

A: Was macht | Hans / Petra | , wenn | er / sie | unterwegs Hunger hat? — B: …

B: … — A: Sie isst einen Apfel.

A: Was machst du, wenn du allein im Café sitzt? — B: …

	unterwegs Hunger haben	allein im Café sitzen	mit einem Freund/ einer Freundin in einem Café verabredet sein	zu viel gegessen haben	ein guter Freund/ eine gute Freundin hat Geburtstag
Hans		mit dem Handy spielen		einen Kognak trinken	
Petra	einen Apfel essen		pünktlich sein		einen Kuchen backen
Eva		rauchen		einen Kaffee trinken	
ich					
mein Partner/ meine Partnerin					

Partner A **Was macht man, wenn ...?**

B: Was macht | Hans / Petra | , wenn | er / sie | allein im Café sitzt? — A: …

A: … — B: Er liest Zeitung.

B: Was machst du, wenn du unterwegs Hunger hast? — A: …

	unterwegs Hunger haben	allein im Café sitzen	mit einem Freund/ einer Freundin in einem Café verabredet sein	zu viel gegessen haben	ein guter Freund/ eine gute Freundin hat Geburtstag
Hans	einen Hamburger essen		zu spät kommen		eine Party veranstalten
Petra		Zeitung lesen		spazieren gehen	
Eva	in ein Stehcafé gehen		vorher mit dem Handy anrufen		ein Geschenk kaufen
ich					
mein Partner/ meine Partnerin					

Machen Sie Kopien und schneiden Sie die Kopien in Streifen.

gern	besser	am meisten
schnell	später	am besten
einfach	billiger	am schnellsten
viel	fröhlicher	am frühsten
gut	kleiner	am billigsten
billig	lieber	am süßesten
schön	mehr	am spätesten
spät	weniger	am fröhlichsten
früh	einfacher	am schönsten
fröhlich	süßer	am wenigsten
süß	schöner	am einfachsten
klein	früher	am liebsten
wenig	schneller	am kleinsten

Wer hat ...? / Wem gelingt es ...? / ...

Fragen Sie. Suchen Sie eine Person, die „ja“ sagt. Notieren Sie den Namen.

1. Hast du jeden Tag Lust, Schokolade zu essen? ....
2. Hast du letztes Jahr aufgehört zu rauchen? ....
3. Hast du heute Zeit, Hausaufgaben zu machen? ....
4. Gelingt es dir, einen Kuchen zu backen? ....
5. Versuchst du abzunehmen? ....
6. Möchtest du dieses Jahr anfangen, eine andere Fremdsprache zu lernen? ....
7. Hast du schon einmal vergessen, den Herd auszuschalten? ....
8. Hast du Freunden schon einmal geholfen, den Computer zu reparieren? ....
9. Schaffst du es, ein Loch in die Wand zu bohren? ....
10. Hast du schon begonnen, die Wörter systematisch zu wiederholen? ....

„Wozu benutzt du das Handy? Wozu verwendest du den Computer?"

1. Wozu benutzen Sie das Handy und den Computer?
   Schreiben Sie in die Tabelle unter „ich" z. B. *nie, fast nie, selten, manchmal, oft* oder *meistens* usw.
2. Fragen Sie Ihre/n Partner/-in und notieren Sie unter mein/e Partner/-in".
3. Berichten Sie im Kurs.

◎ nie ◎ fast nie ◎ selten ◎ manchmal ◎ oft ◎ meistens ◎ … ◎

	Handy		Computer	
	ich	mein/e Partner/-in	ich	mein/e Partner/-in
Freunde anrufen				
telefonieren				
im Internet surfen				
E-Mails lesen				
Musik hören				
SMS schicken				
Videos speichern				
fotografieren				
Termine notieren				
Adressen aufschreiben				
fernsehen				
Spiele machen				
chatten				
Musik herunterladen				

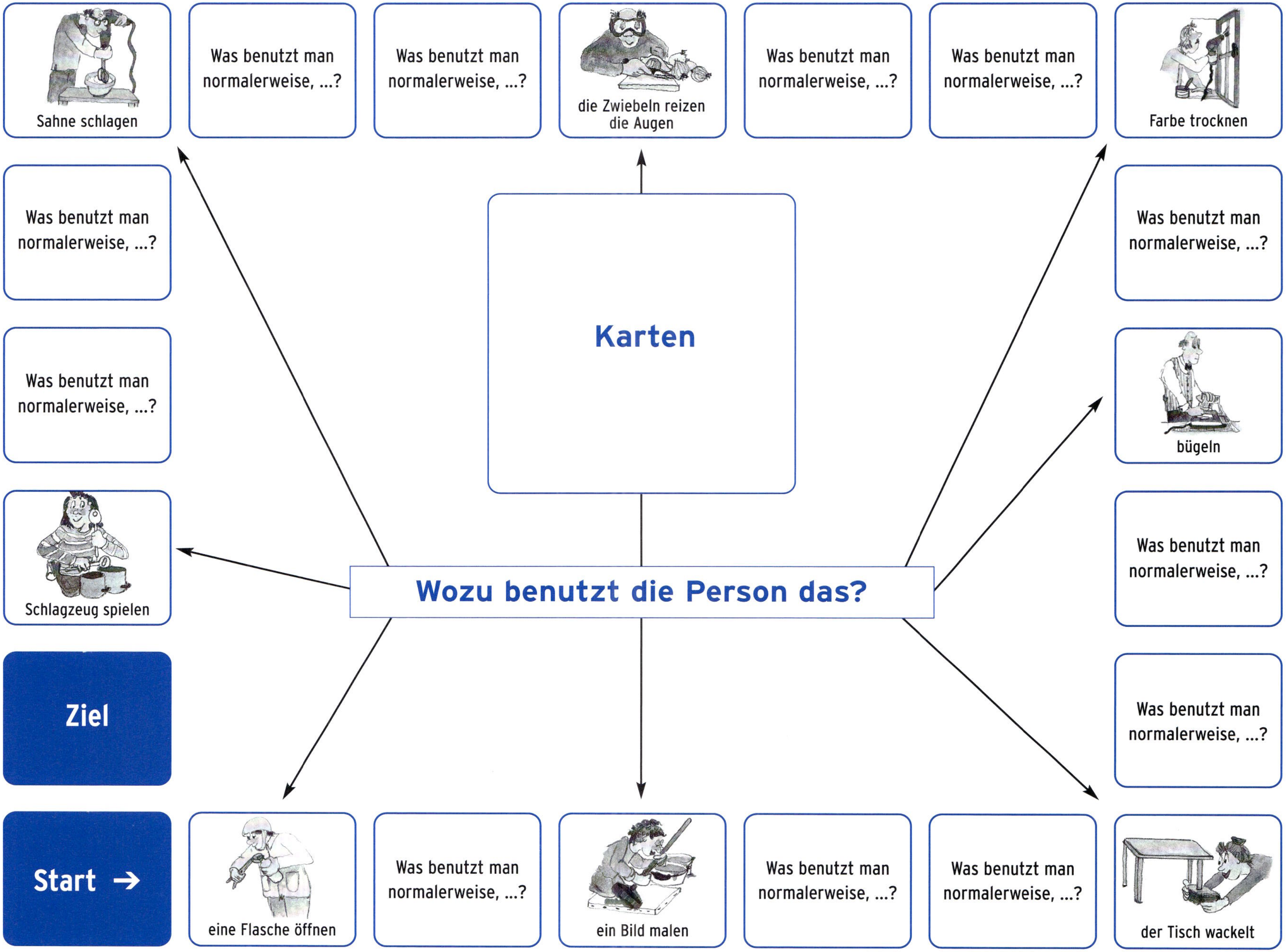
Karten
Wozu benutzt die Person das?
Start →
eine Flasche öffnen
Was benutzt man normalerweise, ...?
ein Bild malen
Was benutzt man normalerweise, ...?
Was benutzt man normalerweise, ...?
der Tisch wackelt
Was benutzt man normalerweise, ...?
Was benutzt man normalerweise, ...?
bügeln
Was benutzt man normalerweise, ...?
Farbe trocknen
Was benutzt man normalerweise, ...?
Was benutzt man normalerweise, ...?
die Zwiebeln reizen die Augen
Was benutzt man normalerweise, ...?
Was benutzt man normalerweise, ...?
Sahne schlagen
Was benutzt man normalerweise, ...?
Was benutzt man normalerweise, ...?
Schlagzeug spielen
Ziel

Wörter nachschlagen	eine Zigarette anzünden	Fotos machen
ein Loch bohren	einen Kuchen backen	im Internet surfen
telefonieren	Gemüse schneiden	bügeln
den Boden sauber machen	die Haare trocknen	eine Suppe kochen

Sätze mit *dass*

sagen	*Sie haben gesagt, dass ...*	
wahrnehmen	*Ich sehe, dass...*	
subjektiv	*Ich hoffe, dass...*	
es	*Es stimmt, dass ...*	
andere Verben	*Er ist glücklich, dass ...*	

Vor dem Hören:

	Text A	Text B	Text C
Kontrolliert der Techniker etwas? Wenn „ja“, was?			
Was repariert der Techniker?			
Ist die Reparatur rechtzeitig vor dem Fußballspiel fertig?			

Zusatzfragen während des Hörens:

1. Wer öffnet die Tür?
2. Wann beginnt das Fußballspiel?
3. In welchem Programm kommt das Fußballspiel?

den Führerschein bestehen

ein Fußballspiel gewinnen

den Weihnachtsbaum schmücken

Kuchen essen

Eis essen

einen Brief bekommen

ein Bild malen

Sahne schlagen

ein Loch bohren

ausschlafen

den Mixer reparieren

ein Aquarium haben

mit einer Freundin telefonieren

kochen

singen

tauchen

Mathematik lernen

einen Regenschirm haben

Zwiebeln schneiden

einen Horrorfilm sehen

Beginnen Sie ihre Sätze so:

Man sieht, dass …
Ich vermute, dass …
Man erkennt, dass…
Es ist wichtig, dass …/zu …
Ich hoffe, dass …

Ich versuche manchmal, … zu …
Ich finde es schön, … zu …
Es ist schwierig/langweilig, … zu …
Ich schaffe es nicht, … zu …
Es kann anstrengend/gefährlich/… sein, … zu …
Ich habe Lust, … zu …
Ich habe keine Zeit, … zu …

		Lösung:
Er sitzt auf dem		Platz
und isst ein Stück		Butter
Dann schreibt er einen		Satz
und fragt die		Mutter
Ich bin im		Wald
und komme		bald
Dann will ich Spaß		machen
Danach musst du		lachen
Er hat einen		Traum
Da ist er ein		Baum
Heute gibt es		Schnee
Deshalb trinkt er		Tee

Im Kaufhaus

Da ist | ein … eine … Da sind …	Ich kaufe | einen … eine … ein … Ich kaufe …
Der … Die … | passt mir. Das … Die … passen mir.	Der … Die … | gefällt mir. Das … Die … gefallen mir.
Den … Die … | möchte ich haben. Das … Die …	Ich brauche | einen … eine … ein … Ich brauche …
Einen … Eine … | wollte ich schon immer. Ein … …	Den … Die … | finde ich schön. Das … Die …
Da ist | ein … eine … Da sind …	Ich kaufe | einen … eine … ein … Ich kaufe …
Der … Die … | passt mir. Das … Die … passen mir.	Der … Die … | gefällt mir. Das … Die … gefallen mir.
Den … Die … | möchte ich haben. Das … Die …	Ich brauche | einen … eine … ein … Ich brauche …
Einen … Eine … | wollte ich schon immer. Ein … …	Den … Die … | finde ich schön. Das … Die …

bei	warten	auf + AKK	helfen
nach	berichten	über + AKK	fragen
an + DAT	sprechen	mit	teilnehmen
über +AKK	denken	an + AKK	sich freuen
über + AKK	sich ärgern	über + AKK	sich unterhalten
um	sich beschweren	über + Akk	sich kümmern
auf + AKK	sich bewerben	um	sich vorbereiten
nach	sich interessieren	für	sich erkundigen

Für die Binnendifferenzierung zu → KB S. 109 | **4**

Neue E-Mail

Senden | Anhang | Adressen | Schriften | Als Entwurf sichern

Von:

Kopie:

Betreff:

.... Birgit,

ich möchte .... herzlich für ....

zum Abitreffen ....

Leider kann ich nicht zu dem ....

Ich habe gerade mein Medizinstudium .... und bin ab ....

.... auf ....

Sicher .... Ihr, dass diese Reise wichtig für mich ist.

Ich .... allen Teilnehmern des Treffens ....

....

Darf .... Euch .... ein Foto vom Treffen ....?

Ihr könnt es mir einfach per E-Mail ....

Herzlich .... Angelika

Das deutsche Schulsystem

Ergänzen Sie.

◎ Universität ◎ Grundschule ◎ Realschule ◎ Hauptschule ◎ Berufsschule + Lehre ◎ Abitur ◎

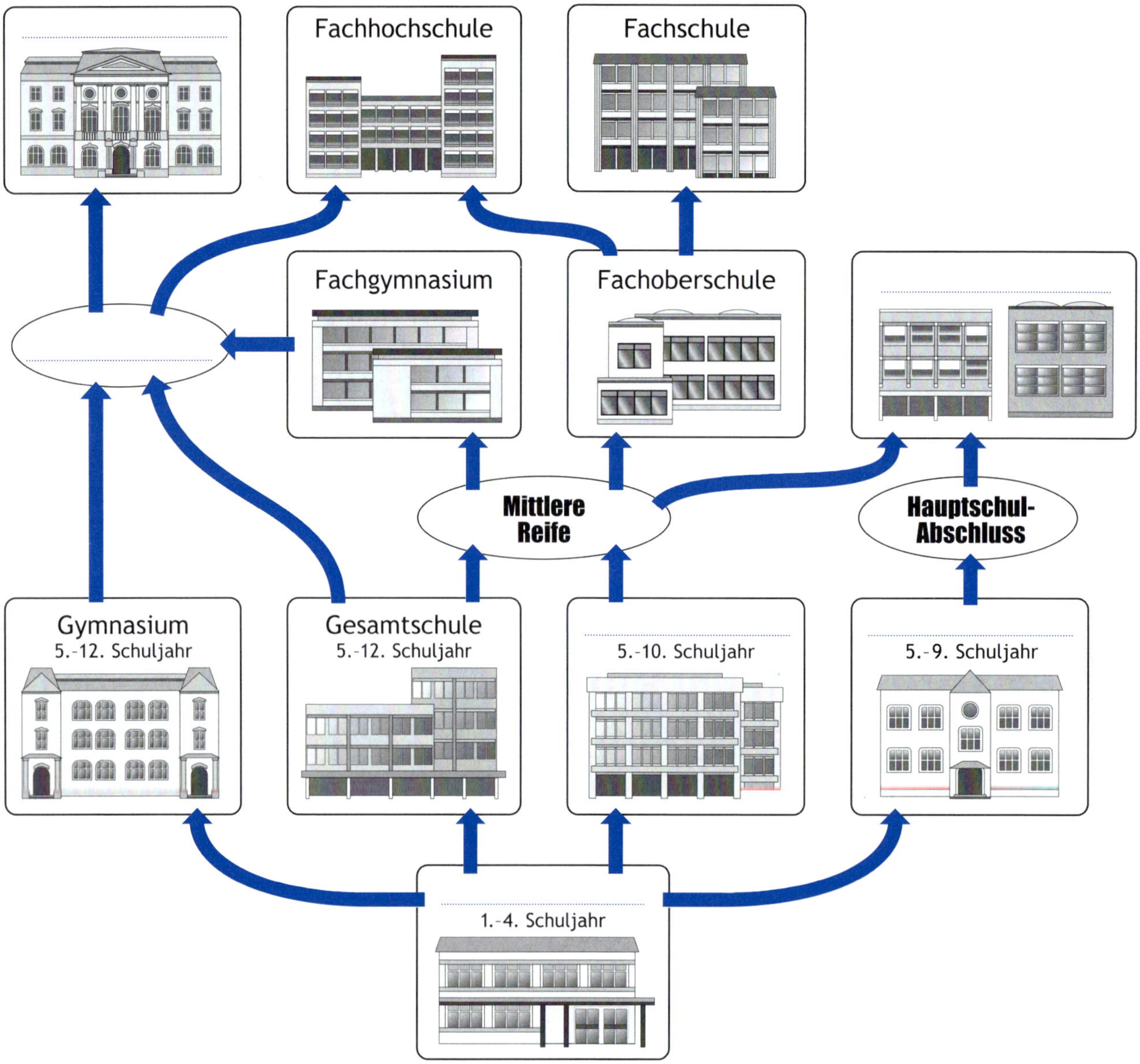

Ein perfekter Angestellter

Ich erinnere mich gern	an den letzten Urlaub.
Ich bedanke mich	für jede E-Mail.
Ich beklage mich nie	darüber, dass ich zu viel Arbeit habe.
Ich rege mich nie	über meinen Chef auf.
Ich bemühe mich immer	darum, keine Fehler zu machen.
In der Mittagspause unterhalte ich mich gern	mit meinen Kollegen.
Ich freue mich	darüber, dass ich viel verdiene.
Ich freue mich schon jetzt	auf den nächsten Urlaub.
Ich rede nie dummes Zeug	über meine Kollegen.
Ich habe keine Angst	davor, meine Stelle zu verlieren.

Verbformen

Machen Sie Kopien und schneiden Sie sie in Streifen.

kochen	spielt	rief an	hat gefunden
finden	gibt	stieg	hat gewusst
verkaufen	fährt	wusste	ist gestiegen
vergessen	kocht	verkaufte	hat gespielt
spielen	macht auf	machte	hat gegeben
fahren	weiß	lag	hat angerufen
steigen	macht	kochte	hat verkauft
machen	steht	gab	hat gelegen
wissen	vergisst	fuhr	ist gefahren
geben	liegt	fand	hat vergessen
anrufen	steigt	stand	hat gestanden
liegen	verkauft	spielte	hat gemacht
stehen	ruft an	machte auf	hat aufgemacht
aufmachen	findet	vergaß	hat gekocht

HILFE

f	i	e	l	u	m	f	w	r	a
s	ä	r	o	ö	s	u	k	w	m
s	v	a	g	e	b	h	a	l	f
t	a	c	w	i	e	r	m	a	f
a	a	ß	b	c	n	d	e	f	z
n	v	w	u	b	ü	g	x	i	m
d	f	r	i	e	f	m	l	n	k
a	s	t	z	k	q	w	e	g	ü
u	m	n	o	a	t	u	m	a	j
f	s	s	p	m	x	x	q	n	l

Infinitiv	**Präteritum: er/sie/es**
umfallen	*fiel um*
1.	
2.	
3.	
4.	
5.	
6.	
7.	
8.	
9.	
10.	

sehen	sieht, sah, hat gesehen Sie sah einen Film.
finden	findet, fand, hat gefunden Sie fand einen Pilz.
nehmen	nimmt, nahm, hat genommen Sie nahm ein Buch aus dem Regal.
bleiben	bleibt, bleib, ist geblieben Kevin blieb allein zu Hause.
anfangen	fängt an, fing an, hat angefangen Der Film fing um 20.00 Uhr an.
ziehen	zieht, zog, hat / ist gezogen Sie zog am Kabel. Er zog nach Berlin.
lesen	liest, las, hat gelesen Früher lasen Kinder viele Bücher.
werden	wird, wurde, ist geworden Nach dem Studium wurde er Lehrer.
treffen	trifft, traf, hat getroffen Sie trafen Albert Einstein.
helfen	hilft, half, hat geholfen Sie half mir.

unterhalten	unterhält, unterhielt, hat unterhalten Sie unterhielt sich gern mit ihrer Großmutter.	fahren	fährt, fuhr, ist gefahren Wir fuhren nicht nach Berlin.
kommen	kommt, kam, ist gekommen Er kam immer zu spät.	sitzen	sitzen, saß, hat gesessen Die Kinder saßen oft vor dem Fernseher.
gehen	geht, ging, ist gegangen Sie gingen früh nach Hause.	bekommen	bekommt, bekam, hat bekommen Er bekam von seinen Eltern kein Geld.
vergessen	vergisst, vergaß, hat vergessen Sie vergaß alle neuen Wörter.	wissen	weiß, wusste, hat gewusst Er wusste von nichts.
geben	gibt, gab, hat gegeben Sie gab ihm die Hand.	steigen	steigt, stieg, ist gestiegen Sie stieg auf die Leiter.

TAXI
W 2171 TX

Partner A

Reise durch Deutschland, Österreich und die Schweiz

Erzählen Sie Ihrem Partner/Ihrer Partnerin, wohin Sie fahren. Er/Sie zeichnet die Reiseroute auf seiner Landkarte ein.

1. Zuerst fliege ich in eine Schweizer Stadt. Die Stadt liegt am Rhein.
2. Dann reise ich zu einem See. An dem See liegt die Stadt Konstanz.
   Dann reise ich zu einem See, an dem die Stadt Konstanz liegt.
3. Danach besichtige ich eine Stadt. Die Stadt liegt an der Isar.
4. Dann fahre ich in ein Gebirge. Das Gebirge liegt zwischen Deutschland und der Tschechischen Republik.
5. Später fahre ich mit einem Schiff auf einem Fluss. An dem Fluss liegt die Stadt Dresden.
6. Und dann reise ich an das Meer. In das Meer fließt die Elbe.
7. Schließlich fahre ich noch mit dem Schiff auf eine Insel. Die Insel liegt in der Nordsee.

Partner B

Reise durch Deutschland, Österreich und die Schweiz

Erzählen Sie ihrem Partner, wohin Sie fahren. Ihr Partner zeichnet die Reiseroute auf seiner Landkarte ein:

1. Zuerst fliege ich in eine Stadt. Die Stadt liegt an der Kieler Bucht.
2. Dann reise ich zu einem Fluss. An dem Fluss liegt die Stadt Hamburg.
   Dann reise ich zu einem Fluss, an dem die Stadt Hamburg liegt.
3. Danach fahre ich zu einem Gebirge. Das Gebirge liegt an der Mosel.
4. Später fahre ich mit dem Schiff auf dem Fluss. Der Fluss fließt zwischen Mainz und Wiesbaden.
5. Danach reise ich in eine Stadt. Durch diese Stadt fließt der Neckar.
6. Dann steige ich auf Deutschlands höchsten Berg. Der Berg liegt in den Alpen.
7. Und schließlich besichtige ich die österreichische Hauptstadt. Durch die Stadt fließt die Donau.

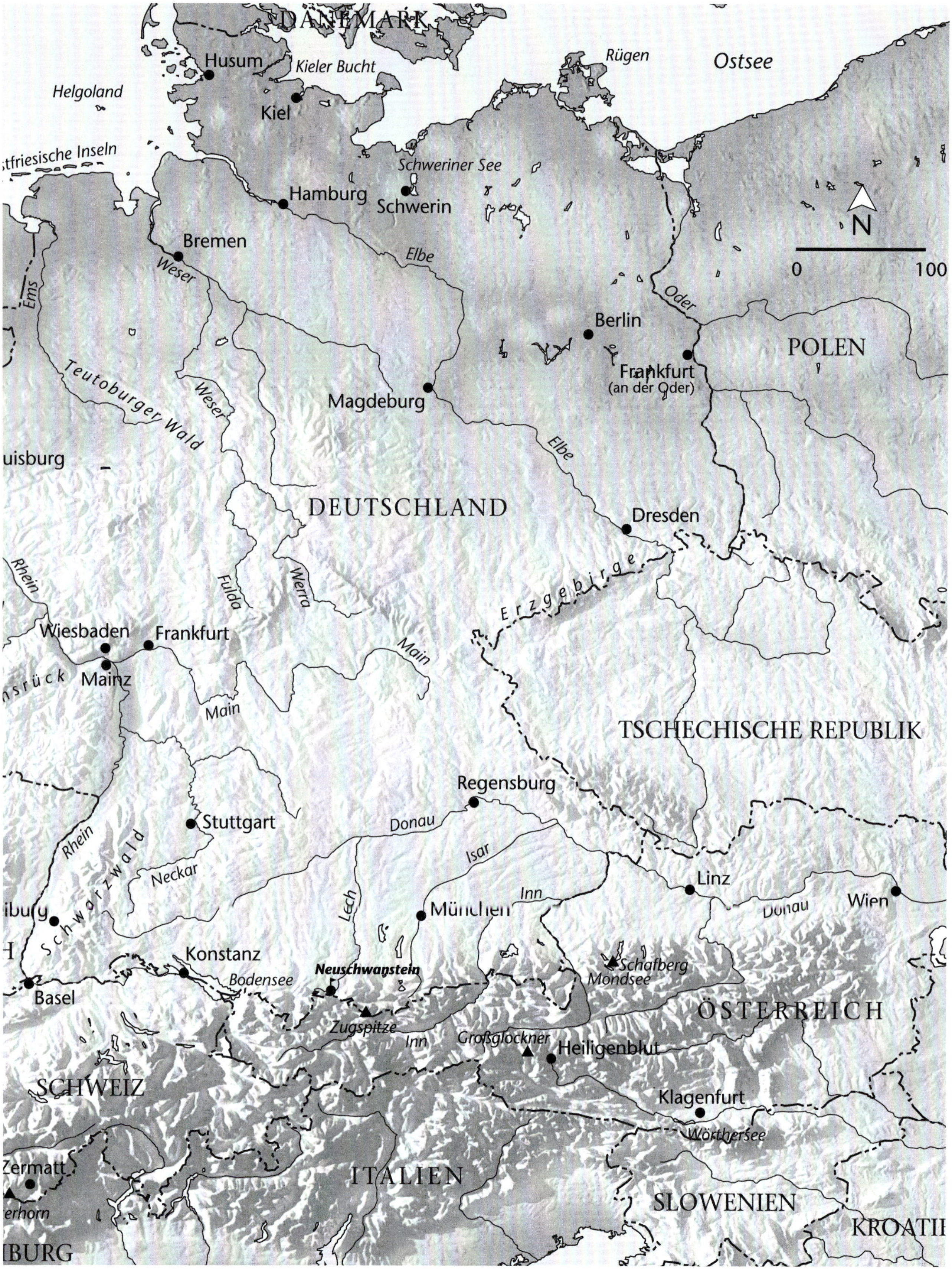
DÄNEMARK
Husum
Kieler Bucht
Rügen
Ostsee
Helgoland
Kiel
stfriesische Inseln
Schweriner See
Hamburg
Schwerin
N
0
100
Bremen
Weser
Elbe
Ems
Oder
Berlin
POLEN
Teutoburger Wald
Frankfurt
(an der Oder)
Weser
Magdeburg
Elbe
uisburg
DEUTSCHLAND
Dresden
Rhein
Fulda
Werra
Erzgebirge
Wiesbaden
Frankfurt
Main
nsrück
Mainz
Main
TSCHECHISCHE REPUBLIK
Regensburg
Stuttgart
Donau
Rhein
Schwarzwald
Neckar
Isar
Linz
Lech
Inn
München
Donau
Wien
Konstanz
Schafberg
Mondsee
Basel
Bodensee
Neuschwanstein
ÖSTERREICH
Zugspitze
Inn
Großglockner
Heiligenblut
SCHWEIZ
Klagenfurt
Wörthersee
Zermatt
ITALIEN
erhorn
SLOWENIEN
KROATI
BURG

Die Bahn, die durch die Luft schwebt

Schon am Ende des 19. Jahrhunderts gab es in Wuppertal große Verkehrsprobleme. Die Stadt liegt in einem engen Tal, durch das ein kleiner Fluss mit Namen Wupper fließt. Man suchte ein Verkehrsmittel, das möglichst schnell Personen von einem Stadtteil in den anderen bringen konnte, ohne den restlichen Verkehr zu stören. Da kam ein Ingenieur aus Köln auf die Idee, eine Bahn zu bauen, die nicht auf Schienen fährt, sondern an Schienen hängt. Die Wuppertaler waren begeistert und fanden sofort die richtige Strecke, auf der die neue Bahn fahren sollte: über der Wupper. Mitte des Jahres 1898 begannen sie mit dem Bau, und bereits 1901 konnten sie ihre Schwebebahn einweihen. Seitdem transportiert sie jedes Jahr mehr als 23 Millionen Passagiere auf einer Länge von 13,3 Kilometern.

Fragen zum Text:

Wie heißt die Attraktion?
Wo fährt diese Bahn?
Was ist besonders an diesem Verkehrsmittel?
Wann hat man die Bahn gebaut?
Warum hat man die Bahn gebaut?
Wie weit kann man mit der Bahn fahren?

Was ist richtig? Kreuzen Sie a., b., oder c. an. ☒

1. ⊙ Kannst du ………… Tischler morgen helfen? Er bringt den Schrank.
◆ Ja, ich habe Zeit. Ich helfe ………….
☐ a. den … ihnen
☐ b. den …ihn
☐ c. dem … ihm

2. ⊙ Was schenkst du eigentlich Silke zum Geburtstag?
◆ Ich schenke ………… ………… ………….
☐ a. ihr eine Halskette
☐ b. eine Halskette ihr
☐ c. ihr einer Halskette

3. ⊙ Ich schreibe ………… am Abend eine SMS.
◆ Du kannst ………… auch anrufen. Ich bin zu Hause.
☐ a. dich … mir
☐ b. dir … mich
☐ c. Sie … sie

4. ⊙ Was machen eure Kinder am Nikolaustag?
◆ ………… Kind sagt ein Gedicht auf.
☐ a. Die
☐ b. Alle
☐ c. Jedes

5. ⊙ Warum hast du denn keinen Weihnachtsschmuck gekauft?
◆ Die Kugeln auf dem Weihnachtsmarkt waren ………… ………… kitschig.
☐ a. mir sehr
☐ b. mich zu
☐ c. mir zu

6. ⊙ Beim Bleigießen: Ich habe eine Schlange. Was ………… das?
◆ Du bekommst Streit mit deinen Nachbarn.
☐ a. bedeutet
☐ b. will
☐ c. bekommt

7. ⊙ ………… dir die Uhr?
◆ Ja, das ………… meine.
☐ a. Ist … ist
☐ b. Gehört … ist
☐ c. Hat … gehört

8. ⊙ Passt ………… die Hose?
◆ Ja schon, aber sie gefällt ………… nicht.
☐ a. dir … mir
☐ b. dich … mich
☐ c. dich … mir

9. ⊙ Tut mir leid. Ich habe keine Zeit. Ich habe es sehr eilig.
◆ Dann will ich dich nicht ………….
☐ a. anfangen
☐ b. aufhalten
☐ c. halten

10. ⊙ Was sagt man in Deutschland an Weihnachten?
◆ ………… Weihnachten und ein ………… neues Jahr.
☐ a. Glückliche … herzliches
☐ b. Fröhliche … glückliches
☐ c. Beste … herzliches

10 |

Richtig oder Falsch ? Lesen Sie den Brief und kreuzen Sie an.

11. Elke hat seit Weihnachten keine Zeit zu schreiben. Richtig Falsch

12. Die Kinder glauben, dass es den Nikolaus gibt. Richtig Falsch

13. Hans besorgt den Weihnachtsbaum. Richtig Falsch

14. Elke findet einen schönen Weichnachtsbaum nicht wichtig. Richtig Falsch

15. Oma besucht die Familie von Elke an Silvester. Richtig Falsch

5 |

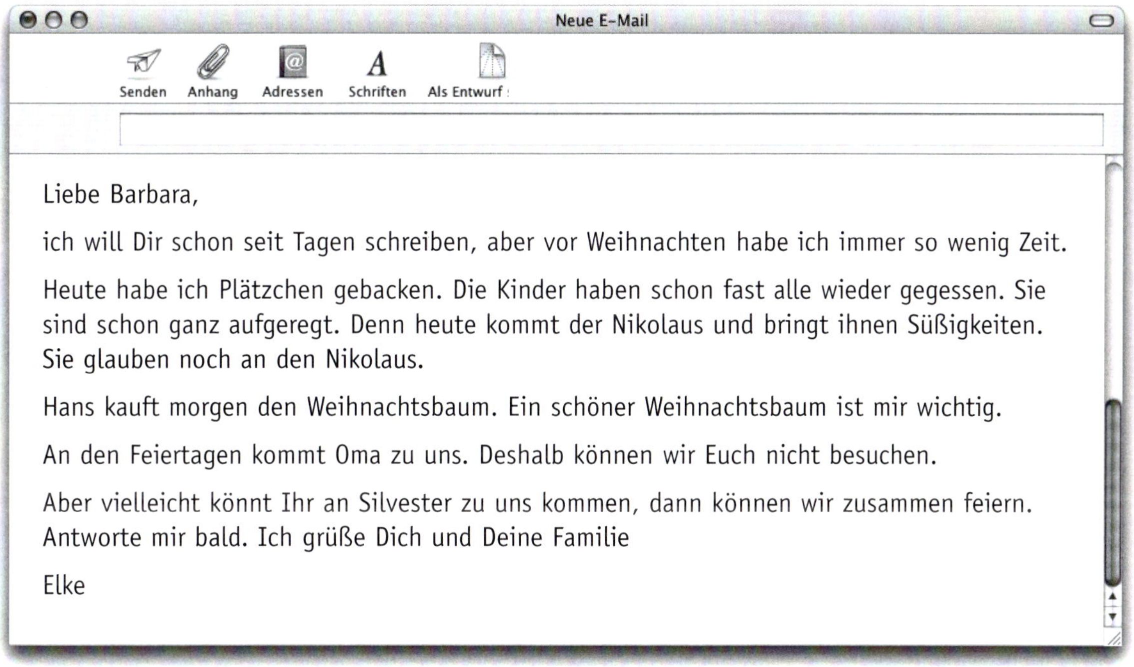

Liebe Barbara,

ich will Dir schon seit Tagen schreiben, aber vor Weihnachten habe ich immer so wenig Zeit.

Heute habe ich Plätzchen gebacken. Die Kinder haben schon fast alle wieder gegessen. Sie sind schon ganz aufgeregt. Denn heute kommt der Nikolaus und bringt ihnen Süßigkeiten. Sie glauben noch an den Nikolaus.

Hans kauft morgen den Weihnachtsbaum. Ein schöner Weihnachtsbaum ist mir wichtig.

An den Feiertagen kommt Oma zu uns. Deshalb können wir Euch nicht besuchen.

Aber vielleicht könnt Ihr an Silvester zu uns kommen, dann können wir zusammen feiern. Antworte mir bald. Ich grüße Dich und Deine Familie

Elke

Ergänzen Sie den Brief mit den passenden Wörtern.

Hoffentlich · nachträglich · Gute · Glückwunsch · Glück

Lieber Bernd,

16. .... *herzlichen* **17.** .... *zum Geburtstag. Ich habe Dich nicht vergessen, aber ich war verreist.*

18. .... *bist Du mir nicht böse.*

Ich wünsche Dir alles **19.** .... *und viel* **20.** ....
im neuen Lebensjahr.

Dein Manfred

5 |

Insgesamt

20 |

Bewertungsschlüssel

18 – 20 = 1
15 – 17 = 2
12 – 14 = 3
9 – 11 = 4
0 – 8 = nicht bestanden

Was ist richtig? Kreuzen Sie a., b., oder c. an. ☒

1. ⊙ Ich gehe in den Supermarkt. Brauchst du auch etwas?

◆ Bring mit doch bitte einen .... Sahne mit.

☐ a. Becher
☐ b. Tafel
☐ c. Stück

2. ⊙ Warum nimmst du keine Sahne?

◆ Weil ich gerade ....

☐ a. abnehmen
☐ b. nehme ab
☐ c. abnehme

3. ⊙ Isst du eigentlich Fisch?

◆ Ja, jetzt .... ich Fisch sehr gern. Aber früher habe ich Fisch überhaupt nicht ....

☐ a. mag … gemocht
☐ b. möchte … gemacht
☐ c. möchte … gemocht

4. ⊙ Wo isst du, wenn du unterwegs bist?

◆ Wenn ...., gehe ich zu einem Döner-Imbiss.

☐ a. ich habe Hunger
☐ b. ich Hunger habe
☐ c. ich Hunger haben

5. ⊙ Aber das Essen dort ist doch nicht gesund.

◆ Ja, schon. Aber man wird satt, weil da die .... meistens am größten sind.

☐ a. Quittungen
☐ b. Teller
☐ c. Portionen

6. ⊙ Möchten Sie noch ein bisschen Braten?

◆ Nein, vielen Dank. Ich bin ....

☐ a. satt
☐ b. ausgezeichnet
☐ c. gut

7. ⊙ Wie sagt man auf Deutsch, wenn man einen Stuhl anbietet?

◆ Ganz einfach: ....

☐ a. Sitzen Sie bitte.
☐ b. Nehmen Sie bitte Platz.
☐ c. Darf ich Ihnen einen Platz geben?

8. ⊙ Guten Appetit.

◆ Danke ....

☐ a. sie auch
☐ b. und Ihnen
☐ c. gleichfalls

9. ⊙ Zwischen 15 und 18 Uhr können Sie nur kalt essen.

◆ Ach so; und was kann ich jetzt ....?

☐ a. schmecken
☐ b. bestellen
☐ c. probieren

10. ⊙ Das macht 18,10 Euro.

◆ 20 Euro. ....

☐ a. Das ist zusammen.
☐ b. Das ist richtig so.
☐ c. Das stimmt so.

| 10 | |

Richtig oder Falsch ? Lesen Sie den Text und kreuzen Sie an.

Frühstück in Deutschland
Wir haben eine Umfrage gemacht. Hier sind die Ergebnisse: Von den Erwachsenen trinken 63 % Kaffee zum Frühstück. 41 % trinken ihren Kaffee gewöhnlich mit Milch. 25 % mögen den Kaffee morgens mit Milch und Zucker. Aber nur 6 % trinken ihren Kaffee mit Zucker.
Jugendliche haben morgens oft keinen Appetit. Viele trinken nicht einmal etwas. Wenn sie aber etwas trinken, dann am liebsten Milch. Wenn Jugendliche frühstücken, schmeckt ihnen Müsli besser als Brot. Vielleicht weil sie gesund essen möchten. Brötchen sind bei Jugendlichen und Erwachsenen auf Platz 1.

11. Am liebsten trinken die Deutschen ab 18 Jahren Kaffee zum Frühstück. Richtig Falsch
12. In Deutschland trinkt man lieber Kaffee mit Zucker als Kaffee mit Milch. Richtig Falsch
13. Jugendliche essen zum Frühstück oft nichts. Richtig Falsch
14. Jugendliche essen mehr Brot als Müsli. Richtig Falsch
15. Brötchen finden alle am besten. Richtig Falsch

5 |

Ein Rezept: Bratkartoffeln. Ergänzen Sie die Verben im Passiv.

würzen · kochen · dazutun · schneiden · geben · ~~schälen~~

Zuerst **16.** .... *die Kartoffeln* **16.** ....
Dann werden sie geschält. Danach **17.** .... *die Kartoffeln in Scheiben* **17.** .... *Anschließend* **18.** .... *Butter in eine Pfanne* **18.** .... *und Zwiebelwürfel werden kurz gebraten. Danach* **19.** .... *die Kartoffelscheiben* **19.** .... *und mit den Zwiebelwürfeln vermischt. Alles wird goldbraun gebraten. Zum Schluss* **20.** .... *die Bratkartoffeln mit Salz und Pfeffer* **20.** ....
Guten Appetit.

5 |

Insgesamt
20 |

Bewertungsschlüssel
18 – 20 = 1
15 – 17 = 2
12 – 14 = 3
9 – 11 = 4
0 – 8 = nicht bestanden

Was ist richtig? Kreuzen Sie a., b., oder c. an. ☒

1. ⊙ Wann hörst du endlich auf .... ?

◆ Gleich, ich möchte nur noch diesen Film zu Ende ....

☐ a. fernsehen … sehen

☐ b. zu fernsehen … zu sehen

☐ c. fernzusehen … sehen

2. ⊙ Was machst du eigentlich im Haushalt, Peter?

◆ Sonntags mache ich immer das Frühstück, ... meine Frau ....

☐ a. damit … ausschlafen kann

☐ b. um … auszuschlafen

☐ c. – … auszuschlafen

3. ⊙ Schau mal, vor unserem Haus steht ein großer Lastwagen.

◆ Ich vermute, dass ....

☐ a. die neuen Nachbarn heute einziehen

☐ b. die neuen Nachbarn ziehen heute ein

☐ c. ziehen die neuen Nachbarn heute ein

4. ⊙ Trägst du bitte mit mir den Tisch nach unten?

◆ Ja, aber erst muss ich eine Pause machen. Ich finde es anstrengend, ... die Kisten so schwer ....

☐ a. um … zu sein

☐ b. dass … sind

☐ c. – … zu sein

5. ⊙ Ich glaube, die Kommode passt nicht unter das Fenster. Sie ist .... als das Fenster.

◆ Das kann nicht sein. Das habe ich doch gerade gemessen.

☐ a. höher

☐ b. hoch

☐ c. am höchsten

6. ⊙ Öffnest du bitte mal die Wohnungstür. Es hat geklingelt?

◆ Tut mir leid. Ich kann nicht. Ich .... , ein Bild aufzuhängen.

☐ a. bin dabei

☐ b. gerade

☐ c. bin gerade

7. ⊙ Ist Susanne nicht größer .... du?

◆ Nein sie ist so groß .... ich.

☐ a. als … wie

☐ b. wie … wie

☐ c. als … als

8. ⊙ Immer gibt es Ärger mit der neuen Wohnung. Der Aufzug ist schon seit zwei Wochen kaputt.

◆ Hast du dem Vermieter schon .... ?

☐ a. geholt

☐ b. gesprochen

☐ c. Bescheid gesagt

9. ⊙ Wie sind denn die .... hier?

◆ Gut, es gibt eine U-Bahn und Busse in der Nähe.

☐ a. Lagen

☐ b. Verkehrsverbindungen

☐ c. Fahrten

10. ⊙ Papa, kann ich dein Auto haben?

◆ Ja, aber du musst die Garage .... , bevor du losfährst.

☐ a. abschließen

☐ b. zudrehen

☐ c. drücken

10 |

Richtig oder Falsch ? Lesen Sie die Wohnungsanzeige und kreuzen Sie an.

11. Die Wohnung ist im 1. Stock. Richtig Falsch

12. Die Wohnung liegt in der Stadtmitte. Richtig Falsch

13. Man muss 450 Euro Kaution bezahlen. Richtig Falsch

14. Man bekommt die Wohnung über einen Makler. Richtig Falsch

15. Man kann ab Mai einziehen. Richtig Falsch

5 |

1 ZKB (Erdgeschoss), Zentrum, 43 m², mit Balkon und kleinem Keller, komplett renoviert, 450,– € + NK + 2 Monatsmieten Kaution, von privat ab Mai, 0821/123099

Ergänzen Sie die Sätze auf dem Informationsblatt für den Wohnungstausch.

damit er nicht tropft · ~~damit Sie duschen können~~ · die Tonne auf die Straße zu stellen · wenn Sie telefonieren wollen · ~~wenn Sie abreisen~~ · um Strom zu haben · dass Sie den Kühlschrank immer fest zumachen

Infoblatt

Allgemeines

* Sie müssen die Hauptsicherung einschalten, **16.** ....

* Der Regler im Bad muss auf Stufe 1 stehen, *damit Sie duschen können*.

* Sie müssen immer zuerst eine Null wählen, **17.** ....

* Es kann sein, dass in der Küche die Kühlschranktür ein bisschen klemmt. Es ist wichtig, **18.** ....

* Die Müllabfuhr kommt immer am Freitag. Vergessen Sie nicht, **19.** ....

* Drehen Sie den Wasserhahn im Garten fest zu, **20.** ....

Abreise

* Bringen Sie den Schlüssel zu Petersens, *wenn Sie abreisen*.

5 |

Insgesamt

20 |

Bewertungsschlüssel

18 – 20 = 1
15 – 17 = 2
12 – 14 = 3
9 – 11 = 4
0 – 8 = nicht bestanden

Was ist richtig? Kreuzen Sie a., b., oder c. an. ☒

1. ⊙ Der .... Hut dort sieht lustig aus.

◆ Der ist doch .... und nicht ....

☐ a. blaue … schwarze … blaue

☐ b. blau … schwarz … blau

☐ c. blaue … schwarz … blau

2. ⊙ Warum ist Klaus noch nicht da? Er .... dich doch abholen.

◆ Er kommt gleich. Er .... länger arbeiten.

☐ a. wollte … musste

☐ b. wolltet … musstet

☐ c. wollten … mussten

3. ⊙ Ich bin zu einer Hochzeit eingeladen. Was soll ich nur anziehen?

◆ Ich finde den .... Rock und die .... Bluse schön.

☐ a. rote … helle

☐ b. roten … helle

☐ c. roter … rote

4. ⊙ Aber ich möchte lieber einen .... Pullover anziehen.

◆ Das passt doch nicht. Dann trag doch lieber ein .... Kleid.

☐ a. hellen … schönes

☐ b. heller … schönes

☐ c. helle … schöne

5. ⊙ Vielleicht hast du recht. Aber .... Kleid soll ich anziehen? Ein langes oder ein kurzes?

◆ Das dunkelblaue, lange steht dir doch sehr gut.

☐ a. was für

☐ b. welches

☐ c. was für ein

6. ⊙ Kennst du den Mann dort?

◆ Meinst du den mit der .... Brille?

☐ a. dunkel

☐ b. dunkle

☐ c. dunklen

7. ⊙ Warum hast du denn so schlechte ....?

◆ Es geht mir auf die Nerven, dass du nie deine Sachen aufräumst.

☐ a. Lust

☐ b. Laune

☐ c. Meinung

8. ⊙ Wir fahren in einer Stunde. Hast du deinen Koffer schon gepackt?

◆ Ja, ich bin fast fertig. Was meinst du, soll ich ein eigenes Handtuch ....?

☐ a. mitbringen

☐ b. mitnehmen

☐ c. bringen

9. ⊙ Jemand hat meinen Ausweis gestohlen.

◆ Was! .... sind weg. Du musst zur Polizei gehen.

☐ a. Deine Papiere

☐ b. Deine Diebstähle

☐ c. Deine Blätter

10. ⊙ Das ist ein schönes Bild oder?

◆ Ja, mir gefällt besonders das Haus mit dem schönen Baum ....

☐ a. davor

☐ b. vor

☐ c. an

10 |

Richtig **oder** Falsch **? Lesen Sie den Text und kreuzen Sie an.**

11. Männer tragen zum Bewerbungsgespräch oft einen Anzug mit Hemd und Krawatte.	Richtig	Falsch
12. Frauen dürfen keine flachen Schuhe tragen.	Richtig	Falsch
13. Die Kleidung darf keine Flecken haben.	Richtig	Falsch
14. Männer dürfen Piercings tragen.	Richtig	Falsch
15. Man muss unpünktlich sein.	Richtig	Falsch

5 |

Kleidungstipp für das Vorstellungsgespräch

Haben Sie ein Vorstellungsgespräch? Unser Redakteur, Heiner Peters, sagt Ihnen, was sie anziehen sollen: Tragen Sie, was zu Ihnen und auch zur Stelle passt. Zu einem Gespräch bei einer Bank müssen Sie sich anders anziehen, als wenn Sie als Mechaniker arbeiten wollen.

Bei Männern sind ein dunkler Anzug und ein Hemd mit Krawatte üblich. Frauen können zum Beispiel ein Kostüm mit einer Bluse tragen. Der Rock sollte aber nicht zu kurz und die Schuhe sollten nicht zu hoch sein.

Tragen Sie keine zu bunten Farben. Außerdem muss die Kleidung immer bequem, frisch und sauber sein. Vergessen Sie also nicht, den Anzug rechtzeitig in die Reinigung zu bringen.

Piercings sollten Sie besser zu Hause lassen. Ein paar hübsche Ohrringe sind bei Frauen natürlich erlaubt.

Seien Sie pünktlich und versuchen Sie, nicht zu nervös zu werden. Dann gelingt Ihnen das Gespräch sicher.

Heiner Peters

Lesen Sie die E-Mail und ergänzen Sie den Text.

es · es · es · unser · ~~unser~~ · Darin · darin · davor · um · weil · wenn

Neue E-Mail

Liebe Susanne,

16. ich kann es kaum glauben, endlich haben wir .... Traumhaus gefunden und wir wohnen schon ....

17. Aber .... Du erst in einem Monat zu uns kommst, gebe ich Dir schon mal eine Beschreibung.

Das Beste ist, dass das Haus direkt an einem See liegt. Man muss nur ein paar Schritte machen, ... zum Wasser zu kommen.

18. Zum Glück ist das Haus auch groß genug, ... hat 5 Zimmer. Das heißt, wir haben jetzt ein Gästezimmer. .... kannst Du jetzt immer schlafen, wenn Du uns besuchst.

19. Eine Terrasse gibt .... auch und .... ist ein großer Garten.

20. Ich bin sicher, Du findest *unser* neues Zuhause auch entzückend, ... Du .... siehst.

Lieben Gruß, Linda

5 |

Insgesamt

20 |

Bewertungsschlüssel

18 – 20 = 1
15 – 17 = 2
12 – 14 = 3
9 – 11 = 4
0 – 8 = nicht bestanden

Was ist richtig? Kreuzen Sie a., b., oder c. an. ☒

1. ⊙ Wie sehen denn deine Haare aus? Du musst .... unbedingt kämmen.

◆ Ja, stimmt ich muss .... kämmen.

☐ a. sich … sich

☐ b. dich … mich

☐ c. es … es

2. ⊙ Warum setzt du .... nicht?

◆ Danke ich bin .... schon den ganzen Tag gesessen.

☐ a. – … –

☐ b. – … mich

☐ c. dich … –

3. ⊙ Du warst doch beim Einkaufen, oder? Hast du .... die Milch gedacht?

◆ Ja klar, ich habe zwei Flaschen mitgebracht.

☐ a. an

☐ b. zu

☐ c. über

4. ⊙ Sag mal, hast du Jochen mal wieder getroffen?

◆ Ja, ... zwei Monaten.

☐ a. seit

☐ b. von

☐ c. vor

5. ⊙ Weißt du was er jetzt macht?

◆ Ja, er ist Manager ....

☐ a. ein Konzern

☐ b. eines Konzerns

☐ c. einem Konzern

6. ⊙ Bist du mit der Organisation des Klassentreffens schon fertig?

◆ Ja, fast. Ich warte nur noch auf .... unserer Lehrer.

☐ a. die Auskunft

☐ b. die Zusage

☐ c. die Sendung

7. ⊙ .... regst du dich denn so auf?

◆ Ich ärgere mich ...., dass mein Kollege schon wieder einen Fehler gemacht hat.

☐ a. Über … über

☐ b. Worüber … darüber

☐ c. Wie … über

8. ⊙ Endlich habe ich einen Porsche. Den habe ich .... schon so lange gewünscht.

◆ Kannst du .... denn ein so teures Auto überhaupt leisten?

☐ a. mich … dir

☐ b. mich … dich

☐ c. mir … dir

9. ⊙ Arbeitest du in einem deutschen Unternehmen?

◆ Nein, ich bin Angestellter in einem Konzern.

☐ a. selbstständigen

☐ b. ausländischen

☐ c. führendem

10. ⊙ Was macht denn dieses Unternehmen?

◆ Ich glaube, dass es Lebensmittel ....

☐ a. vereinbart

☐ b. berät

☐ c. herstellt

10 |

Was steht im Text? Was sagen die Personen?

		Lisa	Ulf	niemand
11.	Ich wollte Mechaniker werden.			
12.	Ich war in der Schule gut.			
13.	Ich habe studiert.			
	Ich hatte ein Stipendium			X
14.	Ich bin verheiratet.			
15.	Ich bin selbstständig.			

5 |

Abiturtreffen

Vor zwanzig Jahren haben sechzig Schüler und Schülerinnen der Uhland-Realschule den Realschulabschluss gemacht. Zwei von ihnen haben wir gefragt: „Wie ist Ihr Leben seit dem Realschulabschuss verlaufen?"

Lisa: „Eigentlich wollte ich ja eine Ausbildung als Fotografin machen. Aber weil ich gute Noten hatte, wollten meine Eltern, dass ich nach dem Realschulabschluss das Abitur mache. Danach habe ich mich dann für ein Psychologiestudium entschieden. Obwohl ich viel arbeiten musste, um das Studium zu finanzieren. Heute bin ich Psychologin und mein Beruf gefällt mir sehr gut. Privat bin ich zurzeit aber nicht so zufrieden. Ich lebe alleine, weil ich seit 2 Monaten geschieden bin."

Ulf: „Ich wollte nach der Schule erstmal eine Lehre als Mechaniker machen. Aber es hat nicht geklappt. Deshalb habe ich dann eine Lehre in einem Supermarkt gemacht. Anschließend habe ich ein paar Jahre als Verkäufer gearbeitet. Heute wohne ich mit meiner Ehefrau und zwei Kindern in Hamburg. Hier leite ich eine Supermarkt-filiale. Eigentlich ist mein Wunsch, mich mit einem eigenen kleinen Delikatessenladen selbstständig zu machen. Aber damit muss ich noch warten, bis die Kinder erwachsen sind."

Ergänzen Sie das Bewerbungsschreiben

~~sehr viel Erfahrung dafür mitbringen~~ ◎ interessant finden ◎ eine abgeschlossene Ausbildung haben ◎ sich bewerben ◎ bei der Firma Eutrans arbeiten ◎ sehr gut sprechen ◎

Bewerbung als Leiter der Exportabteilung

Sehr geehrte Damen und Herren,

hiermit **16.** .... auf die Stelle als Leiter der Exportabteilung. Die Aufgabe **17.** .... und *ich bringe sehr viel Erfahrung dafür mit*.

Ich **18.** .... als Exportkaufmann. Nach der Lehre bin ich ein halbes Jahr durch Südamerika gereist und habe Spanisch gelernt.

Seit April letzten Jahres **19.** ....

20. .... Englisch und auch Spanisch.

Über eine Einladung zu einem Vorstellungsgespräch würde ich mich freuen.

Mit freundlichen Grüßen

5 |

Insgesamt

20 |

Bewertungsschlüssel

18 – 20 = 1
15 – 17 = 2
12 – 14 = 3
9 – 11 = 4
0 – 8 = nicht bestanden

Was ist richtig? Kreuzen Sie a., b., oder c. an. ☒

1. ⊙ Was steht denn da in der Zeitung? Lies doch mal die Schlagzeile vor.

◆ „Die Temperatur .... gestern in Oslo auf 45 Grad."

☐ a. stieg

☐ b. gestiegen

☐ c. steigert

2. ⊙ Und was steht da daneben?

◆ „Mann .... seine Adresse nicht mehr. Nach zwei Stunden fand er seine Wohnung wieder."

☐ a. weiß

☐ b. weißt

☐ c. wusste

3. ⊙ Erinnerst du dich noch an unsere Oma?

◆ Ja, klar. Immer .... sie kam, hat sie Schweizer Schokolade mitgebracht.

☐ a. als

☐ b. wenn

☐ c. während

4. ⊙ Was hast du denn gemacht? Du .... ja.

◆ Ich habe mich in den Finger geschnitten.

☐ a. blutest

☐ b. hustest

☐ c. verletzt

5. ⊙ Weißt du, wie unsere Nachbarn heißen?

◆ Nein, früher .... ich hier alle. Aber jetzt ziehen doch so viele neue Leute ein.

☐ a. konnte

☐ b. kenne

☐ c. kannte

6. ⊙ Wie kam es zu dem Unfall?

◆ .... der nassen Straße konnte ich nicht schnell genug bremsen.

☐ a. Wegen

☐ b. Während

☐ c. Trotz

7. ⊙ Warum sind Sie .... des schlechten Wetters so schnell gefahren?

◆ Ich habe nicht gedacht, dass die Straße glatt ist.

☐ a. wegen

☐ b. während

☐ c. trotz

8. ⊙ Es gibt einen Film, da ermordet ein Mann eine Frau in der Dusche.

◆ Ja, der heißt Psycho. Dieser Film ist total ....

☐ a. gefährlich

☐ b. spannend

☐ c. einsam

9. ⊙ Stell dir vor, gestern habe ich eine kleine Katze gefunden.

◆ Die kannst du doch nicht einfach behalten. Der .... sucht sie sicher schon.

☐ a. Bewohner

☐ b. Besitzer

☐ c. Einwohner

10. ⊙ Warum bist du denn zu Fuß nach oben gegangen?

◆ Der Aufzug ....

☐ a. hatte seine Ruhe

☐ b. ging zu Ende

☐ c. war außer Betrieb

10 |

Richtig oder Falsch? Lesen Sie die Zeitungsmeldung und kreuzen Sie an.

11.	Als ein Mann seiner Katze helfen wollte, passierte ein Unglück.	Richtig	Falsch
12.	Der Mann ist von der Leiter gefallen, weil ein Ast vom Baum abgebrochen ist.	Richtig	Falsch
13.	Als der Notarzt kam, war die Katze immer noch auf dem Baum.	Richtig	Falsch
14.	Trotz seiner leichten Verletzungen musste der Mann ins Krankenhaus.	Richtig	Falsch
15.	In der Arbeit passt der Mann immer auf, dass er nicht von einem Dach fällt.	Richtig	Falsch

5 |

Sturz von der Leiter

Gestern Vormittag geschah in Edewecht ein Unfall. Wegen seiner Katze fiel ein 46-jähriger Dachdecker von der Leiter. Die Katze saß stundenlang auf einem Baum und kam nicht wieder herunter, obwohl der Mann sie rief. Da holte der Katzenfreund eine Leiter und stieg hinauf, um seine Katze zu retten. Doch er rutschte auf der nassen Leiter aus und fiel herab. Zum Glück sah der Nachbar, dass der Mann verletzt am Boden lag und holte den Notarzt. Während die beiden Männer auf den Notarzt warteten, kletterte die Katze ganz von alleine vom Baum herab und verschwand. Zwar ist der Dachdecker nur leicht verletzt, aber er muss trotzdem ein paar Tage zur Beobachtung im Krankenhaus verbringen. Das Unfallopfer meinte: „Es ist schon seltsam. In meinem Beruf gebe ich immer acht, wenn ich auf ein hohes Dach steige. Da hatte ich noch nie einen Unfall. Und jetzt passiert mir wegen meiner Katze dieses Missgeschick."

Ergänzen Sie den Text. Benutzen Sie die Wörter aus dem Kasten.

◎ als ◎ damit ◎ ~~Denn~~ ◎ weil ◎ um ◎ Schließlich ◎ Während ◎
◎ den Dieb ◎ Der Verbrecher ◎ des kleinen Diebs ◎ ein neunjähriger Junge ◎

Neunjähriger überfiel Kiosk mit Wasserpistole

16. Vorgestern Nachmittag überfiel .... den Kiosk am Park. Mit einem Strumpf über dem Kopf und einer Pistole in der Hand forderte der den Verkäufer auf, ihm Geld zu geben. .... der Angestellte das Geld aus der Kasse holte, rief eine Kollegin die Polizei. **17.** .... floh, ... er die Sirene des Polizeiautos hörte. **18.** Aber ein älterer Herr erkannte den Dieb, ... es der Sohn seiner Nachbarn war. Der Zeuge verriet .... bei der Polizei. **19.** Die Polizei fuhr zum Elternhaus ...., ... die Schusswaffe zu suchen. **20.** .... mussten die Polizisten lachen. Denn die Schusswaffe sah zwar echt aus, aber es war nur eine Wasserpistole. Der Junge sagte: „Ich wollte das Geld, ... ich die Operation für meinen kranken Hund bezahlen kann."

5 |

Insgesamt

20 |

Bewertungsschlüssel

18 – 20 = 1
15 – 17 = 2
12 – 14 = 3
9 – 11 = 4
0 – 8 = nicht bestanden

Was ist richtig? Kreuzen Sie a., b., oder c. an. ☒

1. ⊙ Zeig doch deine Fotos und erzähl mal. Was hast du denn auf deiner Reise gemacht?

◆ Ich habe den höchsten Berg Deutschlands .... Er heißt Zugspitze.

☐ a. bestiegen
☐ b. gefahren
☐ c. gestiegen

2. ⊙ Und wie heißt der Berg, ... man hier auf dem Foto sieht?

◆ Das ist die Alpspitze.

☐ a. den
☐ b. der
☐ c. ihn

3. ⊙ Was sind denn das für Leute?

◆ Das sind Freunde, ... ich an der Ostsee war.

☐ a. den mit
☐ b. mit den
☐ c. mit denen

4. ⊙ Ist es nicht schwierig, im Sommer an der Ostsee .... zu finden?

◆ Eigentlich schon. Aber wir haben das Hotel schon vier Wochen vorher gebucht.

☐ a. einen Bau
☐ b. einen Sitz
☐ c. eine Unterkunft

5. ⊙ Muss man eigentlich .... abschließen?

◆ Wenn man so lange unterwegs ist, ist das nicht schlecht.

☐ a. Zollvorschriften
☐ b. einen Pass
☐ c. eine Reiseversicherung

6. ⊙ Ich mag es, wenn es im Sommer 30 Grad hat.

◆ Ich liebe .... auch. Dann haben die Seen Badetemperatur und man kann schwimmen gehen.

☐ a. Kälte
☐ b. Hitze
☐ c. Nebel

7. ⊙ Wie war die Reise? Seid ihr gut angekommen?

◆ .... war anstrengend. Wir haben drei Stunden im Stau gestanden.

☐ a. Der Fahrplan
☐ b. Der Abschied
☐ c. Die Hinfahrt

8. ⊙ Wo fahren wir eigentlich dieses Jahr im Urlaub hin?

◆ Das ist mir eigentlich egal. Erholung ist alles, ... ich brauche.

☐ a. das
☐ b. die
☐ c. was

9. ⊙ Ich möchte irgendwohin, ... man tauchen und surfen kann.

◆ Aber ans Mittelmeer will ich dieses Jahr nicht. Da bin ich dagegen.

☐ a. wo
☐ b. worin
☐ c. wohin

10. ⊙ Warum denn nicht?

◆ Da waren wir letztes Jahr schon und wir haben sehr viel Geld ....

☐ a. ausgegeben
☐ b. gegeben
☐ c. ausgegangen

10 |

Richtig oder Falsch ? Lesen Sie den Text und kreuzen Sie an.

11. Man soll die Stadt Görlitz nicht besichtigen. Richtig Falsch

12. Görlitz liegt an der Grenze zu Polen. Richtig Falsch

13. Die Dreifaltigkeitskirche ist eine Sehenswürdigkeit von Görlitz. Richtig Falsch

14. Auf dem Glockenturm ist ein Mönch. Richtig Falsch

15. Die Uhrzeit auf dem Glockenturm stimmt nicht, damit die Leute aus Görlitz pünktlich zur Arbeit kommen. Richtig Falsch

5 |

Die östlichste Stadt Deutschlands

Wenn Sie im Osten von Deutschland unterwegs sind, sollten Sie die Stadt Görlitz mit ihrem historischen Stadtbild nicht verpassen. Die Stadt liegt am Fluss Neiße, durch den die Grenze zwischen Deutschland und Polen verläuft. Östlich der Neiße liegt die polnische Stadt Zgorzelec, die vor 1945 ein Stadtteil von Görlitz war. Zu den schönsten Gebäuden gehört die Dreifaltigkeitskirche, deren Glockenturm eine Besonderheit ist. Auf diesem Turm, der Mönch genannt wird, ist eine Uhr. Schon seit dem 16. Jahrhundert ist es auf dieser Uhr zehn Minuten später als in Wirklichkeit. Denn die Stadtwachen, die früher auf die Stadt aufgepasst haben, sollten nicht zu spät zur Arbeit kommen.

Grüße aus dem Urlaub. Ergänzen Sie die Postkarte wie im Beispiel.

Informationen über den Urlaub

Wo: ~~Hotel~~, Spanien · Wetter: sehr gut · Was machen Sie: schwimmen, surfen · Pläne für Morgen: Ausflug nach Sevilla · Zu Hause: alles ganz genau erzählen

Lieber Uli,

viele Grüße **16.** ……………, *wo ich meinen Urlaub verbringe. Wir* wohnen in einem Hotel, *das direkt am Strand liegt. Die Aussicht aus unserem Hotelzimmer ist herrlich. Vor uns liegt das Meer. Wir* **17.** …………… *den ganzen Tag. Morgen* **18.** …………… *. Das Wetter* **19.** …………… *. Wenn ich wieder zu Hause bin,*

20. …………… .

Ganz liebe Grüße

Deine Sylvia

5 |

Insgesamt

20 |

Bewertungsschlüssel

18 – 20 = 1
15 – 17 = 2
12 – 14 = 3
9 – 11 = 4
0 – 8 = nicht bestanden

Lösungsschlüssel

Lerneinheit 1

1 **a.** 3 **b.** 1 **c.** 4 **d.** 2

2 **a.** dem Vater **b.** Die Tischlerin, der Tischlerin **c.** Das Mädchen, dem Mädchen **d.** Die Väter, den Vätern

3 Die Besucher gratulieren der Reporterin. Die Reporterin gratuliert dem Briefträger. ... den Kindern. ... den Eltern. ... dem Chef.

4 **b.** 8 **c.** 2 **d.** 10 **e.** 1 **f.** 6 **g.** 3 **h.** 9 **i.** 4 **j.** 7

5a **B** 8 **C** 1 **D** 7

5b **A** 9, es **B** 5, ihr, ihn **C** 2, ihm, sie **D** 6, ihr, sie **E** 4, ihr, sie

Lerneinheit 2

1 **Silvester:** 1, 6 **Weihnachten:** 4, 11 **Der erste Mai:** 2, 10 **Ostern:** 3, 5 **Karneval:** 7, 9 **Nationalfeiertag:** 8, 12

3b Text 2

4 **a.** 3 **b.** 2 **c.** 5 **d.** 4 **e.** 6 **f.** 1

5 b, e, g, h

Lerneinheit 3

2 A, B, D

3 **A** 5 **B** 4 **C** 1 **D** 2 **E** 3

4 **Interview 1:** A, B, D **Interview 2:** A, C, D

6 **1** der Ritter **2** der Eisbär **3** die Indianerin **4** der Seeräuber **5** die Mumie **6** der Tiger **7** die Maus **8** der Zauberer **9** die Hexe **10** der Papagei **11** der Vampir **12** die Bauchtänzerin **13** der Clown **14** die Königin

7 1, 2, 5, 6, 7

8b **1.** Gesundheit **2.** Kündigung **3.** Geld **4.** Ärger **5.** Krankheit

Lerneinheit 4

5a **1.** mir **2.** mich **3.** mir **4.** mir **5.** mich **6.** mich **7.** mir **8.** mir **9.** mich **10.** mir

5c **B** 9 **C** 1 **D** 5 **E** 7 **F** 4 **G** 8 **H** 2 **I** 10 **J** 6

Lerneinheit 5

1 Mein Bruder ist am 22. Dezember geboren. Das ist zwei Tage vor Weihnachten. Deshalb feiert er seinen Geburtstag immer im Januar. Dann haben seine Freunde mehr Zeit. Ich gratuliere ihm natürlich schon vorher. Aber sein Geschenk gebe ich ihm erst auf der Party.

2a 5, 6, 4, 7, 1, 3

2b **1.** Führerscheinprüfung **2.** Geburtstag **3.** Ostern **4.** Weihnachten **5.** Hochzeit **6.** Silberhochzeit **7.** Examen

3 **1.** Deinem, Geburtstag, ihn, mir, Dir, Gute, Glück, Dein **2.** Dank, Hochzeit, Ihrem, Unsere, Ihnen, Glück, Gute, Ihr, Ihre **3.** Euch, Weihnachten, neues Jahr, uns, Euren, ihnen, Spaß, Eure, Euer

4b **B** 2 **C** 7 **D** 9 **E** 4 **F** 5 **G** 1 **H** 10 **I** 3 **J** 11 **K** 6

Lerneinheit 6

1a ein Kilogramm Bananen, ein Glas Marmelade, einen Liter Milch, einen Becher Sahne, eine Schachtel Pralinen, vier Becher Joghurt, ein Kilogramm Mehl, Hähnchenschenkel, ein Päckchen Fischstäbchen

2 Cola, Saft, Kartoffeln, Butter, Würstchen, Mayonnaise

3 **Links:** H, L, H, L, H **Mitte:** H, H, L, H, L, L **Rechts:** H, L, H, H, L, L

4 **b.** 4 **c.** 6 **d.** 7 **e.** 9 **f.** 1 **g.** 2 **h.** 3 **i.** 8

5a **2.** Weil sie mir zu salzig sind. **3.** Weil ich kein Schweinefleisch esse. **4.** Weil ich lieber Nudelsalat esse. **5.** Weil er mir zu fett ist. **6.** Weil ich keinen Hunger habe.

5b **1.** Weil er mir zu scharf ist. **2.** Weil sie mir zu sauer ist. **3.** Weil ich abnehmen will. **4.** Weil er mir zu süß ist. **5.** Weil ich Durst habe. **6.** Weil ich viel Obst essen soll. **7.** Weil er mir zu bitter ist.

6b Weil die Antworten dem Küchenchef in Zukunft bei der Planung helfen sollen.

6c **Cecilia:** Hamburger und Pommes **Sven:** Pizza **Mirko:** Nudeln **Miriam:** Vegetarierin **Janina:** Schnitzel

6d **1** Pizza **2** Nudeln mit Tomatensoße **3** Pommes frites **4** Fischstäbchen **5** Huhn **6** Würstchen mit Kartoffelsalat **7** Schnitzel **8** Bratkartoffeln mit Schinken **9** Hamburger **10** Frikadellen

Lerneinheit 7

1a **1.** F **2.** G **3.** A **4.** E **5.** B **6.** C **7.** D **8.** H **9.** I

1b Schwarzwälder Kirschtorte ...: E Fischbrötchen ...: C 1 Weißbrot ...: G 3 Pommes groß ...: I Frühlingssuppe ...: B Pott Kaffee ...: D

2a **B** 7 **C** 4 **D** 9 **E** 1 **F** 8 **G** 5 **H** 3 **I** 2

2b 2, 5, 9, 8, 4, 1, 3, 6

4 **a.** 2 **b.** 5 **c.** 4 **d.** 1 **e.** 3

5 b, c, e

6a **2.** B **3.** A **4.** B **5.** A **6.** B **7.** C **8.** B **9.** C **10.** A **11.** B **12.** A **13.** A **14.** C **15.** B

Lerneinheit 8

1a **links:** H, D, A, C **Mitte:** L, G, I, B **rechts:** E, K, J, F

2b 2, 5, 6, 8

3a 3, 4, 1, 2

3b **A** 4 **B** 2 **C** 1 **D** 3 **E** 2 **F** 3 **G** 4 **H** 1 **I** 1 **J** 2 **K** 4 **L** 3 **M** 2

5a **1.** Es gibt zuerst Suppe und dann Lammbraten. **2.** Herr Breuer hat die Suppe gemacht. **3.** Frau Amato probiert den Wein. Aber sie möchte auch Mineralwasser. **4.** In Süddeutschland gibt es viele Weinberge und viel Sonne. **5.** Frau Amato möchte das Rezept gern selbst ausprobieren. **6.** Als Dessert gibt es Erdbeeren mit Sahne.

5c **1.** „Nehmen Sie bitte Platz!" **2.** „Zum Wohl!" **3.** „Guten Appetit!" **4.** „Danke gleichfalls!" **5.** „Es schmeckt ausgezeichnet, aber ich bin wirklich satt."

7 **1.** haben keinen Tisch reserviert. **2.** 50,– Euro **3.** „Nimm doch deine Kreditkarte." **4.** „Gehen wir wieder." **5.** „Bestell ruhig das Kotelett. Ich nehme das Omelett." **6.** Sie essen beide keine Vorspeise.

Lerneinheit 9

2a Suppe, Hühnersuppe, Zwiebelsuppe Braten, Rinderbraten, Schweinebraten Eis, Zitroneneis, Bananeneis

4a **linke Spalte:** ↗, ↘, ↘, ↗ **rechte Spalte:** ↘, ↗, ↗, ↘

Lerneinheit 10

1 Herr Wagner sitzt im Café. Er trinkt nur eine Tasse Tee, weil er viel zu Mittag gegessen hat. Die Frau am Nachbartisch isst ein Stück Apfelkuchen. Dann bestellt sie ein Brötchen mit Honig. Danach hat sie immer noch Hunger. Die Kellnerin bringt ihr ein Schinkenbrot. Jetzt bekommt Herr Wagner auch wieder Appetit.

2 **b.** 1 **c.** 5 **d.** 2 **e.** 3 **f.** 8 **g.** 6 **h.** 7

3 **b.** 4 **c.** 3 **d.** 8 **e.** 1 **f.** 7 **g.** 5 **h.** 6

6 **b.** 1, 6 **c.** 6 **d.** 1 **e.** 4 **f.** 3 **g.** 7 **h.** 8 **i.** 4 **j.** 2 **k.** 5

7 **c.** Danach werden sie geschnitten. **d.** Anschließend werden die Zwiebeln geschält. **e.** Dann werden sie geschnitten. **f.** Danach wird die Petersilie klein gehackt **g.** Anschließend wird die Butter in die Pfanne gegeben. **h.** Dann werden die Zwiebelwürfel kurz gebraten. **i.** Danach werden die Kartoffelscheiben dazugetan. **j.** Anschließend werden die Kartoffelscheiben goldbraun gebraten. **k.** Dann werden die Eier geschlagen. **l.** Danach wird die Sahne in die Eier gegossen. **m.** Anschließend werden Eier und Sahne mit den Kartoffeln vermischt. **n.** Dann wird die Petersilie auf die Kartoffeln gestreut. **o.** Schließlich wird das Ganze mit Salz und Pfeffer gewürzt. **p.** Zum Schluss wird Schinken auf das Gericht gelegt.

Lerneinheit 11

1b **B** 3 **C** 1 **D** 6 **E** 2 **F** 5

3 **A** 3 **B** 1 **C** 5 **D** 6 **E** 4 **F** 2

5 **B** 4 **C** 1 **D** 7 **E** 8 **F** 5 **G** 3 **H** 6

6 **b.** ... um Wörter nachzuschlagen. ... damit der Tisch nicht wackelt. **c.** ... um im Meer zu tauchen. ... damit die Zwiebeln nicht die Augen reizen. **d.** ... um ein Loch in die Wand zu bohren. ... damit die Sahne steif wird.

7 **a.** um zu telefonieren. **b.** um zu surfen. **c.** um Musik herunterzuladen. **d.** um zu fotografieren. **e.** um Termine zu notieren. **f.** fernzusehen.

Lerneinheit 12

1a H, F, F, H, H, F, H, F, F

2 C

5b 4, 2, 3, 1

7a Mia ist eine Katze.

Lerneinheit 13

3b **1.** 777 Euro **2.** gemütlich fernsehen zu können. **3.** Filme lieber zu Hause als im Kino sieht. **4.** gut zu seinem Couchtisch passt. **5.** neben die Heizung zu stellen.

5 Teil 1 **a.** 3 **b.** 5 **c.** 2 **d.** 1 **e.** 4

5 Teil 2a **A** 3 **B** 4 **C** 1 **D** 2

5 Teil 2b Das Maßband ist genau zwei Meter lang. Die Glühbirne im Flur ist 40 Watt stark. Der Flur ist höher als zwei Meter.

5 Teil 3 **a, c**

7a Teil 1 **A** 2 **B** 4 **C** 1 **D** 3

7a Teil 2 **B, D, F, G**

Lerneinheit 14

1a **kurz:** Suppe, Puppe, Reisepass, nass, Socken, trocken **lang:** Schnee, Tee, bequem, Problem, gut, Hut, schlafen Hafen

4a Ein Pfarrer ...: Haaren – sparen Die Spinne ...: Zimmer – immer Am Morgen ...: Meer – sehr Gute Nacht ...: Kuss – Schluss Das Krokodil ...: still – will

6 **c.** Das Kind ist stärker als der Mann. **d.** Die Wurst ist so lang wie der Hund. **e.** Der Baum ist höher als das Haus. **f.** Die Schlange ist länger als der Tisch. **g.** Der Schneemann ist so groß wie das Kind. **h.** Der Vogel ist größer als die Katze.

8b **A** 4 **B** 1 **C** 3 **D** 8 **E** 6 **F** 9 **G** 2 **H** 5 **I** 7

Lerneinheit 15

1 Herr Fischer fährt zu seinem Sohn, um ihm beim Umzug zu helfen. In der Wohnung stehen noch Kisten und ein paar Möbel. Sie fangen an, alles zum Lastwagen zu bringen. Aber dann gibt es ein Problem mit dem Küchenschrank. Er ist höher als zwei Meter und sehr breit. Der Sohn glaubt nicht, dass sie ihn tragen können. Aber sie schaffen es doch.

2b Anzeige 2 und 6

4a ..., wenn Sie telefonieren wollen. ..., damit Sie alle Zimmer kennen. ..., damit Sie Strom haben. Wenn sie nicht sofort leuchtet, ... Um zu duschen, ...an die Straße zu stellen.

4b Wenn Sie grillen wollen ... Um das Garagentor zu öffnen ... ... sie zu füttern ... wenn man ihn nicht fest zudreht ... dass Sie sie fest zumachen ... hier zu wandern ... finden Sie Werkzeug im Keller ... damit keine Mäuse ins Haus kommen ... die Hauptsicherung und die Heizung auszuschalten

Lerneinheit 16

1 **2.** gelb **3.** grau **4.** grün **5.** violett **6.** schwarz **7.** blau **8.** braun

3 **e.** rote **f.** grüne **g.** schwarze **h.** gelben **i.** blaue **j.** rote **k.** blauen **l.** schwarzen

5b **1.** F **2.** E **3.** A **4.** H **5.** G **6.** B **7.** C **8.** D

5c **1.** blauer **2.** große **3.** dickes **4.** Blaue **5.** gelbe **6.** roter **7.** weißes **8.** bunte

6a helle, rotes, rote, weiße, weißen, blaues, blaue, schwarze, schwarzen, runder, runde

Lerneinheit 17

1b **1.** D **2.** F **3.** B **4.** A **5.** C **6.** E

3 **a, d, e, g, h, i, l**

5a Kleidung, Schmuck, Wohnen

5b **1.** E **2.** D **3.** B **4.** C **5.** F **6.** A

6 **1.** C **2.** E **3.** B **4.** A **5.** D

Lerneinheit 18

1c C

3a **2, 3, 5, 6, 8, 10, 11**

4b **1.** M **2.** F **3.** M **4.** M **5.** F **6.** M **7.** F **8.** F **9.** M **10.** F

6a **1.** H **2.** D **3.** B **4.** G **5.** A **6.** E **7.** C **8.** F

Lerneinheit 20

1 Eine junge Frau steht an der Straße. Sie trägt einen weißen Mantel, ein weißes Kleid und weiße Schuhe. Plötzlich kommt ein schwarzer Wagen um die Ecke. Er fährt durch eine große Pfütze. Doch sie lacht nur und öffnet schnell ihren roten Regenschirm.

2a ... unbedingt erzählen: ... in die Stadt gefahren, ... kaufen wollte. ... neben mir gestanden. ... schwere schwarze Schuhe. ... nicht erkennen. ... weg war. ... gestohlen hat. ... nach meiner Beschreibung gemacht. ... neue Papiere besorgen. ... die neuen Papiere zeigen. ... nicht mehr stören.

3c grüne, roter, blaue, blau, kleinen, weißen, bunten, offener, weiße, grünen, langen, kleiner

4b Mitte, Darüber, buntes Segelboot, Brücke, blaue Blumen, Darunter, gelbe Kerze, rote Bäume, Vordergrund, blaues Sofa, weiße Puppe, blonde Haare, Augen, Mitte, grünen, offenes Buch, Hintergrund, rundes Haus, gelben Fenstern

Lerneinheit 21

1 **i.** Er zeichnet ihn. **j.** Er zeichnet sich. **k.** Sie fotografiert sie. **l.** Sie fotografiert sich. **m.** Sie legen sie ins Bett. **n.** Sie legen sich ins Bett. **o.** Er kämmt es. **p.** Er kämmt sich.

3 **b.** 1 **c.** 10 **d.** 7 **e.** 4 **f.** 5 **g.** 2 **h.** 9 **i.** 8 **j.** 3

4 **b.** 1 **c.** 7 **d.** 8 **e.** 5 **f.** 6 **g.** 2 **h.** 4 **i.** 9

5 **b.** über den Blumenstrauß **c.** auf einen wichtigen Termin **d.** nach einer Bestellung **e.** um die Rechnungen **f.** um eine Lehrstelle **g.** über Fußball **h.** nach ihrer Meinung **i.** für Sportsendungen **j.** über eine falsche Lieferung

Lerneinheit 22

1 **a, b, e, g, i**

2b **A** 5 **B** 3 **C** 2 **D** 6 **E** 1 **F** 4

5a zwanzig, Abitur, studieren, Treffen, Hälfte

5b **1, 4, 5, 8, 9, 11, 12**

6 **a.** 2 **b.** 3 **c.** 2 **d.** 1

Lerneinheit 23

1a **2, 3, 4, 5, 6, 9**

3a **A** 3 **B** 1 **C** 4 **D** 2

3b **B**

3c **A, C, D, F**

3d **A, C, E, F**

4b **A** 6 **B** 2 **C** 1 **D** 5 **E** 3 **F** 4

5a **A** 4 **B** 1 **C** 2 **D** 5 **E** 3

7a S, S, J, S, S, J, J, J, S

Lerneinheit 24

2b **1.** ng, nk, ng **2.** nk, ng, nk **3.** ng, ng, nk, nk **4.** ng, nk, ng **5.** ng, ng **6.** ng, ng

4a Pferdes – Herdes, Fisches – Tisches, Hundes – Pfundes, Daches – Baches, Kusses – Flusses

Lerneinheit 25

1 Vor dem Tor der Schule wartet ein Junge auf seine Freundin. Er will ihr bei den Hausaufgaben helfen. Schnell kämmt er sich die Haare. Da sieht er ein blondes Mädchen und winkt. Aber die Schülerin interessiert sich nicht für ihn, weil sie ihn nicht kennt. Endlich kommt seine Freundin und sie gehen zusammen nach Hause.

2a **C** Angestellter einer mittelgroßen Werkzeugfabrik **D** Manager eines bekannten Waschmittelherstellers **E** Leiter der Exportabteilung einer norddeutschen Möbelfirma **F** Geschäftsführer der deutschen Filiale eines französischen Elektronikunternehmens **G** Direktor der Finanzabteilung eines internationalen Ölkonzerns **H** Mitglied des Aufsichtsrates eines großen deutschen Automobilunternehmens

3 **2.** auf ein Gymnasium, mit der Schule **3.** bei einer Tankstelle, für Autos und Motorräder **4.** als Seemann **5.** an der Rallye Paris-Dakar **6.** mit einem Souvenirladen **7.** zu einer Reise durch Südamerika, in eine junge Frau **8.** über seine Reiseerlebnisse

5b *(Lösungsvorschlag)* Studienreisen Dr. Ziemann GmbH, Postfach 1492, 23730 Neustadt, „Reiseunternehmen sucht Reiseführer/in für Studienreisen nach Mittel- und Südamerika", Reiseführer, Exportkaufmann, arbeitslos, Tankwart, als Seemann auf einem Containerschiff, 1997, 1999, Afrika, nach Deutschland zurückgekommen, mich in Berlin mit einem Souvenirladen selbstständig gemacht, habe ich mich zu einer Reise durch Südamerika entschlossen, ich ein Buch über meine Reiseerlebnisse geschrieben, spanisch, portugiesisch.

Lerneinheit 26

1b **1.** B **2.** E **3.** A **4.** G **5.** F **6.** D **7.** C **8.** H

2 **b.** hat … verkauft **c.** hat … gespielt **d.** hat … geheiratet **e.** hat … gefunden **f.** hat … vergessen **g.** ist … mitgefahren **h.** ist … gestiegen

5b fanden, sammelten, gab, schmeckte, bekam, fühlten, hatten, rief, brachte, durften, sagte

6 wollte, suchte, fand, grub, stieß, aufmachte, sah, lagen, stand, wusste, gab, berichtete

Lerneinheit 27

1a **B**

2a **A** 2 **B** 3 **C** 1

2b **1.** B **2.** C **3.** A

6 **a.** 3 **b.** 4 **c.** 1 **d.** 2

7 c, d

Lerneinheit 28

1c **1.** weil ihre Freundin seit Tagen die Tür nicht aufmachte. **2.** ein Telegramm aus Paris. **3.** an ein Verbrechen.

2a **1.** sie kein Benzin mehr hatte. **2.** nur wenige Autos, weil es sehr früh am Morgen war. **3.** organisierte eine Umleitung.

3a **1.** die Sparkasse in Edewecht. **2.** zu seinem Motorrad. **3.** am Nachmittag in einem Kaufhaus wieder.

4a **1.** die Wahrheit zu sagen. **2.** Bielefeld und Paderborn. **3.** war es neblig. **4.** glatt. **5.** 70–80 km/h.

4b **1.** hielt nicht an. **2.** Lkw. **3.** es war schon zu spät. **4.** ein Zeuge.

4c 3

5a **A** 3 **B** 4 **C** 1 **D** 2

6a **A** … schlief ein Minister ein und konnte seine Rede nicht halten. **B** … sprang ein Mädchen in einen See und fand eine Kiste mit römischen Geldstücken. **C** … hatte eine Dame plötzlich Bauchschmerzen und bekam ein Baby. **D** … musste ein Mann aus Ulm eine Nacht im Freien verbringen und wachte zwischen Kühen und Schafen auf.

Lerneinheit 29

2a schrieb, blieb, ging, fing, stand, fand, lief, schlief, sang, sprang

4a schrieb, stieg, schwieg, ging, fing, hing, rannte, erkannte, nannte

7a sahen, nahmen, rannten, stiegen, wollten, blieb, öffneten, entdeckten

Lerneinheit 30

1 Der Taxifahrer kannte die Stadt noch nicht gut. Er sollte eine Frau in der Goethestraße abholen, doch er fuhr falsch. Endlich fand er die Straße, aber er konnte die Nummern der Häuser nicht genau erkennen. Deshalb hielt er vor einem Haus und hatte Glück. Die Dame stand direkt davor.

2a **1.** ... kaufte von ihm ein junges Schwein. **2.** ... gab ihm den Namen „Rosa". **3.** ... liebte Heino das Tier. **4.** ... er zur Schule ging. **5.** ... ging er täglich mit ihr spazieren.

3a **1.** Er wollte bald Fleisch und Wurst daraus machen. **2.** Dann kam der Tag. Herr M. fuhr mit Rosa ins nächste Dorf zur Metzgerei. **3.** Dort parkte er den Wagen auf dem Hof und ging in den Laden. **4.** Als er wiederkam, war der Wagen leer und Rosa war weg. **5.** Er suchte lange nach ihr; dann fuhr er ärgerlich nach Hause zurück. **6.** Dort fand er Rosa. Sie lag in ihrem Stall und war müde von dem langen Spaziergang. **7.** Da kam gerade Heino von der Schule nach Hause. Er weinte, weil er an das Schwein dachte. **8.** Sein Vater führte ihn zu Rosa und sagte: „Du hast ganz recht. Rosa ist wirklich ein Haustier!" **9.** Herr M. lachte und erzählte die Geschichte seiner Frau.

4b **A** Dortmund ... **B** Dormagen ... **C** Stuttgart ... **D** Zell an der Mosel ... **E** A 72 ... **F** Arnsberg ...

5a Fahrstuhl ... **1.** Kind ... **2.** PKW-Fahrer ... **3.** Freiwillige ... **4.** Auf dem ... **5.** Kein Strom ... **6.** Neunjähriger ... **7.** Mit Bauchschmerzen ... **8.**

Lerneinheit 31

1b **1.** G **2.** F **3.** C **4.** A **5.** B **6.** E **7.** H **8.** D

2b **B** 7 **C** 9 **D** 5 **E** 4 **F** 3 **G** 2 **H** 8 **I** 1

3 **b.** der **c.** der **d.** die **e.** der **f.** den **g.** die **h.** das **i.** das **j.** die **k.** die **l.** das **m.** der **n.** das **o.** den **p.** die **q.** die

5a **1.** Elbe **2.** Bodensee **3.** Eifel, Hunsrück **4.** Kieler Bucht **5.** Werra, Fulda **6.** Teutoburger Wald **7.** Nordsee **8.** Donau

Lerneinheit 32

1b **A** 3 **B** 5 **C** 2 **D** 4 **E** 6 **F** 1

2 **a.** 3 **b.** 6 **c.** 1 **d.** 7 **e.** 2 **f.** 5 **g.** 4

3 **a.** 4 **b.** 1 **c.** 2 **d.** 3

5 **A** 4 **B** 3 **C** 2 **D** 1 **E** 2 **F** 1 **G** 4 **H** 3

6 **b, d, g, h, j, k**

Lerneinheit 33

1a **A** 4 **B** 1 **C** 7 **D** 3 **E** 6 **F** 5 **G** 8 **H** 2

2a **links:** F, E, C, A, D, B **rechts:** C, A, B, D, F, E

3 **a.** 3, 4, 5, 1, 2 **b.** 3, 4, 5, 1, 2 **c.** 5, 3, 2, 1, 4 **d.** 4, 5, 2, 3, 1

5b **2, 3, 5, 7, 9, 11**

6b **2, 3, 5, 7, 8, 10**

7 **a.** Die Stadt, aus der sie kommt. **b.** 3, 4, 5, 1, 2 **c.** 3, 2, 5, 4, 1

Lerneinheit 34

2a ... liest gerade vor. ... taucht aus der Lagune auf. ... reisen bald weiter.

4 **b.** 1 **c.** 4 **d.** 3 **e.** 6 **f.** 5 **g.** 8 **h.** 7

Lerneinheit 35

1 Brigitte macht Urlaub an der Nordsee. Sie hat ein Hotel gefunden, das direkt am Strand liegt. Mit dem Wetter ist sie zufrieden, obwohl es meistens windig ist und sehr kühl. Das ist ein Klima, in dem sich Brigitte gut erholen kann. Sie hat viele Bücher dabei, die sie alle lesen will.

2b **1** das direkt am See liegt **2** die ich vom Balkon habe **3** zu dem meine Firma mich geschickt hat **4** die das Seminar leiten **5** auf der wir uns über die Schweizer Milchproduktion informieren **6** in der wir uns die Herstellung des berühmten Appenzeller Käses anschauen **7** der am Bodensee wächst **8** auf der das Klima sehr mild ist **9** mit denen ich hinüber nach Bregenz fahren will

Tests

Themenkreis **Feste und Feiern**

1. c. **2.** a. **3.** b. **4.** c. **5.** c. **6.** a. **7.** b. **8.** a. **9.** b. **10.** b. **11.** Falsch **12.** Richtig **13.** Richtig **14.** Falsch **15.** Falsch **16.** nachträglich **17.** Glückwunsch **18.** Hoffentlich **19.** Gute **20.** Glück

Themenkreis **Essen und trinken**

1. a **2.** c **3.** a **4.** b **5.** c **6.** a **7.** b **8.** c **9.** b **10.** c **11.** Richtig **12.** Falsch **13.** Richtig **14.** Falsch **15.** Richtig **16.** werden ... gekocht **17.** werden ... geschnitten **18.** wird ... gegeben **19.** werden ... dazugetan **20.** werden ... gewürzt

Themenkreis **Umzug und Einrichtung**

1. c **2.** a **3.** a **4.** b **5.** a **6.** a **7.** a **8.** c **9.** b **10.** a **11.** Falsch **12.** Richtig **13.** Falsch **14.** Falsch **15.** Richtig **16.** um Strom zu haben **17.** wenn Sie telefonieren wollen **18.** dass Sie den Kühlschrank immer fest zumachen **19.** die Tonne auf die Straße zu stellen **20.** damit er nicht tropft

Themenkreis **Aussehen und Geschmack**

1. c **2.** a **3.** b **4.** a **5.** c **6.** c **7.** b **8.** b **9.** a **10.** a **11.** Richtig **12.** Falsch **13.** Richtig **14.** Falsch **15.** Falsch **16.** unser, darin **17.** weil, um **18.** es, darin **19.** es, davor **20.** unser, wenn, es

Themenkreis **Ausbildung und Berufswege**

1. b **2.** c **3.** a **4.** c **5.** b **6.** b **7.** b **8.** c **9.** b **10.** c **11.** Ulf **12.** Lisa **13.** Lisa **14.** Ulf **15.** niemand **16.** bewerbe ich mich **17.** finde ich interessant **18.** arbeite bei der Firma Eutrans **19.** habe ich eine abgeschlossene Ausbildung **20.** Ich spreche sehr gut

Themenkreis **Nachrichten und Berichte**

1. a **2.** c **3.** b **4.** a **5.** c **6.** a **7.** c **8.** b **9.** b **10.** c **11.** Richtig **12.** Falsch **13.** Falsch **14.** Richtig **15.** Richtig **16.** ein neunjähriger Junge, Während **17.** Der Verbrecher, als **18.** weil, den Dieb **19.** des kleinen Diebs, um **20.** Schließlich, damit

Themenkreis **Länder und Leute**

1. a **2.** a **3.** c **4.** c **5.** c **6.** b **7.** c **8.** c **9.** a **10.** a **11.** Falsch **12.** Richtig **13.** Richtig **14.** Falsch **15.** Falsch **16.** aus Spanien **17.** schwimmen und surfen **18.** machen wir einen Ausflug nach Sevilla **19.** ist sehr gut **20.** erzähle ich alles ganz genau

Hinweis Auf folgenden vier Seiten finden Sie eine Didaktisierung besonders gängiger Übungstypen in *Lagune*. Diese „Auslagerung“ soll das flüssige Lesen des Lehrerhandbuchs erleichtern und das Augenmerk auf die Besonderheiten einer speziellen Übung richten.

Bild-Textzuordnung

Beispiele → KB S. 8 | **1** und S. 10 | **5**

1. Die TN ordnen in Partnerarbeit Sätze, Satzteile oder Wörter den Bildern zu. Die TN gehen vom Bekannten aus, dabei erschließt sich neuer Wortschatz oft von allein. Regen Sie die TN auch dazu an, die Bilder als Verständnishilfe zu sehen. Alles, was die TN nicht zuordnen können, bleibt vorerst offen.
2. Besprechen Sie die Zuordnung im Plenum. Klären Sie jetzt neuen Wortschatz.

Leseverstehen

Beispiele → KB S. 14 | **5** und S. 15 | **6**

1. Die TN lesen still die Angaben in der Aufgabenstellung. Klären Sie unbekannten Wortschatz.
2. Die TN lesen den Text und machen die angegebene Aufgabe, z. B. richtige Aussagen ankreuzen, Textstellen unterstreichen usw.
3. Bei komplexeren Fragen vergleichen die TN die Lösung mit ihrem Nachbarn. PA !
4. Die Lösung wird im Kurs besprochen. Die TN nennen ggf. die entsprechenden Textstellen.
5. Erklären Sie neuen Lernwortschatz aus dem Text. Dabei geht es nicht darum, dass die TN den Text Wort für Wort verstehen.

Hörverstehen

Beispiele → KB S. 16 | **2** und S. 17 | **3**

1. Anhand des Übungstitels und des Fotos stellen die TN Hypothesen zur Situation im Hörtext auf.
2. Die TN lesen still die Angaben zum Hörtext. Klären Sie unbekannten Wortschatz aus den Angaben.
3. Die TN hören die CD und machen die angegebene Aufgabe, z. B. richtige Sätze ankreuzen, Sätze kombinieren, Wörter einsetzen.
4. Die TN vergleichen die Lösung mit ihrem Nachbarn. PA (vergleichen!)
5. Die CD wird, wenn nötig, noch einmal gehört. Fortgeschrittenere TN versuchen, bei komplexeren Hörtexten über die Aufgabe hinaus soviel wie möglich zu verstehen.
6. Die Lösung wird im Kurs besprochen. Bei Schwierigkeiten werden die entsprechenden Passagen noch einmal gehört oder aus der Transkription vorgelesen.
7. Fragen sie die TN, denen das Hörverstehen leicht fällt, was sie noch verstanden haben.

Nachsprechen

Beispiele → KB S. 20 | **1** und S. 21 | **4** und S. 44 | **1**

Wenn es zwei oder mehr Texte gibt, wenden Sie die folgenden Schritte zunächst auf den ersten Text an. Mit dem zweiten Text wird erst gearbeitet, wenn alle Schritte zu Text 1 durchgeführt wurden.

1. Die TN hören den Text ohne Buch, um phonetische Phänomene besser erkennen zu können.
2. Die TN hören den Text (noch einmal) und lesen mit.
3. Klären Sie unbekannte Wörter.
4. Die TN hören den Text und sprechen nach. Machen Sie dazu nach jeder Zeile oder nach jedem Satz eine Pause. Dabei sprechen die TN entweder jeder für sich halblaut und/oder alle zusammen im Chor nach. Diesen Schritt können Sie wiederholen.
5. Die TN hören den Text bei geschlossenem Buch noch einmal und sprechen nach.
6. Wiederholen Sie Schritt 5, wenn die TN den Text auswendig lernen. Spielen Sie dabei ggf. längere Einheiten vor, z. B. eine ganze Zeile. Sie können die Aufnahme auch stoppen und die TN ergänzen den fehlenden Teil.
7. Bei Dialogen üben die TN zu zweit, bis sie den Dialog auswendig können.
8. Ein paar TN sagen den Text auswendig vor.

Variante für Reime Schreiben Sie den Text an die Tafel oder mit einem wasserlöslichen Stift auf eine Folie. Die TN hören die Aufnahme zweimal Zeile für Zeile, lesen mit und sprechen laut nach. Löschen Sie dann z.B. alle Nomen oder alle Verben oder alle Pronomen. Die TN lesen den Text laut und ergänzen die fehlenden Satzteile. Löschen Sie danach eine andere Wortart und machen sie ein paar Übungsdurchgänge. Es bleibt immer weniger vom Text übrig. Die TN lernen den Text immer besser auswendig.

Sätze erfinden

Beispiele → KB S. 20 | **2** und S. 44 | **1**

1. Gehen Sie mit den TN das Wortmaterial durch. Gehen Sie dabei auf das Aussprachephänomen ein, das im Themenkreis besonders geübt werden soll.
2. Die TN bilden in Partnerarbeit Sätze wie im Beispiel vorgegeben und schreiben sie je auf zwei getrennte Blätter. Nutzen Sie die Gelegenheit, währenddessen auf TN mit noch größeren Schwierigkeiten bei diesem Aussprachephänomen einzugehen. Wenn eine intensive Korrektur im Plenum stattfindet, dann führt das oft zur Verunsicherung der TN.
3. Die TN tauschen das eine Blatt mit den Sätzen mit einer anderen Zweiergruppe.
4. Jede Gruppe liest die von **ihr selbst** erfundenen Sätze vor. Die anderen TN achten mithilfe des Blattes auf die korrekte Aussprache des zu übenden Phänomens.
5. Zum Abschluss lesen Sie ein paar Sätze der TN vor. Die TN sprechen im Chor nach. Erwähnen Sie dabei, von welcher Gruppe die Sätze sind, sodass die TN ihre Arbeit gewürdigt sehen.

Variationsdialoge

Beispiele → KB S. 11 | **6** und S. 20 | **3**

1. Sprechen Sie mit den TN über die Situation auf dem Bild.
2. Zwei geübtere TN lesen den Dialog vor.
3. Erklären Sie unbekannte Wörter.
4. Die TN lesen das Wortmaterial. Fragen Sie nach dem Genus der Nomen, wenn es für den Dialog wichtig ist. Klären Sie abermals unbekannte Wörter. Die TN suchen gegebenenfalls nach weiteren Beispielen.
5. Die TN unterstreichen die Elemente im Dialog, die man bei einer Variation austauscht. Wenn die TN schon oft Dialoge variiert haben, können Sie diesen Schritt weglassen.
6. Bei schwierigen Dialogen, oder wenn die TN schwächer sind, werden die Dialoge zunächst schriftlich variiert und erst danach mündlich.
7. Ein paar Dialoge werden im Plenum vorgespielt.

Gespräche hören und nachspielen

Beispiele → KB S. 23 | **8** und S. 47 | **7**

Wenn es zwei oder mehr Texte gibt, führen Sie zunächst alle Schritte zum ersten Text durch. Danach bearbeiten Sie den zweiten Text in gleicher Weise.

1. Sprechen Sie mit den TN über die Situation auf dem Bild.
2. Die TN hören den Dialog bei abgedecktem Text, ohne mitzulesen.
3. Die TN hören den Text noch einmal und lesen mit.
4. Semantisieren Sie unbekannte Wörter.
5. Die TN lesen den Dialog in Partnerarbeit mit wechselnden Rollen.
6. Entwickeln Sie mit den TN zusammen ggf. an der Tafel ein Dialoggerüst (siehe Tafelbild bei der entsprechenden Übung).
7. Die TN hören den Dialog noch einmal und verfolgen dabei das Dialoggerüst.
8. Die TN üben den Dialog zu zweit ein.
9. Ein paar Dialoge werden im Plenum vorgespielt.

Gespräche variieren

Beispiele → KB S. 23 | **9** und S. 47 | **7**

1. Gehen Sie mit den TN die vorgegebenen Formulierungen durch. Semantisieren Sie unbekannte Wörter.
2. Die TN entscheiden sich zu zweit oder zu dritt, ob sie ggf. einen formellen oder informellen Dialog spielen möchten. Sie üben ein paar Dialogvarianten ein. Die TN können sich dabei, wenn sie wollen, weiter von den Vorgaben entfernen.
3. Ein paar Dialoge werden im Plenum vorgespielt. Bitten Sie die TN, dazu von ihren Plätzen aufzustehen und nach vorne zu kommen. Beschreiben Sie den TN, wie ihre Umgebung aussieht, damit sich die TN das Szenario besser vorstellen können. Benutzen Sie – wenn möglich – ein paar Requisiten, z. B. ein paar Gläser und/oder ein Tablett für eine Szene in einem Café.

Variante Die TN schreiben in Partnerarbeit oder Kleingruppen einen Dialog. Sammeln Sie die Dialoge ein und korrigieren Sie sie, wenn nötig. Die Dialoge werden neu verteilt. Die TN spielen einen Dialog von einer anderen Gruppe.

Binnendifferenzierung Schwächere Lerner schreiben in Partnerarbeit einen Dialog und lernen diesen auswendig. Sie üben mit einer anderen Zweiergruppe. Diese erhält den Text und unterstützt und kontrolliert die Dialogschreiber beim Einüben. Danach tauschen die beiden Gruppen.

Diktat

Beispiele → KB S. 24 | **1** und S. 48 | **1**

Material

- Folie, Folienstift

Auf der CD wird der Text einmal in normalem Tempo und dann ein zweites Mal langsam mit Pausen zum Mitschreiben gesprochen.

1. Die TN hören den Text in normalem Tempo ohne mitzuschreiben.
2. Die TN hören die zweite langsame Version und schreiben mit. Ein TN schreibt auf der Folie mit.
3. Die TN hören die schnell gesprochene Version des Textes noch einmal und kontrollieren das Geschriebene.
4. Legen Sie die Folie auf. Verbessern Sie zusammen mit den TN das Diktat auf Folie.
5. Jeder TN verbessert sein Diktat.

Variante

Material

- Transkription für jeden TN einmal kopiert

1. Lesen Sie den ganzen Text in normalem Tempo oder spielen Sie die Aufnahme vor. Die TN hören zu.
2. Die TN arbeiten zu zweit. Sie bekommen die Transkription. Ein TN diktiert seinem Partner. In der Mitte des Textes werden die Rollen getauscht.

Laufdiktat

Variante Die TN machen ein Laufdiktat. Ein paar Texte werden abseits von den Plätzen der TN an die Wand geheftet. Die TN arbeiten zu zweit. Ein TN geht zum Text, liest ihn und versucht, sich einen Teil des Textes zu merken. Es ist nicht notwendig, dass sich ein TN einen ganzen Satz oder gar das ganze Diktat merkt. Der TN geht zurück zu seinem Partner und diktiert diesem, was er sich merken konnte. Wenn er nicht mehr weiter weiß, geht er wieder zum Text usw. In der Mitte des Textes wird gewechselt. Kündigen Sie das zu Beginn des Diktates an und markieren Sie die Mitte auf den Transkriptionen.

3. Mithilfe der Transkription verbessert jeder TN seinen Textteil.

Texte schreiben

Beispiele → KB S. 27 | **5** | **6**

1. Die TN schreiben den Text den Vorgaben entsprechend. Gehen Sie herum und helfen Sie dabei. Achten Sie darauf, dass die TN auf alle Punkte der Vorgabe eingehen.
2. Zur Korrektur können die Texte mit einer Partnergruppe ausgetauscht werden.
3. Präsentieren Sie die Texte wie in den Didaktisierungsvorschlägen zur jeweiligen Übung beschrieben.

Gespräch über ein Thema

Beispiele → KB S. 90 | **5** und S. 91 | **7**

1. Erzählen Sie den TN zur Anregung je nach Thema über Ihre eigenen Erlebnisse, Erfahrungen, Vorlieben usw.
2. Die TN lesen den Beispieldialog vor.
3. Gehen Sie mit den TN den vorgegebenen Wortschatz durch.
4. Die TN bereiten sich kurze Zeit auf das Gespräch vor. Sie können sich stichpunktartige Notizen machen.
5. Die TN sprechen in Kleingruppen über das Thema.
6. Ein paar TN berichten im Plenum über ihre(n) Gesprächspartner. Wenn Erlebnisse geschildert werden, wird von jeder Gruppe die interessanteste Geschichte im Plenum erzählt.